当代
国家统一与分裂
问题研究

陈云林　主编

九州出版社
JIUZHOUPRESS

图书在版编目（CIP）数据

当代国家统一与分裂问题研究／陈云林主编. —北京：九州出版社，2009.11

ISBN 978-7-5108-0001-6

Ⅰ. 当… Ⅱ. 陈… Ⅲ. 国际政治-文集 Ⅳ. D5-53

中国版本图书馆 CIP 数据核字（2009）第 198961 号

当代国家统一与分裂问题研究

作　　者	陈云林　主编
出版发行	九州出版社
出 版 人	徐尚定
地　　址	北京市西城区阜外大街甲 35 号（100037）
发行电话	（010）68992190/2/3/5/6
网　　址	www. jiuzhoupress. com
电子信箱	jiuzhou@ jiuzhoupress. com
印　　刷	三河市东方印刷厂
开　　本	720×1020 毫米　16 开
印　　张	18.25
字　　数	206 千字
版　　次	2009 年 12 月第 1 版
印　　次	2009 年 12 月第 1 次印刷
书　　号	ISBN 978-7-5108-0001-6
定　　价	68.00 元

编辑说明

近年来，国内学术界对当代世界有关国家统一或分裂问题展开了研究。本书选取部分研究成果并汇编成集，其中 7 篇是专家学者的论文，《战后德国：从分裂到统一》一文摘自《德国：从统一到分裂再到统一》一书的第五章。

本书编辑过程中，上海国际关系研究院院长杨洁勉同志、中国社科院美国所所长黄平同志、中国社科院台港澳办杨建国、解莉莉同志、中国社科院世界史所姜芃同志、中国社科院马列所潘金娥同志等给予了大力支持，北京联合大学徐博东等同志提供了有关参考资料。对他们的热情相助，在此谨表示衷心感谢。

本书所收论文，编委会在征得作者同意后，在不影响原文总体内容的基础上，对部分章节和文字作了增删或修改。这些论文观点和看法仅代表作者个人意见。编辑中的不足和疏漏之处，敬请指正。

本书编委会

2009 年 9 月

序

陈云林

近些年，国内一些专家学者关注当代某些国家的统一与分裂问题，并在这一领域取得了一些研究成果。尽管这些国际问题与中国的台湾问题的性质不同，也有历史时空、背景的显著差异，但以史为鉴可知兴衰，他山之石可以攻玉，择选出若干有关论文汇集成册，相信会引起关心国家统一的同胞们的关注与思考。

纵观人类社会发展的历史，国家统一与分裂问题始终贯穿其中。而且，许多对后世产生深刻影响的重大历史事件，或显或隐，也包含着统一与分裂的因素或背景。它们构成的一幅幅或雄浑或悲怆的历史画卷，让后人或惊心动魄或深夜长思，时而扼腕，时而感慨，上下求索其中的警示与启迪。

我们伟大的祖国是一个历史悠久的文明古国。自古以来，勤劳勇敢、自强不息的华夏儿女，在东方大地上创造出光辉灿烂的中华文明，开拓出疆域辽阔的地理版图。中国历史上的辉煌盛世，无不呈现天下一统、四海升平的繁荣景象；而离乱孱弱、生灵涂炭之际，则往往伴随着地方割据、分疆裂土。历史上的治乱、统分，使中华民族对“统则强、分必乱”的感受刻骨铭心，形成了追求统一、反对分裂的共同价值观，也成为历史上历次分而复统的民意基础。这是中华民族宝贵的精神财富。

解决台湾问题、实现祖国完全统一，是中华民族走向伟大复兴的内在要求和历史必然。当前，两岸关系步入和平发展的轨道，海内外中华儿女都在关注和期待着两岸关系持续稳定向前发展，并在努力探索和开辟海峡两岸复归统一、实现中华民族伟大复兴的美好前景，这就更需要从历史中汲取丰富的智慧，在现实中发挥非凡的创造力。

环顾当今世界，自第二次世界大战后，一些国家由分裂迈向统一，而一些国家则分裂或解体。这些国家的历史传统和现实情况各不相同，统一或分裂也形态各异，但无一例外地成为有关国家着力应对的重大课题，影响变化了本国本民族的社会形态和经济文化生活，有些还牵动震撼了地区形势乃至世界格局。这些事件有的已成为历史，有的还在发展，仍为当今国际社会所密切关注，其中的许多问题值得深刻认识和思考。

本书收集了国内学术界对二战后有关国家统一或分裂问题的一些研究成果，提供了丰富的素材和专家学者的见解，对于广大读者开阔视野、启迪思致，应有助益。

我希望看到，对这一领域的研究能不断取得新的成果，并为我们最终解决台湾问题、实现祖国完全统一贡献更多的智慧。

2009 年 9 月

目　录

战后越南由分裂走向统一的道路

梁志明*

第二次世界大战以后，世界面貌发生重大变化，一方面，随着殖民体系的瓦解，诞生了一系列新兴民族独立国家；另一方面，有的国家如朝鲜、越南等一分为二，出现了国家分裂与对立的局面。国家的分裂与统一问题是当代国际政治与历史发展的重大研究课题之一，具有重要的理论与现实意义。

战后越南赢得独立，建立了越南民主共和国，但共和国刚刚成立不久，法国殖民者便卷土重来，发动殖民战争，妄图恢复殖民制度，法国的侵略得到英、美的支持。越南人民奋起抗战，并在中国的大力支援下，1954 年 5 月 7 日赢得了著名的奠边府大捷，迫使法国于同年 7 月 20 日签订了《关于恢复印度支那和平的日内瓦协议》。越南北方获得解放。日内瓦协议签订后，越南北方走上了发展经济和文化的道路。但在南方，美国宣布不受协议的约束，扶植亲美反共的独裁政权，镇压人民民主力量，阻挠越南北南双方通过全国普选，和平统一国家。这样统一的越南以北纬 17 度线为界，被人为地分裂为北南两个对立的政权。从 20 世纪 50 年代末、60 年代初开始，越南人民开展的抗击美国侵略的救国战争，同时也是解放南方、统一祖国的革命战争。

---

* 作者系北京大学历史学系教授、博士生导师，北大东南亚学研究中心主任。

当代分裂国家的统一有不同的方式与途径：和平的或武装的。在东西方冷战对峙下的越南由分裂走向统一的道路，基本上是武装统一的道路。这是战后分裂国家通过武装斗争与和平谈判，经过军事斗争与政治斗争互相配合、交替施用实现统一的一个范例，其历史经验值得我们研究和总结。

一、越南民族统一国家形成的历程

越南民族统一国家的形成有一个历史发展的过程，为了了解越南国家建立、发展与变迁，我们有必要回顾越南历史的发展背景与轨迹。

位于中南半岛东部的越南，全国面积329556平方公里，人口8500多万（2007年）。越南共有54个民族，越族（即京族）人数最多，占全国总人口的87%，① 是一个以越族为主的多民族、多种宗教信仰的国家。

越南具有悠久的历史与文化。在越南的土地上，很早就发现有原始人的足迹。远在石器时代，古印度尼西亚人和美拉尼西亚人就居住在越南，他们的后代是占人和长山山脉的昧人（即摩依人）。考古发掘资料表明，在越南北方，发现有属于旧石器至新石器时代的一系列文化遗迹。现今越南人的祖先是中国扬子江以南百越人的一支——雒越人。他们居住在红河中下游一带，组成部落联盟。雒越人掌握铸铜技术，使用铜斧、铜矛，铸制了铜鼓，并利用潮水上下耕种水田。随着生产力的一定发展，雒越社会发生贫富分化，原始公社走向瓦解。

---

① 越南外交部经济综合司：《越南》，河内出版社，2007年，第4页。

越南史学家说在越南曾出现最早的“国家”称“文郎国”，其首领“雄王”传十八代，他们称之为“雄王时代”。以“蜀王子泮”为首的瓯雒人击败“文郎国”，建立“瓯雒国”，定都古螺城（今河内市郊东英县境内），泮自称“安阳王”。但越南古史上的这些记载均带有神话、传说的性质，实际上当时尚处于原始公社末期，阶级对立并不尖锐，这些传说中的“国家”仅为部落联盟。那时，没有真正意义上的国家，也没有文字，处于“文明的门槛上”。①

越南东临南海，南濒暹罗湾（泰国湾），西部和老挝、柬埔寨相邻，北部与我国的云南、广西相接。中越两国山水相连，两国边界长达1150公里，自古以来，两国之间就有许多来往的天然通道，越南地区与中国有十分密切关系。公元前221年，秦始皇统一中原后，向南发展。前214年，在岭南地区设置南海、桂林、象三郡。前207年，秦朝南海郡尉赵陀割据上述三郡，建“南越国”。赵氏政权以番禺（今广州）为中心，势力深入到今越南北方，在那里设置交趾、九真两郡。西汉初年（前111年），汉武帝平南越，以其地设九郡，其中交趾、九真、日南三郡在今越南北部和中部的部分地区。

自汉代到隋唐，越南处于中国封建王朝的直接管辖之下，各地建立郡县，经历了长达1000余年的“北属时期”，我国学者称越南历史的这一时期为“郡县时代”。在越南的郡县时代，中国中原地区先进的生产工具、生产技术、典章制度及文化艺术不断传入越南，促进了当地经济的发展与社会的进步。西汉末年至东汉初年，锡光、任延出任交趾、九真太守。他们大力推广中原

① 戴可来、于向东：《越南》，广西人民出版社，1998年，第4页。

的先进技术与文化，如下令铸造铁制农具，学习牛耕技术，建立学校，导以礼仪，推行一夫一妻制等。佛教、道教也开始传入。大约在1世纪中叶，越南社会进入封建社会发展阶段。

三国两晋南北朝时期，越南经济文化有新的发展。越南北方（当时称交州）成为中国同东南亚和西洋各国海上贸易和交通的重要港口。在中原发生战乱时，大批知识分子避乱移居交州，兴办教育，著书立说，传播儒家经典。隋唐时期，越南农业、手工业和商业颇为发达，不但种植了双季稻，发展了种桑养蚕业，而且广泛使用了铁制工具，修筑了防洪堤坝和引水灌渠。679年，唐朝将交州提督府改为安南都督府，"安南"的名称由此始。唐代安南地区文化日益发展，当地士大夫通过参加科举，有的考中进士，有的当了翰林。爱州（今清化）人姜公辅官至"中书门下平章事"，相当于宰相。

唐朝末年，封建中央政权削弱，地方封建势力纷纷割据。10世纪初，中国进入五代十国时期。从905年起，约半个世纪，安南地区先后出现曲承裕、杨廷艺、矫公羡、吴权、丁部领的地方政权。939年，吴权称王，但在位仅6年。944年他死后各地封建主连年混战，形成越史上的"十二使君之乱"，这是当地地方势力分裂割据的时期，到968年，丁部领击败其他封建领主，以武力统一各地，建立了"丁朝"，称"大瞿越国"，至此，越南自主封建国家正式确立，并初步稳定下来。

越南虽然立国，仍与中国封建王朝保持藩属关系。丁朝（968—980）和取代它的前黎朝（980—1009），是越南封建国家发展的初期阶段，朝代历时较短。随后建立的李朝（1010—1225）和陈朝（1225—1440），是越南中央集权的封建国家巩固和发展的阶段。李朝、陈朝定都升龙（今河内），国号"大越"，开始了越南史学家所说的“大越国”时期。这一时期，国王拥有全国土地的最高所有权，并把村社的土地分封给王室、贵族和功臣，赏赐给佛教寺院。朝廷制定了官制、刑法，实行科举制，建立了国子监。13 世纪下半叶，陈朝名将陈国峻率领军民先后于 1257 年、1285 年和 1287 年三次击败元朝军队的入侵，捍卫了国家的独立。李、陈时期，佛教兴盛，道教与儒家思想也受到尊重。13 世纪末，在汉字基础上创造的民族文字——“喃字”发展起来，促进了民族文化的繁荣。同时，越南封建王朝又对少数民族和占城、老挝等邻国连年用兵，领土向外扩张。

14 世纪中叶后，陈朝衰落，外戚胡季犛专权，并篡位自立，建立了胡朝（1400—1407）。胡季犛实行限田、限制蓄奴等改革。1406 年明朝以恢复陈朝为名，出兵越南，灭胡氏，建立交趾布政使司，进行统治。1418 年越南清化地主、巡检黎利在清化蓝山举兵起义，反抗明朝的统治。经过 10 年战斗，于 1428 年击败明军，建立黎朝（1428—1788）。

黎朝初期是越南封建制度高度发展的时期，封建中央集权的国家机器进一步加强。黎圣宗（思诚）在位时（1460—1497），大力削减地方权力，废除宰相职位，皇帝专权，统治强化。他还推行募兵制，建立一支 10 多万人的常备军，并实行尊儒学、抑佛道的政策。为维护封建秩序，编纂了著名的《洪德法典》。此时，国势鼎盛，领土不断向南扩张。

古代越南国家的发源地和统治中心在北部红河下游的地区，以升龙（即河内）为首都，领土限于今北部和中部北面地区。其南面为占城（又称占婆国），这是一个公元 2 世纪立国的古国，领土相当于今越南中部地区，再往南的湄公河三角洲地区，属真腊国（即柬埔寨古国）。越南封建国家从 10 世纪中叶李朝时期开始“南进”，不断与占城国发生战争，经过历代王朝的向南扩张，到17世纪末，灭亡了占城国。接着又向湄公河三角洲原属柬埔寨的土地扩展，到18世纪下半叶，湄公河三角洲原属柬埔寨的土地也并入越南版图。

后黎朝前期在15世纪维持了约100年的繁荣、兴盛与稳定的局面，经济发展，人民的生活有改善，没有发生严重的灾荒，很少有农民起义，社会比较安定。但建立在封建土地制基础上的后黎朝中央集权制并不稳固，它没有发展起来的商品货币经济，没有形成国内统一的市场；它蕴藏着日益尖锐的社会矛盾，以及中央政权与各封建派系之间的矛盾，从16世纪初开始，越南封建社会内部矛盾激化，农民起义不断，中央王权衰落，地方割据势力兴起，国家进入社会分裂割据与衰落阶段。

1527年权臣莫登庸篡位自建莫朝，黎朝的旧臣阮淦在清化、义安拥立黎维宁为帝，黎维宁称黎庄宗，与莫氏对抗，形成黎、莫对峙的南北朝（1527—1592）。1592年南朝大将郑检之子郑松收复升龙击败莫氏，郑氏以升龙（今河内）为中心，挟持黎皇，称霸北方；阮氏以富春（今顺化）为中心，世袭称王，割据南方，自成独立王国。郑、阮之间的对立日益紧张，从1627到1672年将近半个世纪当中，双方在1627，1633，1643，1648，1655—1660，1661—1662，1672年进行了七次激烈的大战，还不断发生许多较小的武装冲突。义安、河静与广平一带成为内战的战场。但谁也无力吞并对方，最后只有暂时停战，把国土一分为二，双方以灵江为界互相对峙。国土分裂和南北割据，形成了在越南历史上的“一个特殊的时代”①。

① ［越］陈重金：《越南通史》，商务印书馆，1992年，中译本，第188页。

17—18 世纪，南北分裂持续了两个多世纪，北方又称里路，南方又称外路。里路由郑氏执政，1595 年，郑松称王，设置王府，世袭为王，在北方掌握大权。黎朝皇帝形同傀儡，开始了所谓“黎皇郑主”时期。郑氏当权后，阮潢于1588 年赴南方顺化—广南地区任镇守官，表面上臣服黎皇郑主，实际上在南方积聚力量，逐步发展为与郑氏相抗衡的一股割据势力，从此北方里路和南方外路互相隔绝，各自发展。越南历史上的这一次南北分裂与对立，造成巨大的影响，并引起了国内社会与阶级矛盾尖锐化。18 世纪越南农民起义连绵不断，被称为“农民起义的世纪”。1771 年爆发了越南历史上规模最大的西山农民起义。西山起义军奋战20 年，先后打败了阮氏、消灭了郑氏，推翻了后黎朝，并击退了外来的干涉，1788 年建立西山王朝。但由于内部分裂，并没有完全实现南北统一，没多久便被阮氏的后裔阮福映集团推翻。

1802 年，阮氏依靠武力，统一了南北，结束了国家南北分裂与战乱频仍的局面，建立了一个空前统一的封建国家。阮朝以首都富春（顺化）为中心，改国号为越南，又称“大南”，仿效清朝，强化中央集权，并大力向柬、老扩张，确定了现今越南的版图。它是越南历史上最后一个封建王朝。阮朝时期南北的经济、贸易与交通联系日益密切，中央王朝的政治、经济和文化的影响北至越中边境，南达湄公河三角洲，国家日益形成一个民族共同体。阮朝前期是中南半岛上强国之一，在越南人的心中，从北到南是一个统一国家的观念也开始形成。

可以看出，越南封建国家建立与发展有一个过程，其国家的统一与国家观念是逐步形成的，其间地方势力的崛起往往形成对中央王权统治的巨大冲击，造成国土分裂割据的局面。而越南古代历史上的国家统一，与中国和世界许多古代国家一样，是强大的王朝通过武装斗争的方式用实力来完成的。

二、越南民主共和国的成立和战后越南的南北分裂

越南经历了长期的封建时期，从 19 世纪中叶后又遭遇了法国的殖民侵略和统治。1858 年法国以保护传教士为名，伙同西班牙，组成法西联合舰队，炮击岘港，发动侵越战争，从此，越南历史进入了法国殖民统治时期。

面对西方殖民者的洋枪大炮的进攻，腐朽的阮朝节节败退。1862 年与 1867 年两次丧权辱国的《西贡条约》的签订，南圻六省全部割让给法国。1884 年阮朝签订《顺化条约》，接受法国对越南的“保护权”。法国的殖民侵略，直接威胁到中国南部的安全。1884 年爆发了中法战争。中国军民在广西边境和越南谅山大败法军，但清朝政府于 1885 年与法国签订了《天津条约》，承认法国对越南的“宗主权”，越南与中国的宗藩关系从此结束，沦为法国的殖民地。

法国入侵越南后，相继侵占柬埔寨、老挝。1863 年和 1893 年，柬、老先后成为法国的“保护国”。法国殖民当局把一切大权集中于总督之手，整个印度支那联邦实行统一的财政制度、税收方法，通用统一的印支货币，军事上建立统一的司令部，这一切是没有边界的，越、柬、老三国结成了一种联邦形式的“特殊关系”，从政治地图上三国国名被取消了。法国对殖民地从不让步。正如时英国历史学家霍尔所指出的，“殖民地的自治从来

就不是法国政策的目的；同化而不是联合，才是它的主旨。”①在印度支那，不仅总督拥有巨大的权力，而且各省都有法国行政长官管理。另一方面，法国实行分而治之的政策，把越南划分为“东京”（北圻）保护地、“安南”（中圻）保护国和“交趾支那”（南圻）殖民地，并将越南这三个地区与柬、老两个“保护国”拼凑在一起，组成“法属印度支那联邦”，并保留三国的封建朝廷，充当它推行殖民统治的工具。

法国的殖民经济政策是以国家垄断为核心，通过强制性的行政措施干预经济生活，强化控制与榨取，往往不注重利用经济力本身，不考虑所造成的社会政治后果。它的实施为法国带来巨额利润，却造成当地经济的长期滞后。严厉的关税保护打击了印度支那与周边邻国传统的经济联系。1928 年法国殖民当局修改了关税条例，同意给予殖民地一定的优惠，但仍保留宗主国的免税特权，通过帝国内部优惠制的建立，更进一步在经济上纳入以法国为中心的经济体系之中。

法国殖民主义常以法兰西文化和民族影响的优越感而自豪，侵入越南和印度支那后，法国把教育作为殖民统治的重要手段，并立即插手文化教育领域。其首要任务是“教授法语，加紧培养本地的合作者”。法国在越南南圻办的“法越学院”，就是以教授法语为主。法国推行殖民同化政策，大力提倡法语，只有能讲法语的人才能加入法国国籍，河内大学的入学条件是必须会法语。在直辖殖民地交趾支那实行全盘法国化。但这种殖民同化政策遭到强烈的抵抗。在印度支那，反对法国最激烈的正是那些最擅长法语的人。

---

① D. G. E. 霍尔：《东南亚史》下册，商务印书馆，1982 年中文版，第 860 页。

法国在印度支那的殖民经济开发引起了印支三国经济与社会的变化，并加剧了三国发展的不平衡性。在法国殖民统治下的越南，农村的封建租佃关系依然普遍存在，但农业已逐渐失去其传统的特点。货币经济日益渗入农村，农产品商品化程度加深，农村社会结构发生变动。土地集中，大地主阶层（尤其是在南部），以租佃方式剥削雇农的同时兼营农产品出口的新型地主的经济实力日益加强。进入20世纪，其中一些富有者开始投资工商业，成为地主兼工商业者。稻米的种植与出口的发展使越南农业与世界市场联系起来，出现了与世界市场相联系的新型地主与从事商品化作物生产的新型农民。

越南是法国对印度支那投资开发的重点地区，特别是第一次世界大战之后，投资大为增加，除了采矿业以外，一些轻工业和交通运输业发展起来。纺织、造纸、酿酒等工厂相继建立。越南的公路和铁路也兴建起来，谅山—河内，河内—西贡以及滇越（海防—云南昆明）铁路相继竣工。越南海防和南定纱厂生产的棉纱不仅供给印支地区消费，而且在远东市场上销售。

与此同时，越南民族资本也有一定发展。民族工商业主要集中于经营国货及土特产，如鱼露制造、织布、制漆器及其他手工业部门，有的公司在国内多处设有支行，有的与香港贸易。一战后，越南资本家还创办了发电厂、内河轮船公司，拥有小矿山，开设了出口贸易商行。1926年西贡成立一所越南人办的银行。工商业的发展促进了城市的兴起和城市人口的增加。但在殖民制度下，越南经济是半封建半资本主义性质，工业不发达，民族资本力量薄弱，大多数为中小商业资产阶级，资产阶级与小资产阶级之间的界限不那么清晰。他们受到殖民主义的压抑，得不到自由独立的发展。包括小手工业者、小商贩、自由职业者在内的城市小资产阶级与殖民制度有深刻的矛盾。特别是小资产阶级知识分子，许多人既出身士大夫家庭，又接受了西方教育，具有争取民族独立、自由与爱国的新意识。殖民统治造成越南各地区发展的不平衡和相互的隔阂，同时加深了越法之间的民族矛盾，培育了殖民制度的掘墓人，激发了强烈的抗法民族运动。

从法国殖民者入侵的那一天起，越南人民的反抗斗争从未停息。反法民族运动首先在法国最早占领的南圻爆发。突出的斗争有张定领导的鹅贡起义（1859—1894）。1885 年各地爱国文绅士大夫响应咸宜帝的勤王号召，掀起了“勤王运动”。著名的勤王起义有潘庭逢领导的香溪起义（1885—1896）。黄花探领导的安世农民抗法游击战争，从 1887 年一直持续到 1913 年。20 世纪初，著名民族领袖潘佩珠领导的维新会，开展抗法复国运动，将越南民族解放运动推进到一个新的阶段。1912 年，在中国辛亥革命的影响下，维新会改组为“越南光复会”，提出了“驱逐法贼，恢复越南，建立越南共和国”的纲领。近代越南人民的抗法斗争虽然失败，但在越南民族解放运动史上写下了光辉的篇章。

第一次世界大战和俄国十月革命后，越南民族解放运动发展到一个新的阶段。马列主义思想输入越南，首先是经过宗主国法国，而后是俄国与中国等途径。由于中越两国紧密的关系和基本相似的共同命运，中国的两广、云南成为越南革命者聚集的基地，香港九龙是统一的越南共产党成立会议的开会地点，澳门成为印度支那共产党第一次代表会议的场所。1925 年到 1945 年间，越南革命的领袖阮爱国（即胡志明）的革命活动大部分时间是在中国。1925 年，胡志明在中国广州创立“越南青年革命同志会”，组织“共产团”，为建立工人阶级革命政党作准备。

1930 年 2 月 3 日，越南各地共产主义组织合并为统一的越南共产党。10 月改名为印度支那共产党。共产党的诞生，标志着越南革命进入共产主义政党领导的民族民主革命时期。1930 年 2 月，越南资产阶级政党——国民党发动了安沛起义，但一周内即被殖民当局镇压。越南国民党瓦解，共产党人负起了领导民族解放斗争重担。从此，越南革命与中国革命一样，受俄国革命的影响，走上了共产主义政党领导的民族民主革命道路，而武装反抗成为基本的斗争形式。

1930—1931 年，越南掀起反法革命高潮，其顶峰是义安、河静地区的苏维埃运动。这两省一些县的农民群众，在党组织领导下建立苏维埃式的工农政权，实行了初步的民主改革。从 1931 年夏起，革命运动受挫转入低潮。但 1936—1939 年，越南人民又开展了爱国民主运动，为建立反法西斯的民主阵线而斗争。

第二次世界大战爆发后，越南形势发生重要变化。1940 年 9 月，日本入侵越南，法国殖民者同意日军驻扎，从此，越南成为日、法两个帝国主义双重统治的殖民地和日本法西斯的军事基地。此时美国势力逐步介入印支地区。

太平洋战争爆发前，美国已是在太平洋上角逐的列强之一，但尚未能把它的注意力投向越南和印支地区。当日本于 1940 年 9 月侵入法属印度支那北部时，欧战刚爆发不久，美国的注意力集中在欧洲战场上，在远东采取绥靖日本的方针，对日本入侵印度支那北部采取了“不介入”的政策。但日本于 1941 年 7 月侵入印度支那南部，控制了西贡和金兰湾，将印度支那作为发动太平洋战争的基地。日本在印度支那的军事存在构成了对美国在太平洋上的领地——美属菲律宾的直接威胁，这引起了美国的严重不安。美国政府认识到印度支那地区对它的战略上的重要性，开始改变“不介入”的方针，要求日本撤出印度支那，并采取了报复措施，冻结了日本在美国的财产，进一步实行石油禁运。由于日本偷袭美国海军基地珍珠港，1941 年 12 月，爆发了太平洋战争。日本占领了整个东南亚，企图独霸太平洋，实现其“大东亚共荣圈”的狂妄计划，这与美英等国在东南亚的利益发生了严重的冲突，也使美国对印度支那及其未来走向更为关注。当战争发生有利于盟军的转折时，1943 年罗斯福政府提出了在战后“国际托管印度支那”的方案。这是二战时期美国对印度支那的基本政策，也是美国介入印支事务的初始。

1941 年 5 月，在胡志明的主持下，召开了印度支那共产党第八次中央会议，决定成立“越南独立同盟”，以团结全国人民，开展武装斗争，准备夺取全国政权。1945 年 3 月 9 日，日本占领当局在印度支那发动“三九军事政变”，推倒法国殖民政权，建立亲日傀儡政府，把越南变成它独占的殖民地。共产党和越南独立同盟立即发动和组织群众，在越南掀起抗日救国高潮。4 月，组成统一的越南解放军。6 月，解放区扩展到越北的 6 个省，这为总起义、夺取全国政权奠定了基础。8 月 13 日，印度支那共产党在越南北部解放区宣光省新潮乡召开全国会议，决定在盟军进入越南解除日军武装之前，举行总起义，从日本法西斯及其傀儡手中夺取政权。1945 年 8 月 15 日，日本宣布无条件投降。共产党中央和越盟总部抓住有利时机，发动总起义。16 日，胡志明主持召开国民大会，通过越盟总部提出的十大政策，确定新越南的国旗和国歌，选出以胡志明为主席的越南民族解放委员会，即临时政府。同日，越南解放军进攻太原。19 日，河内人民举行大规模游行示威，自卫队占领北部府、保安兵营、警察局等机构，河内政权被起义人民接管。23 日，顺化人民起义成功。25 日，西贡（今胡志明市）人民起义胜利。阮朝末代皇帝保大被迫宣布退位。12 天内总起义在全国从北到南各地迅速获得胜利。越南八月革命推翻了 80 多年的殖民统治和延续上千年的封建君主制度，越南民主共和国的成立，标志着越南作为一个独立的统一的新兴民族国家在东南亚的诞生，揭开了越南历史新的一页。

9 月 2 日，胡志明主席在河内巴亭广场宣读了越南《独立宣言》，宣布成立越南民主共和国。[①] 1946 年 1 月在全国举行大选，从北到南的广大群众参加了选举。在法国军队侵入的白色恐怖气氛下，南部一些地区仍有 90% 以上的选民投了票，全国选出了 333 名代表组成国会，选出了胡志明为主席的抗战联合政府。同年 10 月 28 日至 11 月 8 日，第一届国会第二次会议通过了越南民主共和国宪法，宪法规定，政权属于人民，国家领土、主权完整统一，不容分割。这次大选结果表明，以越盟为主体的越南民主共和国政府是一个深受民众拥护的立宪民主政府，越南民族运动的领袖胡志明主席享有崇高的威望。美国作者戴维·霍罗维茨写道："共产党人胡志明和他的游击队曾带头抗击日本人，到战争结束时，胡志明的越盟已经成为一个深入群众的、把抱有各种不同政治见解的广大越南人团结起来的广泛民族运动。"[②]

然而，由于美苏矛盾的尖锐化，罗斯福去世后，美国的印支政策发生了重要变化。新上台的杜鲁门政府为联合英、法对抗苏

---

① 胡志明：《为了独立自由，为了社会主义》，越南外文出版社，1971 年，河内，第 53 页。

② ［美］戴维·霍罗威茨（Horowitz，David）：《美国冷战时期的外交政策：从雅尔塔到越南》，上海人民出版社，1974 年，第 123 页。

联，调整了美法关系。因而在1945年7月的波茨坦会议上，美国对英国作了让步，同意把印度支那南部作为英国东南亚战区司令部指挥的范围内，并商定以北纬16度线为界划分作战范围。1945年8月，杜鲁门在与戴高乐会谈中，明确表示美国不反对法国军队和法国当局回到印度支那去。戴高乐在回忆录中写道："华盛顿方面保证不给我们（即法国在印度支那）的事务制造障碍。"① 这样，由于美国的认可和支持，1945年9月英国军队便以受降为名，进驻印支南部。在英国的支持下，法国势力得以迅速重返印度支那。

越南是东南亚国家中最早宣布独立的国家之一。面对十分严峻的国际国内形势，为争取国际上的同情，尤其是各大国的支持，越南民主共和国政府主席胡志明于1945年底和1946年初曾多次致函美、英、苏、中等国政府首脑，希望各大国帮助越南从法国统治下获得独立，并提出"越南愿意与世界上一切爱好和平的国家交朋友"。由于美国曾与英国在大战时发表支持民族自决和平等的《大西洋宪章》，战后又以"反殖民主义"的姿态出现在东南亚，为争取美国的同情和支持，胡志明主席曾8次致电、致函美国总统和国务卿，介绍越南情况的新进展，控诉法国违反《大西洋宪章》和《联合国宪章》，重新侵略越南，建议美国承认越南的独立。然而，当时美苏冷战已经展开，美国对越政策便打上了冷战思维的浓重印记。1946年末，美国国务院认定胡志明是"国际共产主义代理人"，1949年，美国国务卿迪安·

① 参阅夏尔·戴高乐（De Gaulle，Charles）：《戴高乐回忆录》，中译本，第三卷，世界知识出版社，1981年，第205－206页。

艾奇逊更认为胡志明是“彻头彻尾的共产主义者”。[1] 在美国看来，胡志明作为共产主义者的身份，而其共产主义者的身份和苏联一样，决定了他领导下的国家是反资本主义的，而这是与美国的国家利益根本对立的。这样，美国完全拒绝承认以胡志明为首的越南民主共和国政府。正是在这种思维观念的指导下，美国不但没有在联合国安理会对法国的战争行为作任何谴责，而且默许和支持法国发动对越南的大规模的殖民战争。由此可见，美国在促成法国殖民侵略战争发生方面的作用不容忽视。正如英国学者A. J·斯托克威尔（Stockwell）在说到1949年的东南亚形势时所指出的，“没有美国的支持，或者至少没有得到美国的认可时，无论法国还是荷兰，都不能继续其殖民战争。”[2]

年轻的越南民主和国刚诞生时内外都面临严重的困难。1945年9月2日在河内宣布越南民主共和国成立后，没有得到任何国家的承认。越南政府被西方讥讽为“影子政府”。在越南民主和国成立不到一个月，法国殖民军队卷土重来。1945年9月23日，法国派遣远征军入侵越南南部，占领西贡。12月间占领海防、谅山等地区，随后向越南发动全面的军事进攻，并于10月侵占柬埔寨，年底侵入老挝。

刚建立的越南人民政权被迫从河内撤退到北部山区革命根据地，开展抗法游击战争。1945年抗战胜利后，当时中国处在国共内战时期，中国共产党和人民解放军暂时难以全力支持抗法的

---

① ［美］托马斯·G·帕特森（Thomas. D . Patterson）等：《美国外交政策》，中译本，中国社会科学出版社，1989年，第715页。

② 参见［新］尼古拉斯·塔林（Nichonas, Tarling）主编：《剑桥东南亚史》（*The Cambridge History of Southeast Asia*）第2卷，中译本，云南人民出版社，2003年，第291页。

越南人民。一段时间中越革命力量只有在中越边境地区靠两国党组织和革命武装力量相互支援和配合。抗战中的越南主要依靠自己的力量，捍卫新生的民主政权，因而极需摆脱孤立无援的困境，获得国际上的援助。这种状况在新中国诞生后发生了根本性的转变。

1949 年 10 月中国革命的胜利和中华人民共和国的成立，是一个转折点，它为越南人民的抗战创造了极为有利的国际条件。1950 年 1 月 14 日，胡志明致函各国政府，宣布越南民主共和国为越南人民的唯一合法代表，愿意同一切尊重平等、领土完整和民族主权原则，拥护和平和民主的各国政府建立外交关系。15 日，越南民主共和国政府外交部长黄明鉴向中国外交部发出照会，说“为了加强中国与越南民族的友谊与合作，越南民主共和国政府决定与中华人民共和国建立正式外交关系，并交换大使”。中国政府接受了照会，1 月 18 日，中华人民共和国外交部长周恩来复照会黄明鉴外长，欢迎中越两国建立外交关系。照会说：“中华人民共和国中央人民政府认为越南民主共和国政府是代表越南人民意志的唯一合法政府，中华人民共和国中央人民政府愿意和越南民主共和国政府建立外交关系，并交换大使。借以巩固两国邦交，以加强两国的友谊与合作。”当年 12 月双方即互派了大使。这样，中越两国就正式建立外交关系。中国是世界上最早承认和与越南建交的国家。在中越建交后，从 1950 年 1 月 30 日后，苏联及欧亚其他人民民主国家也先后承认越南民主共和国并与它建交。同时，世界进步力量，包括法国人民掀起反对法国侵越的“肮脏战争”的浪潮。西方侵略势力孤立、封锁越南的计划被打破，越南民主共和国国际地位大为改善，孤立无援的状况结束。越南党政领导人和各界人士发表谈话，强调越中建立外交关系的重大与深远的意义。为此，越南政府决定将1月18日定为“外交胜利纪念日”。

中华人民共和国的诞生和1950年6月朝鲜战争的爆发，是战后印度支那政治局势发展的转折点，它标志着两大阵营冷战对峙的局面在这一地区的形成。此时美国的政策发生了干涉东南亚和越南事务的决定性转变。在美国看来，印度支那是“自由世界的前线”，而“美国在亚洲的利益在于非共产党政权的存在”。① 于是同年2月7日，美国带头宣布承认保大②为首的南越政权，此后，许多西方国家都公开承认保大政权，用来与胡志明领导的越南民主共和国政府对抗。这就导致越南北南出现两个政权并存的态势。

1950年2月23日，美国与法国以及南越保大政权、柬埔寨和老挝签订“五国防御条约”，这项条约使美国对印度支那地区的干涉合法化。美国对越南的公开直接的干涉，引发了越南的强烈反美浪潮。同年3月19日，西贡—堤岸地区发生了30万群众参加的反美示威游行。后来，这一天被定为越南的“全国抗美日”。越南在反对法国殖民者的同时，提出了反对美国干涉者的口号，从此越南的抗法战争与国际上的和平、民主运动互相配合起来。越南从努力获取美国同情与支持转向反对美国的干涉，标志着越美关系的重大转变。

朝鲜战争爆发后，1950年6月27日，美国总统杜鲁门指示派遣美军参战，发表声明，命令美国第七舰队进入台湾海峡，阻

---

① 转引自《印度支那问题大事记》，世界知识社，1954年，第123页。

② 保大为阮朝末代皇帝，原名阮永瑞，1945年八月革命时被迫宣布退位，流亡国外，在香港过着花天酒地的生活，被称为“夜总会皇帝”。1949年法国将他重新抬出来，宣布为“越南国”的“立宪皇帝”。

止中国人民解放台湾，指示“加速以军事援助供给在印度支那的法国及其联邦成员国的部队，并派遣军事使团，以便与这些部队建立密切工作关系”。[①] 这样，美国便将所谓“韩战”（即朝鲜战争）与“越战”视为“双管齐下的战争”。

1950 年 12 月 23 日，美国与法国及西贡政权签订关于军事援助的正式协定，此后，美国的援助日益增加。据统计：美国援助法国印度支那战争的费用，1950 年为 520 亿法郎，占整个费用的 19%；1953 年为 2850 亿法郎，占 43%；到 1954 年为 5560 亿法郎，占 73%。[②] 美国通过援助取得控制印度支那的广泛权利。为加紧构筑针对中国和越南的包围圈，1950 年 10 月，美国与泰国签订《军事援助协定》，1951 年 8 月美国与菲律宾签订《共同防御条约》，同年 9 月又同澳大利亚和新西兰签订《美澳新安全条约》，随后又与韩国和台湾地区缔结双边军事协定。这样就在中国和越南的周边形成了一个军事包围体系。

1953 年朝鲜停战后，美国将更多注意力集中到了越南战场。此时，越南战争形势发生了日益不利于法军的变化。由此，美国进一步增加对法国和保大政权的军事支援。1953—1954 年冬春，正是在美国大力支持和参与下，法军出动上万机动兵力，占领了越南西北战略要地——奠边府，对越南的中央抗战根据地和越南连接老挝北部的通道构成严重威胁。在奠边府战役期间，美国制定了代号为“秃鹫”的计划，准备出动海、空军甚至地面部队直接干涉，并调动航空母舰到北部湾附近海域巡弋。美国扩大和

---

① 哈里·杜鲁门（Harry Truman）：《杜鲁门回忆录》中译本，第二卷，三联书店，1974 年，第 402 页。

② 参阅《越南人民军历史》（*Lich Su Quan Doi Nhan Dan Viet Nam*），第一集，越南人民军出版社，1977 年，胡志明市，第 427 页。

延长印度支那战争的战略图谋至此昭然若揭！

但是美国主战派的企图并没有完全得逞。一是美国国会、政府内和公众的多数舆论并不支持扩大印度支那战争，参加过朝鲜战争的美国陆军参谋长李奇微也不同意派美军到印支丛林地带去作战；二是在法国人民的强大反战声势压力下，内外交困的法国政府不愿再打下去了；三是美国主战派企图组织英国和其他盟国参加的联合军事行动的计划，由于其主要盟邦英国拒绝而流产；四是遭到联合国许多成员国，尤其是安理会一些成员的反对；最后，也是最为重要的是，在中国大力支援下，越南军队在奠边府战役的迅速胜利，给予了美国这一企图以最为沉重的一击。早在1950年1月中越建交后，中共中央和毛泽东主席作出了全面援越的重大决策。双方商定，首先发动越中边界战役，扫清边界线上的敌军，以便把援助物资送到越南。同年7月中方派遣陈赓将军到越南，训练干部帮助组织这一战役。9月，又派出以韦国清为首的军事顾问团和以罗贵波为首的政治顾问团入越，协助越南进行军队建设和作战，帮助越南根据地的政权建设。在中国的有力支援下，越南抗战形势发生巨大变化。

1953年8月，法军总司令纳瓦尔在美国顾问参与下，制订《纳瓦尔计划》，企图在美国军事援助下，通过强化占领区的统治，组建机动部队，增强军事实力，于18个月内歼灭越军主力，夺回军事主动权。11月，法军占领越西北重镇奠边府，并将其建成强大的集团据点。1953—1954年冬春，越南在解放区开展减租减息和土改，以及整军运动，随后在越南和老、柬各战场上发起进攻，奠边府的法军日益孤立。在以韦国清为首的中国军事顾问团的帮助下，越军于1954年3月13日至5月7日对奠边府发起进攻，经过55天的浴血奋战，歼灭法军1.6万余名，俘虏法军司令卡斯特里准将及其指挥部全部人员。奠边府的胜利对日内瓦会议关于恢复印度支那和平的停战协定的签订发生了至关重要的影响。

1954年5月8日至7月20日，法、美、英、苏、中及印度支那三国有关方面的代表在日内瓦举行国际会议，讨论和平解决印度支那问题。奠边府法军的惨败使美国企图延长和扩大印度支那战争的阴谋破产，以拉尼埃为首的主战派组成的法国内阁于6月18日下台，主张停战的孟戴斯·杜朗斯组成新内阁。他宣布，如果他的政府在7月20日前不能达成停战协议，就提出辞职。会议经过激烈的斗争，于7月21日达成恢复印度支那和平的协议，与会各国签订了《关于在越南停止敌对行动的协议》、《关于在老挝停止敌对行动的协议》、《关于在柬埔寨停止敌对行动的协议》，并通过了《日内瓦会议最后宣言》。

协定和宣言的主要内容是：立即在印度支那三国停止敌对行动；与会各国保证尊重越、老、柬三国的主权、独立、统一和领土完整，不干涉其内政；停战后印度支那三国不得参加任何军事集团，并禁止任何外国在其领土上建立军事基地；设立联合委员会和国际监察和监督委员会负责监察协议的实施。协议还明确规定：北纬17度线为临时军事分界线，它无论如何不能解释为政治的或领土的边界；在越南人民军集结到此线以北和法联邦部队集结到此线以南地区以后，应在1956年7月内举行全国自由选举，以实现越南的民主和统一。① 这是日内瓦国际会议所确认的在越南实现停战和以和平方式统一国家的道路。日内瓦协议的签订，标志着越、老、柬三国抗法战争的结束。

---

① 参阅《日内瓦会议文件汇编》，世界知识出版社，1954年，第256－266页。

从 1954 年 7 月 27 日至 8 月 11 日，越南、老挝、柬埔寨三国分别停火，印支地区恢复和平。日内瓦协议的签订，是印度支那三国人民斗争的胜利，也是当时国际形势和战争双方力量对比决定的。正如胡志明在 1954 年 7 月越南劳动党中央第六次会议的报告中所指出的，“从抗战开始至今，我们日益取得优势，敌人日益处于劣势，但是，我们必须十分注意：这种优势和劣势是相对的而不是绝对的。”他还说：“目前的世界形势、亚洲形势和国内形势，使我国内有可能达到和平。但是，美帝国主义竭力进行破坏，在法国还有好战派，越南亲美的傀儡也竭力进行破坏，因此，继续打下去的可能性仍然存在。这是我国新的形势的特点。”面对新形势，胡志明提出“采取调整驻军地区的办法以求达到和平，用全国普选的办法以达到统一”。①

日内瓦关于印度支那停战协议签订后，历时 9 年的抗法战争结束，法国驻印支的军队于 1956 年 4 月全部撤走，印支地区出现了和平的曙光，紧张局势暂时得到缓和。

此时遵守日内瓦协议是一条实现越南统一和维护印支和平的道路，而违反日内瓦协议则是一条阻挠越南统一和走向战争的道路。因而围绕日内瓦协议的贯彻与落实成为斗争的焦点。而美国作为一个大国却没有在日内瓦协议的《最后宣言》上签字，只单独发表一个“不使用武力或用武力威胁破坏协议”的声明。协议签字的第二天，美国总统艾森豪威尔又宣称：“不受这个会议决议的约束”。五角大楼关于越南战争的秘密报告透露日内瓦协议缔结后几天，艾森豪威尔政府的国家安全委员会就认定这个协议是一场“灾难”，美国总统批准采取行动以“防止共产党在

① 《胡志明选集》第二卷，人民出版社，1962 年，第 292 – 296 页。

越南进一步扩张”。这样美国就一步步地走上践踏日内瓦协议和分裂越南与策划新的战争的道路。

日内瓦协议签订后，美国取代法国，大力援助南越政权。它违背日内瓦协议，在越南南方实施了一系列的扩军备战的措施。同时盘踞南方的亲美政权便与越南民主共和国公开对抗，并企图北上进犯北方。由此可见，二战后的越南历史发展表明，法国为重建殖民制度的侵略战争和美国对印度支那事务的干涉是阻挠越南全国统一，并导致越南南北分裂的主要因素。

三、日内瓦停战协议签订后的形势，越南人民为和平统一祖国的斗争

日内瓦协议签订后，印度支那地区和平恢复。越南北方完全解放，南方则被美国扶植的吴庭艳集团统治。在国家暂被分割的形势下，越南劳动党认为北南两方的革命具有不同的战略任务："第一，在越南北方建设社会主义，第二，在南方完成民族民主革命。"① 停战后，1954 年 9 月，越南劳动党中央政治局召开会议，根据新的形势提出了新的具体任务，会议指出："在一定的时间内，我党的总任务是：团结和领导全民为实现停战协定而斗争，防备和挫败破坏停战协定的一切阴谋，以巩固和平；竭力完成土地改革，恢复和增加生产，加紧建设人民军，以巩固北方；坚持和促进南方人民的政治斗争，以巩固和平，实现统一，完成全国的独立、民主。"②

---

① 胡志明：《越南劳动党的三十年》，载《越南劳动党光辉的三十年》，世界知识出版社，1960 年，第 49 页。

② 《越南劳动党的四十五年活动》，越南外文出版社，1976 年，河内，第 59 页。

1955年1月1日，胡志明主席和越南劳动党中央与越南民主共和国政府从解放区回到首都，受到河内人民的盛大欢迎。1955年5月16日，海防解放，最后一名法国殖民军撤出北越。同年9月5日，越南民族统一战线全国大会在河内开幕，大会宣布建立"越南祖国战线"，胡志明为战线的名誉主席，孙得胜任主席。越南祖国战线是在越盟和越联战线基础上建立的，是在越南劳动党领导下广泛团结各民主党派、人民团体、各社会文化组织和南北方的爱国人士的统一战线。祖国战线提出了建立一个和平、统一、独立、民主、繁荣的越南的十大纲领。①

随着北方的解放，殖民特权被废除，为北方的经济恢复与向社会主义过渡创造了条件。

停战后，百废待兴，北方的经济恢复面临种种困难。由于殖民主义和封建主义的长期统治，持续15年之久的战争（从1941年日军入侵开始），国土暂时被分割，使基础薄弱的北越经济濒于衰竭的境地。许多城市和乡村疮痍满目，将近14万公顷的土地变成了荒地，10多万头耕牛被杀掉，大部分水利设施被破坏，100多万人受饥饿威胁；工业产值只占工农业总产值的1.5%；交通遭到严重毁坏，全国只剩下112公里单向的窄轨铁道；城市失业人数达14万。②

尽管如此，越南人民没有被重重困难吓倒，他们医治战争创伤，恢复与发展国民经济，进而完成土地改革。1955年，越南民主共和国政府建立了国家计划委员会和中央统计局，开始制订和实施完成土地改革和恢复经济的三年（1955—1957）计划。

---

① 《越南祖国战线纲领》，参见《亚非现代史参考资料》第二分册（上），北京大学历史系，1960年，第103－109页。

② 《今日越南》，越南外文出版社，1966年，河内，第41页。

在不到三年的时间内，越南北方土改取得重大胜利，除了经济和社会状况特殊的部分山区农村外，土改在越南北方22个省、3691个乡、1000多万人口的地区完成，分别没收、征收、征购法国殖民者、封建地主、教会及公田和半公田土地81万多公顷，分配给832万多劳动农民和其他劳动者，分得土地的农户有210多万户，占土改地区农户总数的72.8%。农民群众千百年来渴望拥有“自家土地”的夙愿实现了。[①] 土地改革的结果，越南北方农村中的阶级关系发生深刻变化。地主阶级被消灭，富农失去了过去在农村的政治势力，劳动农民翻了身。农村封建剥削制度被铲除，使殖民主义在北方的社会支柱被粉碎，人民政权获得进一步巩固，这大大解放了农村的生产力，促进了北方国民经济的恢复与发展。

由于农民群众在政治上获得解放，生产积极性空前提高，因此，只用了大约两年时间，越南北方的农业生产已恢复并超过了战前1939年的水平。1957年虽发生了自然灾害，稻谷产量仍达到395万吨，超过了战前最高年产量。[②] 按人口平均计算，每人稻谷产量约303公斤，[③] 而战前最好年景人均为227公斤。法国殖民时期，越南北方历来是缺粮区，依赖从南方调运大米，现在北方人民依靠自己的努力，开始摆脱了周期性的饥荒现象。

经过三年恢复时期，越南北方的现代工业在国民经济中的比重由1955年初仅占1.5%，到1957年底达到10.5%。随着生产的发展，职工人数空前增加。1955年底，国营企业的职工只有25000人，1957年增加到49000人，此外，还有私营工矿企业职

① 《越南经济》，世界知识出版社，1962年，第71页。

② 战前越南北方稻谷产量没有任何一年达到350万吨。

③ 朱越仁：《越南民主共和国》，世界知识出版社，1960年，第43页。

工万余人，手工业工人数十万人。[1] 国民经济的迅速恢复与发展，使越南北方人民的物质和文化生活水平获得改善。文化教育事业也获得显著成绩，三年内扫除130万文盲。学生人数比法属时期大为增多，1957年达到100多万人，平均每13个居民中就有一个学生。

越南民主共和国的经济恢复与建设得到中国等社会主义国家的大力援助。在和平恢复初期，1955年中国政府决定无偿援助越南8亿元人民币，同时派遣技术人员和专家前往越南参加恢复重建工作。在越南处于极为困难的条件下，中国帮助装备和修复了河内—睦南关（友谊关）铁路全线，送去了机车和车辆，帮助装备了航空部门和邮电系统，修复了沛尚水坝，新建了统一火柴厂，为南定纺织厂增添了一批纺织机械。在这一时期，越南工人和留学生开始大批到中国实习和学习。中越两国间的经济和文化合作关系更加密切。

在胜利完成国民经济恢复任务后，越南民主共和国立即投入有计划地进行经济改造与建设的新时期。1958年12月，越南首届国会第九次会议根据越南劳动党的建议，通过了越南北方发展、改造经济和发展文化三年计划（1958—1960）。

越南北方的社会主义改造，是以农业合作化作为中心环节的。1958年秋冬，互助合作运动出现了高涨的趋势，并开始成为群众运动。越南对农业实行社会主义改造的形式和步骤是，首先领导农民从变工互助组（社会主义萌芽），逐渐进入半社会主义性质的低级合作社，然后再进入土地、耕牛、主要农具公有化并实行按劳分配的社会主义性质的高级合作社。1959年，越南

---

① 《越南经济》，世界知识出版社，1962年，第143页。

北方农业合作化运动进入高潮，到1960年底为止，北方农村社会主义改造基本完成。在农业合作化运动的推动下，越南北方的手工业、小商小贩和资本主义工商业的改造也迅速发展。

越南的资产阶级是在一个半殖民地、半封建的社会条件下生长起来的。它受到帝国主义垄断资本的压抑和封建经济关系的束缚，发展极缓慢，其政治、经济力量十分薄弱。他们多半从事商业、服务业和饮食业，经营工交、建筑业的为数甚少。据统计，在越南北方，1965年内每月营业额在600元以上的企业有31291个，其中商业占68%，工业不到20%，运输业只占5.7%。[①] 越南民族资产阶级同帝国主义和封建主义有一定的矛盾，他们有同情、拥护和参加反帝、反封建运动的可能，具有民族性和民主性的一面；由于其本身是剥削阶级，他们同劳动人民之间又存在对抗性矛盾，在民族民主革命运动中，往往表现动摇、犹豫，热衷于改良主义。在越南现代革命史上，民族资产阶级没有发挥多大的作用。鉴于上述民族资产阶级的两面性，越南劳动党在民族民主革命阶段中，对民族资产阶级实行联合政策。在土地改革运动中，对民族工商业者的财产予以保护。

在三年恢复时期，越南政府对私人资本主义工商业采取"利用、限制和改造"的政策，引导私营工商业者从事有利于国计民生的经营，限制他们不利于国计民生的消极作用，并以加工订货、经销、代销等方式，将他们逐步纳入国家资本主义的轨道。

停战前夕，北方的买办资本家几乎全部逃往南越。越南北方资产阶级主要由下列几部分组成：原在敌占区经营而在某种程度

---

① 《越南经济》，世界知识出版社，1962年，第155页。

上拥护人民政权的留下继续经营的资本家；原在解放区从事经营，对抗战有过一定贡献的资本家；出身于劳动阶级和其他阶层，新近上升为资产阶级的资本家，这一类资本家中的大部分人或多或少地还参加了一些企业劳动。和平恢复后的几年来，北方民族资产阶级一般能拥护越南民主共和国政府，绝大多数人遵循国家管理条令，进行合法经营。但他们的消极方面依然不断暴露，有时表现十分明显。越南劳动党和越南政府颁布禁止投机倒把、囤积居奇的动员，动员国营商业和合作社的力量，采取了一系列管理市场和物价的措施。

1958 年，越南北方对资本主义工商业改造开始，越南劳动党采取和平改造的方针，在经济方面通过公私合营的形式，对资本主义原有的生产实行支付定息的赎买政策，而不是没收其生产资料；在政治方面，给民族资产阶级一定的权利和作为“祖国战线”成员的一定地位。到 1960 年底，越南北方几乎全部的私营工商业企业和 90% 以上的私营机械运输业实行了公私合营或变成合作企业。①

在经济改造的过程中，越南北方发展经济三年计划的多项指标基本完成，工农业生产有了新的进展。在农业方面，1959 年粮食产量达到 570 万吨，其中谷类占 519. 3 万吨，人均粮食产量为 367. 2 公斤。② 越南原是一个农业生产落后的地区，现在粮食平均公顷产量和按人口平均计算的粮食产量方面，跃居东南亚各国的前列。工业方面，也开始建立了自己的重化工业。越南机械制造业从无到有初步发展。轻工业产品增加，许多是国内首次生

① 《今日的越南》，越南外文出版社，1966 年，河内，第 45 页。

② 《越南劳动党第三次全国代表大会文件》第二辑，越南外文出版社，1960 年，第 4 – 5 页。

产的新产品。这不仅减少了消费品的进口量，也为稳定市场、改善人民生活和增加国家积累作出了贡献。随着工业建设的发展，河内、海防开始由消费城市变为工业城市，越池、太原、富寿、河北、海阳、义安和清化等一些新的工业中心与工业区也正在形成。

由于经济的持续发展，到 1960 年，北方工农业总产值比 1957 年增长 27.5%，国民收入比 1957 年增长 31.6%。[①] 广大群众生活进一步改善，旧社会遗留下来的失业问题基本解决。实行社会改造，初步发展国民经济的三年计划的实施，在越南北方基本上确立了社会主义的生产关系，引起了社会的大变化。

为了适应新的形势，1957 年 1 月，越南民主共和国国会决定修改 1946 年宪法，并选出了以胡志明为首的宪法修改委员会。1959 年 10 月 31 日，越南国会第十一次会议通过了新宪法，它被称为越南的第一部社会主义宪法。1960 年 9 月 5 日至 12 日，越南劳动党在河内举行党的第三次全国代表大会，出席大会的有代表着全国 50 多万党员的 500 多名正式代表和列席代表。胡志明在大会开幕词中指出："党的第二次全国代表大会是抗战的大会。这次大会则是在北方建设社会主义和争取和平统一国家的大会。"[②] 黎笋作了党中央委员会的政治报告。大会通过了新党章，选出了以胡志明为主席的新的党中央委员会，黎笋任第一书记。

从 1961 年开始，越南北方进入初步实现社会主义工业化为中心的第一个五年计划建设时期。在执行"一五"计划期间（1961—1965），越南劳动党提出在发展经济的同时，大力促进

---

① 郭明等：《越南经济》，广西人民出版社，1986 年，第 11 页。

② 胡志明：《为了独立自由，为了社会主义》，越南外文出版社，1971 年，第 230 页。

思想、文化和技术革命，将越南建成一个拥有现代工业、现代农业和先进的文化科学的社会主义国家，文化教育事业获得发展。

越南北方的社会主义建设获得社会主义各国的援助。中国和苏联等国在资金、设备、技术、经验和专家等方面给予越南慷慨的支援。当时中国正处于三年经济困难时期，但中国人民仍然节衣缩食，克服自己的困难，大力帮助越南。1961 年 1 月，中越签订《中国向越南提供长期贷款和成套设备的协定》。根据协定，中国给予越南 1.4175 亿卢布的长期贷款，用于兴建和扩建越南的冶金、电力、轻工业和铁路等 28 个工业交通企业与设施。① 这些是越南第一个五年计划范围内的重点工程。

在北方开展经济文化建设的同时，越南民主共和国为贯彻日内瓦协议，实现国家的和平统一进行了不懈的努力。

在日内瓦协议签订后，围绕着协议的贯彻与实现问题，特别是越南的统一问题，开始了一场尖锐的斗争。1954 年 7 月 22 日，胡志明主席立即发表文告，表示越南民主共和国决心忠实履行所签订的协定，指出必须巩固和平，并对和平破坏者的阴谋保持高度的警惕，他“恳切地号召所有热爱祖国的人们，不分社会阶级、宗教信仰和政治见解，也不论他们以前是站在任何党派方面，真诚地彼此合作，为了民族和祖国的利益而奋斗，以求在我们所热爱的越南实现和平、统一、独立和民主”。②

从 1954 年 7 月至 1956 年 7 月期间，实施日内瓦协议的内容是贯彻各项军事条款，以便进一步实现各项政治条款，完成越南

---

① 越南史学院编：《1945—1975 年的越南事件集》第一集，越南社会科学出版社，1975 年，河内，第 195 页。

② 《胡志明主席就越南、老挝、柬埔寨停止敌对行动协定签订发表的文告》，载《印度支那问题文件汇编》，世界知识出版社，1959 年，第 100－102 页。

和平统一。越南民主共和国政府在战场分割、部队分散、交通联络不便的困难条件下，按照规定期限执行了停火、集结和转移部队、遣返战俘、平民迁居等条款，并与国际监督和监察委员会合作，为履行日内瓦协议提供了良好的条件。

1954 年 12 月 10 日，越南民主共和国经济专家代表团和法国经济代表团就法国在越南现有企业的继续经营问题达成了协议，并发表了公报。越南方面同意法国的工商业将在越南民主共和国的主权和法律范围内，以目前的形式或以有越南政府或私人资本加入的合营企业的形式予以维持，并对其活动给予所需的方便，如一旦实行国有化，事先将通知这些企业，并给予它们适当的补偿。①

为了在停战后立即实现南北两个地区之间的正常关系，越南政府部长会议于 1955 年 2 月 4 日发表声明，宣布它"将遵照日内瓦停战协定的精神，准备给予临时军事分界线两边的北部地区和南部地区的人民以一切便利，使他们可以从一个地区寄信到另一个地区，自一个地区迁徙到另一个地区，从一个地区到另一个地区做生意或开办企业，以及交流文化、艺术、科学、技术、体育运动和其他活动"。同时"完全鼓励并协助两个地区的居民从事有利于恢复人民正常生活的一切经济、文化和社会交流活动"。②

停战协定执行 300 天后，双方部队的集结和转移已经完成，各项军事条款基本实施，越南民主共和国政府便于 1955 年 6 月 6 日发表了关于准备同南越当局举行协商会议的声明，宣布它准

---

① 《印度支那问题文件汇编》，世界知识出版社，1959 年，第 141 – 142 页。

② 同上，第 148 页。

备从1955年7月20日起同南越有代表性的负责当局举行协商会议，讨论在1956年7月在全国举行自由普选的组织问题。① 同年7月19日，越南政府副总理范文同又向南越“国长”和“总理”发出照会，指出：目前双方军队已集结在南北两地区，因而已造成在最近时期内实现越南统一政治解决必要前提，并建议南越当局派出代表在越南领土上一个双方协议的地点举行协商会议，讨论在全国举行自由普选实现国家统一的问题。②

当时，南北方各阶层人民掀起了要求举行协商会议讨论普选罢工和罢市，要求南北政府当局讨论组织普选的协商会议。但是，在美国的支持下，南越吴庭艳政府却宣布日内瓦协议签字日为“国耻日”，下半旗志哀，并拒绝执行协议关于南北方协商举行普选统一国家的决定。南越政府没有正式答复越南民主共和国政府的函件与照会，仅通过西贡广播电台发表声明，否认日内瓦协议，且只字不提按照协议举行协商会议讨论自由普选的问题。

为了实现祖国的和平统一，1955年9月成立的越南祖国战线在其纲领中提出了一个统一国家方案，主要内容是：“两个地区各个党派、军队、人民团体以及各界绅士代表要互相接触和会谈，借以促使和支持两个地区负责当局的协商会议尽早达成协议，促成全国范围内的自由普选以实现国家的统一。

“通过自由普选选出国会。国会选出中央联合政府。鉴于北方和南方两地区的目前实际情况，将成立每一地区的人民选举大会和具有广泛权限的行政机关。

“由国会赋予职权的政府是国家的最高行政机关并且向国会

① 《印度支那问题文件汇编》，世界知识出版社，1959年，第159－160页。

② 《印度支那问题文件汇编》，世界知识出版社，1959年，第168－169页。

负责。

“成立联合政府以便加强各政党、各阶层、各民族和越南全国各地之间的团结，同时广泛收集每一个人的好的意见。

“为了照顾两个地区之间的不同情况，每一地区将有权颁布既适合于本地的特点，又不违反国家总体法律的地方法律。

“在国家没有获得统一的时候，两个地区的负责当局应当让一切赞成和平、统一、独立、民主的党派和人民团体获有合法地位，不得加以歧视。在自由普选中，各个合法政党可共同拟制一个候选人名单或单独竞选。”①

祖国战线的上述方案，体现了越南人民要求国家统一的深切愿望，并设计了南北方通过协商组织选举，实现国家统一的蓝图与建议。翌年5月，越南民主共和国总理范文同在给南越总理吴庭艳的函件中重申了这一主张。但是，南越当局对此采取置之不理的态度，从1955年底开始，它还封锁了临时军事分界线，切断了南北之间的正常交往。1956年3月又在南方举行片面选举，召开“国民议会”，制定“宪法”，宣布成立“越南共和国”。以吴庭艳为首的南越政权在国际舆论的压力下，一面承认“真正自由的大选是达成国家重新统一的民主的方法”，另一方面，又借口法国殖民军已经撤出南越，南越现政府没有在日内瓦协议上签字，“不受协议约束”，并以北方“不存在自由选举的条件”为由拒绝履行日内瓦协议关于召开协商会议、举行自由普选的政治条款。此后，吴庭艳政权在美国大力支持和援助下，加强扩军备战，同时宣布南越处于战争状态，变本加厉地镇压和迫害抗战

① 《越南祖国战线纲领》，见《印度支那问题文件汇编》，世界知识出版社，1959年，第177－178页。

人员和南方人民要求独立和国家统一的爱国民主运动。

但是，为了彻底贯彻日内瓦协议的各项条款，越南民主共和国政府仍然继续进行了多方的努力。1956 年 7 月 6 日，胡志明主席在《告越南全国同胞书》中，又提出两点建议："一、恢复越南南北两方间的正常关系和自由往来，为北方和南方的政治、经济、文化、社会等团体的互相联系创造条件。二、召开有南北两方政权代表的协商会议，讨论在日内瓦协议的基础上举行自由普选统一祖国的问题"。① 在 1956—1957 年间，越南民主共和国政府为实施日内瓦协议创造有利的条件，向南越当局建议，双方裁减军队，减少国防预算，保证不参加任何军事同盟。与此同时，还裁减 8 万名现役军人，接着又复员了一批军人到生产和文化部门。从 1956 年起国防预算连年有所削减。1956 年国防预算占总预算的 22%，1959 年下降到占 17.3%。为了恢复和平与发展南北之间的关系，越南民主共和国政府的交通邮电部、国家银行、农林部、商业部、教育部等均直接与南越有关部门主动提出建议，在等待举行协商期间，恢复两个地区之间的经济、贸易、文化、科学、邮电、体育等方面的正常关系，让南北两地区人民可以自由来往探视，自由通信。② 1958 年 3 月和 12 月，范文同总理代表越南民主共和国政府先后两次向南越当局写信，建议双方当局及早会谈，就军事、经济、宣传和南北之间的来往等四个有利于越南统一的问题进行讨论，并表示随时愿意讨论南方当局提出的有利于人民和统一祖国事业的切实建议。

然而，越南民主共和国政府的一切合理建议都遭到南越当局

---

① 胡志明：《为了独立自由，为了社会主义》，越南外文出版社，1971 年，第 174 页。

② 朱越仁：《越南民主共和国》，世界知识出版社，1960 年，第 113 页。

的拒绝。关于这一点，美国学者卡迪在《战后东南亚史》一书中也指出："越南民主共和国一再争取西贡当局在恢复正常通讯和商业关系方面提供合作，为南北统一作准备，但无结果。吴庭艳反而谴责河内的请求旨在渗透和宣传。"①

吴庭艳集团追随美国，一再拒绝履行日内瓦协议，反对通过协商与普选和平统一祖国，并实行家族独裁统治，越来越失去人心。而以胡志明为首的越南民主共和国政府却一再公开表示并多次提出了和平统一国家的切实可行的建议，反映了越南全体人民反对国土分割，要求祖国统一的强烈愿望，因而深入人心。在吴庭艳政权统治下的南越人民在1956—1957年开展了反对美吴集团的统治，要求和平统一与民主自由的斗争。1956年1月，南越174个职业工会代表的联席会议和代表25000名各部门工人的工人代表会议，都通过了要求和平统一国家和民主自由的决议。1957年头三个月，爆发了50次罢工。同年五·一国际劳动节，西贡、堤岸工人与市民举行示威游行，提出了和平统一祖国、抵制美货、要求民主自由和改善生活的口号。南越农民也掀起了反对掠夺土地和维护切身权利的斗争，并与要求国家和平统一的政治斗争结合在一起。工农运动的蓬勃发展，推动了南越各阶层的爱国民主运动。南越人民反对美吴集团的爱国统一阵线逐渐形成。

与此同时，越南北方人民连续举行反美爱国示威游行，并且发起了广泛的签名运动，要求进行协商和普选，反对外国的干涉。

越南人民争取祖国和平统一的斗争，得到国际社会，尤其是

---

① John F. Cady: *The History of post-War Southeast Asia*, 1974, p. 312.

社会主义国家和亚非国家的广泛同情与支持。苏联、中国和其他社会主义国家的政府都完全支持越南维护日内瓦协议和实现祖国和平统一的正义斗争。波兰政府的代表作为实施日内瓦协议的国际监察和监督委员会的成员之一，一贯坚持严格实施日内瓦协议，以巩固印度支那地区的和平和促进越南国家的统一的主张。在1955年4月举行的亚非会议上，与会各国一致赞成越南重新统一，并指出只有一个统一的越南，才能参加联合国。1957年底在开罗举行的亚非团结会议也通过了支持越南人民正当要求的决议，主张彻底实现日内瓦协议；停止帝国主义对越南南部的干涉；越南南北当局举行协商会议，讨论在全国范围内举行自由普选的问题。

但是，吴庭艳集团越孤立，越失掉人心，就越害怕全国自由普选，因而，它采取一切手段，并制造“北方人口比南方多”，“北越没有民主自由选举的条件”等等借口，拒绝彻底实现日内瓦协议，同时竭力压制南越人民要求民主、独立和统一的爱国正义斗争，并颁布各种反民主的法令，逮捕、迫害、屠杀留在南越的共产党人和爱国民主人士。南越的监狱扩大，集中营日益增多。1958年12月1日，距西贡33公里的富利集中营发生了6000名政治犯中毒、1000多人被毒死的骇人听闻的事件，① 这是处于穷途末路的吴庭艳集团倒行逆施的明显例证。

在这种形势下，越南南北之间和平统一的道路完全被堵塞，日内瓦协议关于和平统一的条款被践踏，越南人民从实践中认识到，为了保障民主自由、民主独立和争取祖国的统一，仅仅开展

---

① 《越南驻华大使馆临时代办范平就富利惨案真相对记者发表的谈话》(1959.1.27)，见《亚非现代史参考资料》第二分册（上），北京大学历史系，1960年，第128－130页。

和平与合法的政治斗争是不够的，必须走武装斗争的道路。从1959年以后，越南人民实现祖国统一的斗争进入一个新的阶段。

四、越南抗美救国战争的胜利，南北统一大业的完成

如前所述，在日内瓦协议签订时，美国是唯一没有在协议上签字的与会大国。不仅如此，1954年9月，在美国国务卿杜勒斯的奔走与策划下，美、英、法、澳、新、菲、泰和巴基斯坦八国在菲律宾的首都马尼拉召开外长会议，缔结《东南亚集体防务条约》，组成东南亚军事集团。该条约所指的地区是“东南亚的一般地区，也包括亚洲缔约国的全部领土，以及西南太平洋的一般地区”[1]；条约用所谓“议定书”的形式，把越南南方、柬埔寨和老挝划为它的“保护区”[2]。由美国一手策划组成的这个军事集团的总部设在曼谷，它成为侵略与干涉印度支那、镇压东南亚地区民族解放运动的工具。

美国政府发言人一再声称，美国对越南和印度支那地区“无所贪婪、无所需求”，它“既不企求领土，又不企求军事据点，没有政治野心”。[3] 实际上却决非如此。

美国统治集团推行向越南和印度支那的侵略扩张政策，首先有其战略上的图谋。越南和印度支那三国紧靠中国的南部边疆，

---

① 《印度支那问题文件汇编》，第三集，世界知识出版社，1961年，第119－121页。

② 《印度支那问题文件汇编》，第三集，世界知识出版社，1961年，第119－121页。

③ 袁文清：《越南战争史》，台北，国际理势周刊社，1977年，第138－139页。

越南与老挝同中国有漫长的边界线，这个地区面向西南太平洋，处于从东南至中东、从太平洋到印度洋的海上要冲地带，美国从全球战略出发，十分重视这个地区，将它视为北可“遏制共产主义，南可维护其东南亚地盘的一个‘关键’地区”。美国统治集团从 20 世纪 50 年代中期起就鼓吹“多米诺骨牌理论”（Domino Theory），声称“一个国家倒下后，其他国家将会一个跟一个倒下去”，“如果印度支那落入共产党手中，不仅是泰国，而且缅甸和马来西亚也将受到威胁”，同时“也增加了对巴基斯坦和南亚，以及对整个印度尼西亚的危险”①，甚至会在整个远东和太平洋地区引起连锁反应。正是在这种理论指导下，从艾森豪威尔到约翰逊政府都奉行遏制中国、阻挠越南统一的政策。

其次，在经济上，美国统治集团从掠夺印度支那的战略资源和保住东南亚的经济权益出发，也力图控制印度支那。艾森豪威尔在《回忆录》中说：“如果丢失印度支那，在物资方面，它将招致宝贵的锡矿以及巨大的橡胶和大米供应的损失。”② 不仅如此，美国统治集团对湄公河流域的丰富资源，尤其是三角洲海域蕴藏的丰富石油与天然气垂涎三尺，认为这是为之一战的对象。此外，他们担心越南和印度支那不保，将造成东南亚的动荡，并使整个东南亚的丰富资源落入他人之手，而要控制东南亚，先要控制印度支那。因而，从日内瓦协议签订后，美国便取代法国，步步深入地干涉印度支那三国的事务，终于点燃了又一次侵略印度支那的战火。

还在日内瓦会议尚未结束的时候，1954 年 7 月 7 日，在美

---

① 《艾森豪威尔回忆录》白宫岁月（上），三联书店，1978 年，第 370 页。

② 同上。

国的压力和安排下，法国同意长期居住在美国的吴庭艳回到越南，充当保大政权的内阁总理。越南停战后，美国便大力扶植亲美的吴庭艳集团，排斥亲法派，镇压共产党和爱国民主力量。在军事上，美国违背日内瓦协议，保留驻越的军事援助顾问团，派遣奥丹尼尔将军为团长，全部接管原由法国人担任的南越伪军的装备与训练工作，并且不断增派军事人员，运进战略物资，修建军事基地。据统计，1954—1960 年，美国在南越的各类军事人员由 200 人增至 2000 多人，运输军事物资进入南越的美国船舰由 1955 年的 20 艘次增至 1960 年的 230 艘次；南越的空军机场 1954 年仅有 6 个，到 1960 年初增加到 57 个。全长 32 公里的西贡一边和公路，经拓宽改建后变成一条宽 100 米的飞机跑道，实际上是一个巨型机场。岘港、芽庄、归仁和金兰湾等海港也扩建为美国的海、空军基地①。用美式武器装备的南越正规军人数达 15 万人。南越当局宣布，可以征召的兵力（包括现役陆军、武装警察、“保安团”、“民卫团”、预备兵力）总数达 47 万人。②在政治上，美国大使取代法国高级专员，凌驾于南越政权之上，美国顾问充斥南越各个部门，左右那里的实权。除了财政经济、土改、劳工、教育等方面的顾问外，国家机关部门也有许多美国顾问。控制行政部门的，是一个以斯麦克勒为首的“密歇根大学代表团”，情报顾问是美国中央情报局的兰斯德尔上校。③1954—1960 年，南越接受美国约 16 亿美元的拨款。南越的政府

① 裴廷清等：《南方人民八年的英勇和艰苦斗争》，史学出版社，河内，1962 年，第 58 - 60 页。

② 《印度支那问题文件汇编》，第三集，世界知识出版社，1961 年，第 34 页。

③ 《帝国主义破坏越南的和平和统一的阴谋计划》，世界知识出版社，1958 年，第 39 页。

预算中，美援占40%，而军事开支方面至少占85%。南越政府实际上是一个依赖美援供养、依靠美国顾问支撑的傀儡政权。

在美国的支持下，吴庭艳拒不执行协议关于南北双方协商举行普选统一国家的决定，同时打着“独立”、“反殖”、“排封”的旗号，排除亲法派和异己势力。1954年11月，他把亲法的参谋总长阮文馨赶下台，夺取了军权；1955年4—7月，他又将平川派、和好教、高台教、大越党和越南国民党的武装打垮、收编；同年10月26日，他采用“公民投票”废黜了“国家元首”保大；翌年3月，在南越举行片面选举，召开“国民议会”，制定“宪法”，宣布成立“越南共和国”。吴庭艳自任总统兼总理和国防部长，独揽大权，又是“国家革命运动党”领袖。

吴庭艳还将自己的兄弟、亲属及党羽安插在政府各个要害部门。其四弟吴庭儒是总统府首席政治顾问，“勤劳人位党”首领，掌握公安特务大权；二哥吴庭叔为顺化区大主教，掌握南越宗教事务大权；五弟吴庭练任驻英大使，控制南越对欧外交事务及全部对外贸易；六弟吴庭瑾为中部南区保安部队司令；吴庭儒的妻子陈丽春为“国会”议员，控制南越半军事化的妇女组织，虽无正式官职，但拥有内阁官员任命与调遣前方司令官的实权，并能支配国家的外汇；其父陈文章为南越驻美大使。① 正是依靠这批人，吴庭艳建立了吴氏家族的独裁统治。在吴庭艳及吴庭儒的控制下，南越“名为共和国，实为一个警察国家”。②

吴庭艳以“反共”为国策，在1955年4月越南南方抗战部队北上集结后，发动了一系列“诉共”、“灭共”战役，扫荡前

① 高文量：《吴庭艳政权的阶级本质》，越南《历史研究》，1961年，第24期。

② 袁文清：《越南战争史》，台北，国际理势周刊社，1977年，第68页。

抗战根据地，搜捕在南方的前抗战人员和其他爱国人士。1954年底，在银山、志盛、佐得等地发生一系列血腥屠杀事件。在南越各地的监狱和集中营里关押大批政治犯，他们遭到严刑拷打等非人待遇。1958年12月1日，吴庭艳集团还制造了毒害成千名政治犯的富利集中营惨案，引起世界舆论的强烈谴责。1959年5月，吴庭艳又发布“第10号总统法令”[①]，在西贡、顺化、邦美蜀等地设立特别军事法庭，并进行庭外流动审判，带着铡头机，随时随地处死爱国人士。

在美国支持的吴庭艳集团的统治下越南南方枪声从未停止。停战五年来南越有成十万人被捕，成万人受伤，成千人被杀害或失踪。据1959年11月21日越南人民军总司令部致国际监督和监察委员会函中不完全的统计数字，到1959年10月底为止，在南越有193660人被捕，13590人受伤，6990人死亡或失踪，这些人当中大部分是前抗战人员。[②] 此外，成千上万人被迫去修筑军事设施、战略公路，被驱赶到荒无人烟的“垦荒区”从事苦役劳动。南越政权还强制农民迁徙，实行并村居住，在山区和平原建立变相的集中营——“稠密区”。残暴的法西斯统治制度，使南越经济萧条，人民贫困，民不聊生，因而民变蜂起。

和平合法的斗争被血腥地镇压下去，在南越坚持斗争的革命力量遭到严重损失，党的基层组织大部分被破坏，和平统一的道路被堵塞。南越人民唯有拿起武器，推翻美伪政权，才有出路。1956年8月，越南劳动党南方局提出了南方革命路线的文件，

① 吴庭艳的“1959年第10号总统法令”，可参见《印度支那问题文件汇编》第三集，世界知识出版社，1961年，第2－3页。

② 越南驻华大使馆：《越南新闻》，1959年，第11期。

指出南方解放的道路是革命道路[1]。在保存革命力量、开展合法斗争的同时，为了开展武装自卫、除奸灭恶的斗争，1956—1957 年，十多个革命武装队伍在南方出现。在南方中部地区建立了许多除奸队，武装自卫战斗逐步开展。1957 年底，在前抗战基地——西贡北面密林中的 D 战区建立了一支较大的武装力量，它是南部革命武装的骨干力量。

1959 年 1 月，越南劳动党第 15 次扩大中央会议调整了对南方的战略，制定了越南南方在新阶段的革命路线，指出：南方革命的基本任务是从帝国主义、封建主义的统治枷锁下解放南方，实现民族独立和耕者有其田，在南方完成人民民主革命，建设和平、统一、独立、民主和富强的越南。当前的任务是推翻美帝国主义走狗吴庭艳统治集团，建立南方民族民主联合政府，实现民族独立和多项民主自由权利，改善人民生活，维护和平，实现国家统一。[2] 会议强调南方革命的基本发展道路是暴力道路。[3] 这样越南便走上了通过武装斗争完成统一的道路。

在党中央第 15 次会议后，1959 年底和 1960 年初，越南南方人民的武装反抗运动崛起。1959 年 8 月 28 日，中部原广义省茶蓬县人民发动武装起义。在地方党组织领导下，16000 山区人民奋起推翻了 16 个村社的敌政权，拔除了 7 个据点，消灭了成百敌人，在农村建立革命政权。起义波及邻近的好几个县、社。在南部地方党委领导下，南部各地群众也奋起开展武装斗争。1960 年 1 月 17 日夜，在槟知省委领导下，木棋县的革命群众拿起棍棒、大刀和梭镖，消灭反动分子，进攻据点，夺取武器，摧

---

① 《越南共产党历史简编》，真理出版社，1985 年，河内，第 134 页。

② 同上，第 137 - 138 页。

③ 同上。

毁了敌人在村乡的大部分统治机构和钳制系统。各地人民武装力量形成和发展起来，刚解放的地区成立了人民自管委员会，没收恶霸地主的土地分给贫苦农民。武装反抗的崛起浪潮汹涌澎湃，有如决堤的洪水，迅速蔓延南部各省、西部高原和中部山区的一些地方。

1960 年 1 月 25 日，人民武装力量在西宁省多海（Tua Hai）地区一举俘虏了 500 名敌人，缴获了 1000 多支枪。多海战斗胜利后，西宁人民解放全省 2/3 的村社。在人民武装斗争高涨的形势下，1960 年 12 月 20 日，南方各阶层、各民主党派、各宗教教派和各民族的代表在西宁省朱成县新立社召开大会，建立了越南南方民族解放阵线。它以越南人民革命党①为核心，包括 20 多个政党、团体和教派组织，是越南南方各阶层人民爱国统一战线的组织。大会发表宣言，主张“团结各界人民、各阶层、各民族、各党派、各团体、各宗教和爱国人士，不分政治倾向，为推翻美吴集团在越南的反动统治，实现独立、民主、和平、中立进而实现和平统一祖国而斗争”。② 阵线发表了十大行动纲领，基本内容是：1. 推翻美帝国主义变相的殖民地制度及其走狗吴庭艳的独裁政权，成立民族民主联盟政权；2. 实现广泛和进步的民主制度；3. 建立独立自主的经济，改善民生；4. 实行减租，进而解决农民土地问题，实现耕者有其田；5. 提倡民族、民主的文化教育；6. 建设一支保卫祖国、保卫人民的军队；7. 实行

① 越南人民革命党在 1962 年 1 月 1 日发表的成立宣言中指出，该党是“越南南方工人阶级和劳动人民的政党，同时也是越南南方全体爱国人民的政党”。裴廷清在《新殖民主义在越南的失败过程》一文（载越南《历史研究》集刊 1976 年第 6 期）中指出，越南人民革命党“实际上是越南劳动党的一部分”。

② 裴廷清等：《南方人民八年的英勇和艰苦斗争》，史学出版社，河内，1962 年，第 196 – 197 页。

民族平等、男女平等，保障外侨和侨胞的正当权利；8. 执行和平中立的外交政策；9. 恢复越南两个地区之间的正常关系进而和平统一祖国；10. 反对侵略战争，积极保卫世界和平。①

在民族解放阵线的旗帜下，南越反对美伪集团的各种力量联合起来，翌年2月，南方各地武装力量统一整编为“越南南方人民解放武装力量”，即“越南南方解放军”，并组建了统一的指挥部，越南人民军大将阮志清等曾担任南方解放军的总指挥。南方人民武装力量在战斗中逐步发展为拥有主力部队、地方部队和游击部队三种形式组成的武装力量。其地方部队由当地武装形成，主力部队基本上由北方输入。

20世纪60年代，美国对越南南方的军事干预日益加强。1961年美国总统肯尼迪上台后，为了镇压南越人民的解放斗争，以越南南方为实验场，发动了一场不宣而战的“特种战争”。所谓“特种战争”又称为“反游击战争”或“次有限战争”，被认为是核大战和有限战争并列的第三种战争形式。为此，美国专门训练了进行这种战争的“特种部队”（又称“绿色贝雷帽”部队）。1961年5月，100名美国“特种部队”的官兵进入南越，开始了美国在越南进行的“特种战争”。这种战争实际上是由美国出钱出枪，在美国顾问和特种部队参与和指挥下，用“越南人打越南人”的新殖民主义战争。

为进行特种战争，1961年5月，在派出特种部队进入南越的同时，美国副总统约翰逊访问西贡，与吴庭艳会谈，双方发表了《联合公报》，提出美国扩大对南越伪政权的援助，扩充伪

① 裴廷清等：《南方人民八年的英勇和艰苦斗争》，史学出版社，河内，1962年，第196－197页。

军，使用美国专家“协助”伪军等 8 点措施。这是美吴之间的一项双边军事协定。为执行约翰逊—吴庭艳的《联合公报》，同年 6 月和 11 月，美国加利福尼亚斯坦福研究室主任斯特利和总统特使、参谋长联席会议主席泰勒上将先后到南越实地考察，制定了“斯特利—泰勒计划”。年底，肯尼迪政府的国家安全委员会正式批准了这一计划。

“斯特利—泰勒计划”提出并实施了三项战略措施：一是强化南越伪政权，增强伪军，作为进行“特种战争”的主要工具。截止 1964 年底，南越军队包括“正规军”、“保安团”、武装警察和“民卫团”增加到 60 万人，其中正规军 20 多万人。美国顾问派到营、连一级，实行严密控制和指挥伪军作战。二是强制推行建立“战略村”计划。“战略村”被称为“特种战争”的重要支柱。吴庭艳将它的实施抬高到“国策”的地位，设立了由其弟吴庭儒为首的“战略村特别委员会”，计划到 1962 年底在南越总共 17000 多个村中建立 16000 余个战略村。他们用武力把农村居民赶进被铁丝网、壕沟和碉堡四面包围的村寨。美国助理国务卿罗杰·希尔斯曼在一份关于南越的报告中说：“战略村的目的之一是控制人和供应物资的来往。颁发了身份证，实行了宵禁……这个计划要求在现有村庄周围布防——有刺铁丝、瞭望塔、充满竹钉和陷阱的壕沟。”① 显然，他们妄图以此割断游击队与人民群众之间的联系，达到“竭泽而渔”的目的。三是加强城市和军事基地的设防，并计划从临时军事分界线起，沿着越老和越柬边界地区建立“无人区”，企图切断越南北方支援南方

① 1962 年 10 月 8 日《美国国务院公报》，转引自《美国在越南的干涉和侵略政策》，世界知识出版社，1963 年，第 7 页。

人民斗争的“胡志明丛林小道”，同时封锁海岸，以孤立南方革命力量。美国希望通过这一计划获得主动权，在18个月内“平定”南越。

1962年2月18日，西贡设立“美国军事援助司令部”(MACV)，作为“特种战争”的指挥部，美驻太平洋陆军司令哈金斯被任命为司令。一位西方评论家指出，这个司令部的设立，标志着美国直接卷入新的印度支那战争的开场。① 到1964年，美国在南越的特种部队和其他军事人员达到22000人。他们指挥几十万南越军队采用“重点清剿”、“油点扩散”、“分进合击”以及“直升机空运”、“水陆装甲车运进”等战略战术，使用凝固汽油弹、磷弹、使树叶脱落的化学毒剂等灭绝人性的武器，进行大规模的寻歼和扫荡，屠杀人民，毁坏森林和庄稼，毒害居民与牲畜，实行“三光政策”，制造“无人地带”。

在美国直接卷入和干涉越南南方的严重局势下，1962年2月10日，越南南方民族解放阵线召开第一次大会。大会提出四项紧急的救国主张：1. 美帝国主义应停止在南方的侵略战争；2. 解散“战略村”；3. 在南方成立民族联合政府；4. 执行和平、

① 关于越南抗美救国战争的起始点与发展阶段是一个值得探讨的问题。若从1954年7月日内瓦会议后开始到1975年5月南方完全解放，应为21年。但1954—1959年主要是政治斗争辅以武装自卫。越南史学界称这一阶段为美吴集团进行“单方面战争”的时期。笔者认为，南越人民反对美伪集团的武装斗争从1959年8月的茶蓬起义揭开了序幕，1960年南方民族解放阵线成立，标志着有组织有领导的武装斗争全面兴起。而后经过“特种战争（1961—1964）”、“局部战争（1965—1968）”、“越南战争（1969—1975）”等阶段，到1975年春进入总攻击，夺取最后胜利阶段。美国卷入越南战争是逐步的，特种部队的进入和哈金斯司令部的建立，只是美国军队直接卷入战争的标志。

中立外交路线。大会选出以阮友寿律师①为主席的正式的中央委员会。② 阵线的主张深入到南方各阶层人民之中，化成了百万群众抗美救国的巨大力量。游击战争在各地广泛、迅猛地发展。

“特种战争”战略并没有使战争进程按照发明者的主观愿望发展。南方解放军、游击队和广大群众密切配合，以游击战为主，配合运动战，将武装斗争与政治斗争结合起来，打击美伪军，摧毁“战略村”。

建立“战略村”是“斯特利—泰勒计划”的基本内容，是“特种战争”的脊梁骨。在美国大力支持下，吴庭艳集团使用各种手段进行扫荡、镇压，强制推行。美国援助南越的机构专门设立“农村事务处”，南越吴庭艳政权建立“民运工作部”。他们吸收美国在菲律宾和英国在马来亚镇压共产党领导的农村游击战争的经验，企图把南越农村纳入美吴政权的严密控制之下。但是，战略村一开始就遭到南方农民的坚决反对。并集居民的工作进展迟缓。一些“战略村”一成立就被摧毁，或是反复被摧毁，无法巩固；一些“战略村”被摧毁后变成人民的游击战争基地——“战斗村”。③

1963 年的“北村”战斗的胜利鼓舞了南越人民战胜美国侵略者的斗志。1 月 2 日，美伪出动 2000 多人的精锐部队，在直升机、M－113 两栖装甲车和炮艇的掩护下，向美获省丐礼县富乡北村扫荡。北村军民以少胜多，以奇制胜，三天歼敌 1500 多

---

① 阮友寿（1910— ），越南南部堤岸人，1921—1932 年留学法国，攻读法律。回国后在西贡当律师。1947 年起参加西贡—堤岸知识分子的爱国运动，1950 年领导了反美示威游行后被捕，1952 年释放后继续参加爱国运动，1954 年再次被捕，1961 年越狱到解放区。

② 《越南共产党历史简编》，真理出版社，1985 年，河内，第 154 页。

③ ［越］童士源：《战斗村》，越南人民军出版社，1965 年，河内。

名，击落击伤敌机15架，其中一些直升机在着陆时被当场击毁。北村军民的辉煌战绩证明了南越军民在特种战争中完全可能在军事上击败敌人。此后，各地军民掀起“学习北村，杀敌立功”的运动。在南越军民英勇卓绝的斗争面前，企图迅速“绥靖”南越的“斯特利—泰勒计划”遭到惨重的失败。

与此同时，在“特种战争”的后方基地——城市人民爱国运动空前高涨。工人、学生、知识分子、佛教派纷纷走上街头，反对吴庭艳集团的独裁统治，形成了打击美伪的第二条战线。信仰天主教的吴氏家族压制佛教，激起佛教派的抗议。1963年夏，学生与佛教派不断举行游行、示威，要求改革。吴庭艳与吴庭儒迷信武力，大肆逮捕和镇压群众。军警与游行群众冲突，学生、佛教徒死伤惨重。5月8日，顺化2万佛教徒抗议当局禁止举行佛祀仪式，上街游行，遭到武力镇压，死伤数十人，被捕百人。6月11日，西贡1000多僧侣举行示威。73岁的高僧广德为抗议当局的镇压政策在街头引火自焚。接着有一些和尚也焚身殉难。吴庭儒的夫人陈丽春却讥讽为“烤肉表演”，说她“将鼓掌称快”。[①] 此言丧尽人心，激起群众更强烈的愤慨。此后，由南越佛教徒与其他阶层参加的反暴政斗争浪潮持续达半年之久。

在民怨沸腾的情况下，吴庭艳众叛亲离。南越统治集团分崩离析，内讧加深。[②] 肯尼迪政府发现吴庭艳及其家族已成为推行侵略政策的累赘，先向其施加压力，要求作“政策和人事上的更迭”，宣布要停止对南越的援助，以鼓动南越军人的反吴情

---

① 裴廷清：《南方人民八年的英勇和艰苦斗争》，河内，史学出版社，1962年，第69页。

② 自吴庭艳上台执政到1960年为止，对其政府进行几次改组，撤换“部长”35名，并把1/3的将级军官和约30名校级军官赶出军队。

绪，继而采用“换马术”，由美国驻越大使洛奇和中央情报局策划，于1963年11月1日发动倒吴军事政变。吴庭艳和吴庭儒兄弟被政变部队打死，陈丽春流亡国外。杨文明将军取代吴庭艳，组成军人政府。

吴庭艳垮台后，南越局势更加不稳，政变频繁发生，杨文明上台不过两个月，1964年1月30日，南越伪军第一军军长阮庆发动新的军事政变，取代杨文明，自封为“革命军事委员会”主席兼总理。同年3月，约翰逊总统执政后，派遣国防部长麦纳马拉访问南越，同阮庆拟定了一个以“重点清剿”为主要内容的“麦纳马拉—阮庆计划”（又称“十二点计划”）。要求在强化军事“清剿”的同时，适时收缩据点，继续大力建立“战略村”（后改称“新生村”）和无人区，集中兵力，重点扫荡湄公河三角洲。

“麦纳马拉—阮庆”计划随即遭到南越军民的迎头痛击。1964年，南方解放军发展成为一支拥有20万人的坚强力量。同年12月，在巴地省平也县，南越解放军主力部队首次在白天出击，歼灭伪军主力两个机动营和一个装甲车支团，击落击伤敌机37架。平也战斗的胜利，标志着美国在南越推行的“特种战争”战略的破产。

“特种战争”失败后，约翰逊政府炮制战争“逐步升级”的理论，鼓吹扩大侵越战争。① 1964年6月1日，美国军政要员举行第十次檀香山战略会议，确定了逐步扩大侵越战争的计划。6月20日，威斯特摩特兰接替哈金斯任美国驻南越军援司令部司令。23日，泰勒接替洛奇任美驻南越大使。

---

① 赫尔曼·康恩：《“逐步升级”战略》，载美国《幸福》杂志，1965年4月号。

为扩大战争制造口实，7 月，南越军队按照美国制定的“34A 行动”计划对北方沿岸发动了两次海上袭击。8 月 2 日和 4 日，美国制造“北部湾（即东京湾）事件”，以美国驱逐舰“马多克斯号”和“腾纳·乔埃号”在这个水域受到越南民主共和国鱼雷快艇袭击为借口，大造战争舆论。8 月 5 日，悍然派遣飞机对北方义安、清化和鸿基等地港口进行轰炸，把侵略战火烧到越南北方。这次轰炸成为局部战争的导火线。美国国会随即通过早在 5 月就拟定的《东京湾决议案》，宣布授权总统“采取一切必要措施，以击退对美国部队的任何武装攻击”。[①] 这个决议给予了约翰逊调动武装部队，扩大越南战争的特权，实际上是一份美国公开侵略越南的“宣战书”。8 月 6 日，麦克纳马拉宣布向西太平洋增兵的六点措施。随后美国从本土抽调作战飞机进入中南半岛，美国舰艇云集越南附近海域。

1965 年 2 月 7 日，美国空军对北越开始大规模轰炸。3 月 8 日，首批美国海军陆战队在南越岘港登陆，直接承担在南越的作战任务。战争不断升级，范围日益扩大，以美军为主力的“南打北炸”为特点的“局部战争”开始。

从 1965 年后，侵越美军人数逐年增加，1965 年将近 20 万人，1968 年达到 53 万多人，[②] 南越伪军扩大到 100 多万。局部战争成为“依靠美国远征军和伪军两种战略力量的美国自己的战争”。英国学者指出：这“使‘越南’战争在很大程度上变成

---

① 尼尔·希思等：《五角大楼文件》，《纽约时报》，班塔姆书店，1971 年，第 258 – 267 页，引自约翰·F. 卡迪：《战后东南亚史》，上海译文出版社，1984 年，中译本，第 468 – 469 页。

② 裴廷清等：《南方人民八年的英勇和艰苦斗争》，河内，史学出版社，1962 年，第 169 – 170 页。

了美国战争”。[①] 由此，美国深深地陷入了越战的泥潭中而难以自拔。此外，韩国及东南亚条约集团的部分成员澳、新、菲、泰等国的军队也卷入战争，他们的人数到 1969 年为 69000 人。[②]

美国还对北方进行空中破坏战争，企图通过毁灭性的轰炸，达到摧毁北方经济和军事力量，阻遏北方支援南方战斗的目的。从 1965 年 2 月至 1968 年 11 月，美对越南北方空袭达 10.77 万次，平均每次出动 3—4 架次，投掷炸弹 258 万余吨。在面积约 15.9 万平方公里的越南北方，相当于平均每平方公里土地投弹 16.2 吨。其飞机日出动量，1966 年前为 100—200 架次，1966 年后约 300 架次，最多时一天达 749 架次。[③] 美国原空军参谋长利梅 1965 年 11 月 25 日声称，“必须摧毁每一个工厂，每一个工业单元。只要两块砖头还黏结在一起，我们决不停炸”。他叫嚷要“把越南北方推回到石器时代”去。[④]

尽管美国的狂轰滥炸摧毁了越南北方的数百个工厂企业与仓库，不少城市被夷为平地，甚至医院、学校、庙宇和教堂也不能幸免，但是，越南人民没有屈服。1966 年 7 月 17 日，胡志明主席发表著名的《告全国同胞和战士书》，指出：“战争可以延长 5 年、10 年、20 年或者更长的时间，河内、海防和其他一些城市、企业可能被摧毁，但是越南人民是吓不倒的！没有什么比独立、

① 理查德·克罗卡特（Richard Crockatt）：《50 年战争》，新华出版社，2003 年，第 345 页。

② 据《美国百科》28 卷的材料，韩国投入 4.8 万人，泰国一个师，澳大利亚一个旅，菲律宾和新西兰各自派出规模较小的部队。另有 30 多个国家与政府提供“非军事援助”。

③ 张聿法、余起 等编：《局部战争概览》，解放军出版社，1988 年，第 278 - 279 页。

④ 转引自《越南的战争破坏》，越南外文出版社，1977 年，河内，第 20 - 21 页。

自由更可贵。”[①] 越南北方军民在社会主义国家的大力援助下，开展了反击空中破坏战争的全民运动，击落击伤数千架飞机，打死和俘虏成千名美国飞行员，[②] 挫败了美国的空中破坏战争。

局部战争时期的战斗空前激烈。在 1965 年的战斗中，南越解放军采取奇袭、伏击、围点打援等机动灵活的战法，取得了波来古、同帅、巴嘉等战役的胜利。1965 年 8 月 19 日，在广义省万祥地区，南越军民击败了有空军掩护的 8000 名美军的大扫荡，歼敌 1000 多人，击毁坦克 22 辆，飞机 13 架。万祥一战给美国侵略军以沉重打击，为歼灭美军的高潮揭开了序幕。

在十分艰苦条件下，南越军民连续粉碎了数十万美伪军在 1965—1966 年冬春和 1966—1967 年冬春的两次旱季攻势，共歼敌 29 万人，其中 12.8 万为美军及其他外籍军人，挫败了敌人的“寻歼”和“绥靖”的战略。1966 年初，顺化、岘港和南越其他城市爆发了反对阮文绍—阮高其反动军人政权和要求美国撤军的群众政治运动，美伪军士气下降，队伍更为混乱。1967 年 8 月，越南南方民族解放阵线召开特别会议，通过《政治纲领》，以便进一步扩大抗美救国民族统一战线。会后，阵线中央委员会决定在城市开辟新战线，以武装力量的总进攻和发动城市群众起义相结合，把政权夺到人民手里。

为了实现这一战略主张，1968 年 1 月 30—31 日（农历除夕），南方解放武装力量发动空前强大的“新春攻势”，向西贡、顺化、岘港、芽庄、归仁、大叻等 64 个大中城市、34 个省会和

---

① 胡志明：《为了独立自由，为了社会主义》，越南外文出版社，1971 年，第 274 页。

② 据越南公布的不完全统计数字，截至 1968 年 11 月 1 日，共击落美机 3243 架。参据《越南劳动党 45 年活动》，越南外文出版社，1976 年，第 87 页。

45 个空军机场、军事基地展开进攻。解放军突入西贡市区，袭击伪总统府、伪军总部、伪警察局和广播电台，攻入美国大使馆大院内达 6 个小时；攻占顺化市区要塞达 26 天。新春攻势持续至 3 月，连续进行了三次大规模攻击，给予美伪军空前沉重的打击，产生了巨大的政治和心理上的影响。同时，南越人民革命力量也付出了巨大的牺牲。

约翰逊政府的“战争升级”政策不仅耗费了巨额的军费（1967 年以来，每天要付出 1 亿多美元），而且使大量美国青年在远离本国的越南战场上丧命，美国国内反战运动日益高涨。新春攻势后，美国主和派声音上升，许多国会议员、政府官员及两大党的人士主张停止轰炸北越，与越南和谈，撤出美军。在 1968 年的美国大选中，“越战问题”成为关注的焦点，陷于困境的约翰逊于 1968 年 3 月 31 日被迫宣布部分停止对越南北方的轰炸，将目标限于 20 度线以南地区，并要求与越南民主共和国和谈。4 月，驻越美军司令威斯摩兰奉调回国，由其副手艾布拉姆斯接替。5 月 13 日，越美双方会谈在巴黎开始。10 月 31 日，约翰逊发表声明，宣布无条件停止对越南北方的轰炸。至此，美国的战争升级政策破产，“局部战争”时期结束。

1969 年 1 月，尼克松以和平解决越南战争等承诺当选总统，上台执政。他根据形势的变化，决定调整全球战略，从亚洲收缩力量，以摆脱美国军事力量长期陷于越南战争泥潭中的被动局面。7 月，尼克松在关岛提出“新亚洲政策”，即“尼克松主义”，主张在印度支那实行战争“非美化”，或称“越南化”的策略，要求大力扩充伪军，重新利用伪军为主要工具，逐步取代撤出的美军。这个战略实际上是以美国为靠山，在美国人指挥下，重操“用越南人打越南人”的手段，从此美国的侵越战争，进入战争“越南化阶段”。

从 1969 年 7 月起，美军开始分批撤出。同时，尼克松面对南越民族解放力量的日益壮大，被迫在事实上承认越南南方民族解放阵线及 1969 年 6 月成立的越南南方共和国临时革命政府，将巴黎越美双方会谈扩大为包括南方民族解放阵线和西贡阮文绍政权在内的四方会谈。

越美四方会谈从 1969 年 1 月 25 日起在巴黎进行。同时，从 3 月 22 日起，由美国总统国家安全事务助理基辛格与越南民主共和国政府代表团特别顾问黎德寿举行秘密会谈。在公开谈判中，双方陈述各自的主张，实质问题则在秘密谈判中解决。谈判涉及停火、遣返战俘、撤军和南越政权组成等方面。焦点集中在撤军和政权两大问题上。越南主张“必须从越南南方撤出美军和其他外国的全部军队”，由南越人民在没有外来干涉下自己解决内部事务；解散西贡伪政府，成立民族和睦政府。美国提出“共同撤军”，实行国际监督，即要求从越南南方撤出北方部队；保住南越伪政权，成立以阮文绍集团为主体的联合政府。尼克松政府既想从越南“体面地撤军”，又想保存南越亲美政权。

为了达到上述目的，在谈判的过程中，美国不断施加军事压力，玩弄政治讹诈手段。美国时而停炸迫和，时而以炸迫和，并大力加强伪军力量，更新伪军装备，强化伪军的空军、海军、炮兵及后勤部队，对解放区扫荡。而越南方面开展了军事斗争和政治谈判，打打谈谈相互配合的斗争。

1970 年 3 月 18 日，美国乘柬埔寨国家元首西哈努克亲王出国访问之机，策动朗诺—施里玛达集团发动反动政变，废除西哈努克的国家元首职位，建立亲美的朗诺政权。同年 4 月 30 日，在美国的策划和美军参与下，以攻打“越共庇护”为名，约 10

万美伪军入侵柬埔寨，把战火扩大到柬埔寨境内。在美国扩大侵略战争的形势下，西哈努克宣布建立柬埔寨民族统一阵线（3 月 23 日），随后又在北京成立王国民族团结政府（5 月 5 日），与柬埔寨共产党人联合起来，开展抗美救国斗争。

1970 年 4 月 24—25 日，印度支那三国四方领导人举行印度支那人民最高级会议。西哈努克、苏发努冯、范文同、阮友寿等三国四方领导人讨论了加强团结和进行抗美战争的共同任务。会议发表了联合声明，号召越、柬、老三国人民加强团结，英勇战斗，把反对共同敌人美帝国主义及其走狗的斗争进行到底，直到取得完全的胜利。从此，印支三国人民的抗美救国战争连成一片，开创了一个新的局面。

1971 年 2 月 8 日，美伪军 4 万多人在南越溪山至老挝南部地区的九号公路一带发动兰山七一九攻势，企图切断越南北方通向南方的补给线，封锁“胡志明小道”。美伪军采用“坦克、装甲车突击与直升机机降”相配合的战术，以九号公路为轴线，发动大规模进攻，越南军队与老挝解放军互相配合，采取诱敌深入、多个歼灭的战法，经过 43 个昼夜的激战，歼敌 2 万余人，击落击伤敌机496 架。3 月 23 日，战役胜利结束。同年 12 月初，柬埔寨军民粉碎了美伪集团发动的“真腊二号”攻势，击毙击伤朗诺伪军 12000 多人，赢得抗美战争以来的一次最大的胜利。

1972 年 3 月 30 日，南越解放军向在广治、西原及中部东南地区之敌发动空前规模战略进攻。解放军主力部队在地方部队和群众政治力量配合下，开展 12 个兵种的协同作战。在短时期内，歼灭和重创 13 个伪军主力师的一半。有的伪军投降，保安团、民卫队大批逃亡或被消灭。这一地区的山区、平原和沿海地带不少地方获解放，尼克松的战争“越南化”遭到严重的失败。

为摆脱困境，并取得谈判中的优势地位，1972 年，美国再次恢复对越南北方的全面轰炸。4 月 16 日，美出动 B－52 战略轰炸机对河内、海防等城市滥施轰炸。5 月 8 日，对北越沿海、港口和河道进行“空中布雷”扔下 2 万多水雷，进行封锁。轰炸持续到年底，12 月 18—29 日，美机连续 12 昼夜对河内、海防进行大规模袭击。但是，这都无法挽救美国失败的命运。1972 年，越南北方军民击落美机 732 架（其中包括 B－52 型飞机 54 架、F111 型飞机 10 架），并击沉和击伤多艘美国舰艇，数十名美国飞行员丧生或失踪。

1973 年 1 月 27 日，越南人民经过长期英勇的战斗和四年多的谈判斗争，终于迫使美国签订《关于在越南结束战争、恢复和平的协定》，即《巴黎协定》，并附有四个议定书。[①] 协定的主要内容是：一、美国和其他国家必须尊重 1954 年关于越南问题的日内瓦协定所承认的越南的独立、主权、统一和领土完整；二、美国在协定生效后的 24 小时内在南越全境停火，同时停止其在越南民主共和国的军事行动，结束对北越海域、港口及水道的布雷，并进行排雷，使其永远失效或销毁；三、在协定签字后 60 天内从越南南方撤出全部美国及其同盟者的全部军事人员、武器弹药及作战物资，不继续对越南南方进行军事卷入；四、尊重越南南方人民的自决权，外国不得将任何政治倾向的人物强加于越南南方人民，而越南南方的政治前途应在国际监督下由人民进行真正自由和民主的普选来决定；五、越南的统一，将通过南北方之间的讨论和在达成协议的基础上，在不受任何一方的压制或吞并以及在没有外来干涉的情况下，通过和平方法逐步实现。

---

① 《关于在越南结束战争恢复和平的协定》，人民出版社，1973 年。

统一的时间由南北双方商定。

《巴黎协定》迫使美国及其他外国军队从越南撤军，承认越南的独立、统一和主权，完全结束了对越南北方的破坏战争，并被迫承认在越南南方存在两个政权、两种军队、两个控制区的现实，无疑是越南人民的重大胜利。同年3月2日，在巴黎召开了有12个国家和政府代表参加的关于越南问题的目标会议。① 会议通过决议书，确认和保证关于越南问题的协定和各项议定得到严格、彻底的执行。3月29日，最后一名美军士兵撤出越南南方。

《巴黎协定》签订，美军撤离，导致印度支那战场上双方力量对比的巨大变化，为越、老、柬三国人民抗美救国战争的胜利和民族民主革命的完成创造了极为有利的条件。越南南方形成两个控制地区、两种军队、两方政权和三种政治力量。解放区自北部的广治、承天，沿着越老、越柬边境，一直延伸到南部湄公河三角洲，与伪政权控制区犬牙交错地分布在越南南方各地区。越南南方民族解放阵线和南方共和临时革命政府的国际威望与影响不断提高，1973年9月，在阿尔及利亚举行的不结盟国家首脑会议，有75个国家和地区参加，越南南方共和国临时革命政府被接纳为不结盟运动的正式成员，共和临时革命政府被承认为越南南方人民唯一的真正代表。到同年10月6日止，有41个国家承认越南南方共和临时革命政府并与之建交。

但美国并未停止对越南的干涉。在《巴黎协定》签字前，美国为继续实施其“战争越南化”政策，设立了一条印度支那

---

① 出席会议的国家和政府有苏、中、美、英、法、越南民主共和国、越南南方共和、越南共和国（即南越政权）以及国际监察和监督委员会的4个成员国匈牙利、波兰、印尼和加拿大。

战争史上最大的“空中走廊”，把价值约 60 亿美元的武器和军事物资运入南越，把美国在南越的军事基地加紧移交给西贡伪政权。《巴黎协定》签订后，美国以“民事人员”的名义保留 2 万多名军事顾问，并继续给阮文绍集团大量军事援助。1973 年美援为 8 亿美元，1974 年 2 月，尼克松要求国会在 1974—1975 年度给予越政权 14.5 亿美元的援助。

阮文绍集团凭借美国援助的军事装备和 110 万人的庞大武装力量，无视《巴黎协定》，采取各种措施，占领交通要道，吞食土地，控制民众，巩固各级伪政权。1973 年1 月至1975 年1 月，不断发动对解放区的进犯。违反和破坏停火协定的事件屡屡发生，实际上南方的战争没有一刻停止。然而，美国的撤军，使得印度支那地区的局势和力量的对比发生了不利于南越伪政权势力的剧变。伪军官兵厌战情绪增长，士兵开小差的越来越多。1974 年，南越各阶层、各政党和宗教派别，包括一些政府官员、军人和国会议员发起的反对运动高涨，要求阮文绍辞职。阮文绍集团陷入极端孤立的境地。

1974 年 8 月，尼克松因“水门事件”下台，福特继任美国总统。福特虽宣布继续给予西贡政权以军事和经济援助，但处于内外交困的情况下，他已无法扭转在印度支那的败局。

1975 年春，越南抗美战争进入决定性胜利的阶段。1 月 6 日，福隆省的解放军展开猛烈攻势，攻占省城福平，解放了福隆全境。3 月初，南越军民发动总攻击，采取中间突破、先北后南战略。3 月 10 日首先发起对中部西原地区的进攻，攻打邦美蜀。3 月 24 日，昆嵩、波来古之敌溃逃，西原全部解放。接着发动顺化—岘港战役，3 月 24 日，广知省会解放，顺化、岘港孤立，南越北部与南部被一切为二。26 日，解放军消灭承天省敌军，解放了古都顺化；29 日解放中部军事重镇岘港。这一战役歼敌10 多万，一举夺取敌伪在中部的两大战略要地。4 月初，南越解放军乘胜追击，向中部和沿海地区挺进，先后解放平定、庆和、潘朗、宣德等省。在西原和顺化、岘港战役进行的同时，南部军民攻占安禄市，解放土龙木、隆安、隆庆等省广大地区，南越伪军溃不成军，4 月 8 日，南越空军一名飞行员起义驾机轰炸伪总统府，西贡城内人心惶惶。阮文绍在美国督促下建立了一条从潘朗到芹苴的防线，以保卫西贡，并又一次宣称要“战至最后一人”，但已无法挽救覆灭的命运。

1975 年 3 月下旬，越南决定开展以胡志明名字命名的西贡战役，集中 4 个军、1 个兵团（军级）、3 个军区，共 21 个主力步兵师以及一些地方部队和特种部队，在城市地下战斗小组和居民的配合下向西贡发起强大攻势。胡志明战役是一次伟大的战略决战。4 月 9 日，解放军向伪军坚固设防的春禄城发起猛攻。4 月 16 日解放潘朗，接着解放平顺、平绥等省，21 日春禄敌军撤退。至此，南越伪政权首都陷入解放军的重围。阮文绍被迫辞职，乘美国军用飞机逃往台湾。4 月 26—29 日，为歼灭西贡外围之敌，解放军从东西两个方向发动战役，进行了艰苦的战斗。美国大使及在西贡的美国人“紧急撤退”。4 月 29 日，解放军在歼灭西贡郊区敌军后，由四面八方突入西贡城区。4 月 30 日攻占伪总统府。南越伪政权宣布无条件投降，伪军放下武器。5 月 1 日，越南南方全境解放，抗美救国战争胜利结束。

越南南方的完全解放，为实现国家的统一创造了条件。1976 年 4 月 25 日，越南南北举行普选。6 月 24 日—7 月 3 日，在河内举行统一的国会会议，正式宣布南北统一，并将国名改为越南社会主义共和国。

五、结语：越南由分裂走向统一的历史经验与启示

越南统一的民族国家的形成有一个逐步发展的过程。从公元10世纪建立独立自主的封建国家后，历经数百年的整合和向南扩展，特别在16—18世纪的南北分裂与割据之后，到19世纪初阮朝时，越南完成了南北的大一统，并确立现代越南从北部谅山到南部金瓯角的版图，成为中南半岛一大强国。越南人的国家认同观念与意识也逐步形成。

然而，从19世纪下半叶始，越南又遭遇到西方列强的侵略和掠夺，法国的殖民入侵使越南丧失了主权和独立，其分而治之的殖民政策使越南的国家分裂加深，连国名也从世界地图上消失，这激起了越南人民的民族觉醒和爱国运动的高涨。要求民族独立和国家统一是近现代越南人民为之奋斗的主题。经历了80年的抗法斗争和四年多的抗日救国斗争，特别是1945年的八月革命，越南人民终于赢得了独立，建立了统一的民主共和国，爱国主义意识空前增长。

法国殖民者在英美的支持下，为恢复殖民制度发动的侵略战争以及美国对印度支那事务日益深入的干涉，导致战后越南出现南北两个政权、两种社会制度分治的态势。越南的分裂有内外多种因素作用的结果，而大国的强权政治和粗暴的干预是主要因素。

历经九年的抗法战争和1954年日内瓦会议关于印度支那停战协议的签订，为越南走向统一开启了一线希望的曙光，协议所划定的北纬17度线为临时军事分界线，并非南北越的边界线，

协议规定了北南双方应于1956年通过和平协商，在全国举行普选统一越南。中苏等一些与会国家希冀通过国际公认的协议，结束法国在印度支那的殖民统治，挫败美国主战派扩大和延长印支战争的阴谋，以便越南民主共和国巩固在北方的基地，进而和平统一国家。然而，日内瓦协议是各方妥协的产物，越南只有一半领土获得解放，并没有解决越南完全独立、获得主权、领土完整和国家统一的问题。

美国统治集团在冷战思维和反共意识的支配下，一意孤行，拒不执行日内瓦协议。在美国的扶植下建立的南越吴庭艳政权既不承认日内瓦协议，又害怕在全国选举中失败，拒不履行协议的任何条款，对北方提出的和平协商的建议置之不理，并日益变本加厉地镇压南越的爱国人士，还声称要"北伐"，摧毁越南北方人民政权，这就导致和平统一之路被堵塞，越南的南北统一因而走上了非和平的道路。

越南是二战后通过战争方式获得统一的国家的一个典型例子，其背景是冷战对峙的国际环境。位于中南半岛东部的越南，北邻中国大陆南部，南临东南亚地区，地处从太平洋到印度洋的交通要冲，既是一个通向中国大陆的桥梁，又是一个南下西南太平洋的前进基地，其经济和战略地位都至关重要，二战后，尤其是中华人民共和国成立后，成为国际斗争最激烈的地区之一。在冷战对峙的世界格局中，越南和印支三国是当代世界各种矛盾的聚集点之一和举世关注的热点地区。因而越南人民争取祖国统一的斗争，不仅具有完成民族民主革命的国内革命战争的性质，也是反对帝国主义、新老殖民大国侵略的救国战争。

战争不仅有北南两个政权及其武装力量参加，同时有美国及其结盟国、中国和前苏联等多个国家的加入，战火蔓延和扩大到越、老、柬三个国家，成为一场席卷印度支那地区的局部战争。越战，又称“第二次印度支那战争”，越南称为“抗美救国战争”，是第二次世界大战后最激烈、最持久的一场侵略和反侵略的战争。美国在侵越战争期间，投入60多万兵力，并有五个同盟国的军队和100多万伪军。美军出动最多时，占其步兵的68%，海军陆战队的60%，战术空军的32%，战略空军的50%。在整个战争期间，使用了除核武器以外的几乎全部新式武器，把越南作为演兵场和实验场，在越南投掷的炸弹和发射的炮弹总计达1450万吨，大大超过朝鲜战争投下的数量，比它在二战时投到各个战场的总量多好几倍。

美国主战派的人士曾说，美国对越南进行的这场战争是为了帮助“刚刚摆脱殖民的小国进行自卫”，是反对“极权主义对邻邦的肆意征服”的“高尚战争”。还说，越南战争“基本上不是一场革命战争”，而是“北越在游击队的掩护下发动的一次侵略”南越的战争。与美国当权的主战观点相反，研究界的人士认为这种“高尚战争”论完全不符合历史事实。所谓干涉越南是为了保护自由政策，反对“外来侵略”，严重脱离了战争的起源和实质。众所周知，战后越南爆发的革命，旨在推翻法国殖民统治，争取民族独立，革命得到了民众的广泛支持。领导革命的胡志明对许多越南人来说，已成为民族独立精神的象征。把越南北方人民支持南方革命说成是“外来侵略”，完全背离历史，而美国在法国被迫撤离越南后，却接过他们扶植的南越政权，为它披上“西方民主”的外衣，并承担“保护”它的义务，阻挠越南统一，这完全是逆历史潮流而动的行为。

罗伯特·S. 麦克纳马拉是20世纪60年代越战升级时的美国国防部长，是美国侵入越南的决策人之一。他曾认为牺牲美国人的生命在亚洲反对共产主义是值得的，但经过近30年的沉默与思考后，他在《回顾越战的悲剧与教训》一书中说：“我们的经济由于多年沉重和不适宜的战争支出受到了严重损害，我们社会的政治统一遭到破坏，几十年都不会恢复。”他“不得不带着痛苦和沉重的心情坦白承认”：“我根据我的判断，事后证明我们错了。我们过高估计了失去越南对西方安全的影响。”他还说：“我们低估了民族主义的力量，他们可以鼓励人民为他们的信仰去战斗，并付出牺牲。今天，在世界上的许多地方，我们仍然在重复类似的错误。”①

为了祖国的独立、统一和解放，越南人民不畏强暴，进行了10多年艰苦卓绝的斗争，挫败了美国的“特种战争”、“局部战争”和“越南化”战争，迫使美国坐下来谈判，逐步撤军，进而取得战争的完全胜利。陷入越南战争使美国付出了沉重的代价，越战加剧了美国国内的各种矛盾，人民的反战运动达到美国历史上空前的规模；统治集团内部的争吵十分尖锐。美国民主党参议员乔治·麦戈文说：“我认为，印度支那战争是我国历史上最大的军事、政治、经济和道义错误。”美国统治集团为“越战”困扰，约翰逊总统因局部战争失败被迫退出连任的竞选。从越南撤退和南越伪政权的崩溃引起盟国的指责与离心。美国报刊承认，“越南战争是美国过去一世纪历史上最悲惨的一章”。

越南人民的胜利与柬埔寨、老挝人民的抗美斗争的相互支持和国际上的大力援助分不开的。社会主义国家，特别是中国，是越南人民的“坚强后盾”和抗战的“可靠后方”。中国人民不惜

---

① 罗伯特·S. 麦克纳马拉（Robert S. McNamara）：《回顾越战的悲剧与教训》中译本，作家出版社，1996年，第328－343页。

作出巨大的牺牲，在多方面给予越南无私的援助。1965—1970年，曾先后派出防空、工程、铁道、后勤保障和海军扫雷部队共32万人，用鲜血和生命保卫越南的领空和交通运输，数以千计的中国优秀儿女为越南的抗美战争光荣捐躯。中国人民和政府提供的价值200亿美元的援助物资，绝大部分为无偿援助。越南各地的华侨也投入抗美战争，为战胜侵略者做出重大贡献。

越南统一的战争已过去半个世纪了，在世界进入21世纪的今天，回顾和总结历史的经验，汲取有益的教训是非常必要的。越南走向统一之路给我们以重要启示：

第一，国家要统一，民族要独立，是时代的潮流，人心之所向，是任何力量也阻挡不了的。战后越南国家的独立和统一是历史的必然。1945年八月革命胜利后，胡志明在《独立宣言》中就向世界庄严宣布越南“脱离与法国的关系，废除法国与越南签订的一切条约，取消法国在越南的一切特权……越南享有自由和独立的权利，而且事实上已经成了一个自由和独立的国家。”在抗美救国战争中，胡志明又明确宣称：“越南是一个整体，越南民族是一个整体。海可枯，石可烂，但这个真理永远不能变。”① 对祖国的热爱和对国家统一的强烈认同，是越南人民抗击外国侵略，争取独立与统一斗争的力量源泉，法国和美国的失败在于它们都违背了历史的潮流，低估了越南人民要求独立、统一的坚强意志。

第二，越南是社会主义北方战胜美国扶植的资本主义南方，用武装斗争方式为主统一的一个范例，越南人民在长期争取民族

---

① 胡志明：《为了独立自由，为了社会主义》，河内，真理出版社，1970年越文版，第60页。

独立和国家统一的斗争中，积累了丰富的经验，越南分裂的历史教训和越南人民争取和平统一的战略策略与斗争方式，以及抗击美国侵略争取统一武装斗争与政治斗争结合的经验，特别是广泛开展人民战争和建立广泛的民族统一战线的经验，值得借鉴和汲取。

最后，越南由分裂走向统一的历史还证明，在国家要统一，民族要解放的现时代，霸权主义和新老殖民主义失败都是不可避免的。弱小国家只要坚持团结，坚持斗争，巧妙地运用战略策略，一定能战胜大国的干涉与侵略，赢得独立和统一。

战后德国：从分裂到统一①

吴友法　邢来顺*

一、"冷战"与德国的分裂

德国在二战后为什么被分裂成两个国家，就其内部因素而言，主要是因为德国法西斯发动了第二次世界大战，是法西斯酿成的后果。就其外部因素来讲，则是"冷战"的产物，是外部力量施加于德国的结果。

由于美、英、法和苏联的社会制度不同，在非纳粹化和民主化过程中，它们在各自占领区内推行不同的政治制度、意识形态和价值观念，并在各自占领区内逐渐形成了两个不同的经济和政治实体，走上了不同的道路。尽管如此，但东、西方占领当局都没有回避德国统一和建立全德中央政府的问题。如同战时三大国曾一致赞同分割德国一样，战后三大国又戏剧性地一致谋求德国统一。而它们各自从本国的全球战略目标出发，都想把德国作为一个整体争取到自己的势力范围。在这样一种思维定式下，各占领国在谋求统一德国的同时，又都加紧了对自己占领区的控制，

① 本文摘自《强国兴衰史丛书》中的《德国：从统一到分裂再到统一》一书的第五章，齐世荣主编，三秦出版社，2005 年版。题目为编者所加。

* 作者吴友法系武汉大学历史学院教授、博士生导师。邢来顺系华中师范大学历史文化学院教授、博士生导师。

并按照自己的模式改造各自的占领区。

美国为实现称霸全球战略，遏制苏联向欧洲渗透，决定放弃对德国实行的管制政策，转而复兴西德经济，目的是从经济上实现德国的统一，并把统一的德国纳入西方势力范围，把德国作为遏制苏联的桥头堡。苏联的目标和美国是截然对立的，想通过建立一个包括整个德国在内的缓冲地带，扩大其在欧洲的势力范围，防止资本主义势力的侵蚀，主张先建立一个全德中央政府，从政治上实现德国的统一。

美、苏在对德政策上一方面谋求有利于自己的德国统一，一方面又要尽力确保自己的势力范围不受他人染指，这必然导致双方的分歧更加扩大。在东西占领区政治经济南辕北辙、美苏日益对立的情况下，为弥合双方矛盾分歧，中立化统一的设想被提出来了，成为双方在矛盾分歧中试图解决德国统一问题的一种构想。1945 年9 月 10 日到10 月 2 日在伦敦举行的英、法、美、苏四国外长会议上，美国提出了“德国非军事化建议草案”的中立化计划，即德国非军事化和实行军事占领 25 年。这一中立化计划遭到法国和苏联的反对。法国的传统政策是要使德国永久分裂，反对成立德国中央机构，要求割让莱茵—鲁尔区，并希望由占领国把德国分解成好几个国家。苏联认为，该计划没有采取步骤肃清法西斯主义和德国的战争潜力，没有保证苏联从德国获得100 亿美元赔偿，表示拒绝。

伴随着美、苏“冷战”帷幕的拉开，盟国在德国统一问题上的争执也日益尖锐。1947 年3 月 10 日至4 月 24 日，在莫斯科召开美、苏、英、法四国外长会议上，全面讨论了德国问题，中心议题是德国的政治统一和政治制度。莫洛托夫认为“德国应成为一个统一的爱好和平的国家——设有两院组成德国国会和全德政府的民主共和国”，建议立即在柏林成立德国临时中央政府，先实现德国的“政治统一”。马歇尔则坚持地方分权的原则，把德国分成10至18个州组成的联邦，并强调德国的“经济统一”是成立德国政府的基础。而莫洛托夫指责双占区本身即违背了德国“经济统一”的原则，实际上奠定了德国分裂的基础。“马歇尔计划”出笼后，美国加紧扶植西部德国，一方面继续扯起“经济统一”的旗帜，以施压于苏联；一方面开始致力于谋求整个西占区的统一。而苏联亦针锋相对地采取对策，坚持“政治统一”的原则。虽然美、苏都主张建立一个统一的德国，但在政治经济上的观点却互不相容，因而无法达成关于德国统一的协议。

美国为了从经济上复兴西德，1947年8月，美英占领区修改了拆卸计划，停止作为赔偿向苏联提供拆迁的工厂设备。此举破坏了三国首脑会议确定的德国赔偿原则，停止了苏联在美占区应得的赔偿。这一政策转变，使苏联从西占区获得赔偿的要求不能完全得到实现，从而导致美、苏在对德政策问题上的第一次冲突，也是美、苏在德国问题上“冷战”的开始。

统一西占区的经济，合并三个占领区，则标志美国实行“冷战”和导致德国分裂的重要步骤。美国坚持从经济上统一德国的原则，认为要复兴德国的经济及建设民主政治，首先要实现德国的“经济统一”，而西方占领区的合并是实现这一目标的必由之路。英国表示同意美国的这一建议。1946年12月2日，美、英两国在华盛顿达成了关于建立“双占区”的协议。1947年1月1日，美、英正式合并两国占领区，并签署了《德国美占区和英占区经济合并协定》。对此，苏联认为双占区的成立“不只是经济性质的，也是政治性质的”，“双占区的协定可能对德国的未来政治产生严重的后果”。1947 年 5 月 29 日，美、英两国共同签订了《改组双占区经济机构协定》，并根据此协定成立了“经济联合区”，包括经济委员会、执行委员会、行政管理部门。双占区经济委员会起着议会的作用，拥有某些立法权和更充分的行政权，实际上具有一定的政府职能。

由于盟国在统一德国问题上的分歧已无法调和，自然不可能取得任何进展。1947 年 11 月 25 日四国外长再次集会伦敦。在冰冷和紧张的气氛中，双方各执己见。西方建议在德国经济统一的基础上分阶段建立四国占领区的共同政府、议会代表机构和制定联邦国家宪法。苏联则提出，实现统一的先决条件是四国共同管制鲁尔，同时应保障苏联获得赔偿。会议无果而终，于 12 月 15 日不欢而散。

美、英占领区合并后，美国又积极争取法占区的合并。其实，法国从自身安全着想，不愿看到一个统一的德国崛起，本不想同意美、英合并法占区。然而，在两极对峙的格局下，法国不得不正视世界已分化为两大对立阵营的现实。出于政治和安全利益考虑，法国感到也只有依附于美国。而战后初期财政经济非常困难的法国也不得不求助于美国的援助，这也迫使法国在对德政策上不得不向美、英靠拢。同时，美国也不遗余力地拉拢法国，表示支持把萨尔地区在政治上从德国分离出去，并通过关税和财政联盟以及其他可能的经济安排，把它并入法国的财政经济体系内，法国还可以从美国控制下的国际复兴开发银行获得 2.5 亿美元货款。经过威逼利诱，法国也成了美国对德政策的积极支持者。在美、英的支持下，1947 年 12 月 4 日萨尔议会通过了宪法，规定该地区建立自治政府，在经济上并入法国。1948 年 2 月 23 日美、英、法三国外长在伦敦开会。在这次会上，法国同意将其占领区合并，共同成立“三占区”。“三占区”的成立，是西部德国政治生活重建过程中又一关键步骤，因为“它是未来德意志联邦共和国的雏形”。至此，以美国为首的西方三国完成了西占区的统一工作。从2月26日起，会议又邀请了荷兰、比利时、卢森堡外长参加，史称“伦敦六国外长会议”。此次会议是西方各国在德国问题上协调立场的会议，也是成立西德国家的一次十分关键的会议。会议于6月1日结束，6月7日发表了《伦敦协议书》。会议的最终目的是要在西部德国成立西德政府。至此，德国统一问题在此后便成为空中楼阁。

伦敦六国外长会议，不仅实现了西占区的统一，而且还具体讨论了筹划成立西德国家的政治结构问题。《伦敦协议书》规定西占区于1948年9月1日召开由各州派代表参加的制宪会议，希望三国占领当局尽早召开西占区各州州长会议，并授权他们召开制宪会议和制定宪法。此外，会议决定鲁尔的煤和钢由英、法、比、荷、卢、美、德7国共管。

1948年7月1日美、英、法三国军事长官召集西占区11个州州长在法兰克福开会，并向与会者散发了三个文件：《关于宪法决定的声明》、《关于改组州议会的声明》、《宪法生效且军事长官权限的声明》。人们称这三个文件是“联邦共和国的出生证”。因为这些文件阐明了西占区未来发展的基本思想，“并为将来西德的国家机构及其职权范围定了下基本方针”。7月8日—10日，西占区各州州长对这三个文件进行了讨论。州长们担心在西部建立一个德意志国家将导致德国永久的分裂，不愿背上制造德国永久分裂的罪名，要求“尽力避免将国家性质赋予即将建立的组织机构”，不同意召开全民直接选举产生的国民议会，不同意将通过的宪法交全民投票批准。后来，西占区各州州长与占领当局达成妥协，即将成立的西德国家定为临时性质，改宪法为基本法，不召开国民议会，同意成立一个议会委员会，代表由各州议会选举产生，通过的决议不交全民表决，但必须提交州议会批准。

1948 年 9 月 1 日，西德议会委员会（即制宪会议）在波恩教育学院举行开幕式，会议通过了由各州选举产生的 65 名代表组成的议会委员会。基督教民主联盟的党团主席康拉德·阿登纳当选为主席。会议决定，新的国家实行地方分权和联邦制，用“德意志联邦共和国”取代“德意志帝国”。随后，西德议会委员会开始了基本法的起草工作；8 月中旬，西方三国也开始起草占领法规。

解决鲁尔的国际管制问题关系到法国能否批准《基本法》草案。法国认为，鲁尔是国际军事力量的象征，为防止德国称霸欧洲，不让鲁尔继续为军国主义服务，最好的办法是不让德国人主持经营管理。为确保法国的安全，鲁尔的产权和经营管理必须国际化。在法国的坚持下，1948 年 12 月 19 日，六国在伦敦举行了最后一次会议，发表了关于鲁尔问题的会谈公报，宣布设立鲁尔国际管制机构。1949 年 4 月 28 日，六国在伦敦签订协定，正式成立鲁尔国际管制机构。

1949 年 5 月 8 日，西德《基本法》提交西德议会委员会表决，结果以 53 票对 12 票通过。《基本法》规定新的国家是议会的、法治的民主国家，在联邦和州之间实行地区分权的原则。《基本法》回避了宪法的称谓，以示即将成立的西德国家作为向全德统一过渡的形式。随后《基本法》提交给州议会批准，除巴伐利亚州之外，10 个州议会通过了《基本法》。5 月 12 日，三国军管当局批准了《基本法》，并同时公布了《占领法规》。5

月 23 日，西方三国在西德隆重举行庆祝《基本法》的签字仪式，《基本法》正式生效，其法律效力一直延续到“德国人民在自决情况下通过的宪法生效”时为止。至此，建立西德国家的法律准备工作全部完成。

在美国加紧筹建西德国家时，苏联针锋相对地在苏占区采取相应的行动筹建东部德国。美、英双占区成立经济委员会，苏联命令在东占区成立德国经济管理委员会。1948 年 2 月，西方六国排除苏联召开伦敦外长会议，苏联作出强烈反应，禁止西方代表前往柏林苏管区出席德国人的政治集会，并于 2 月 23 日宣布改组苏占区经济管理委员会，使之成为最高立法行政机关。3 月 20 日，苏联代表在盟国管制委员会上要求了解伦敦六国外长会议全部协议遭拒绝后，当即谴责西方国家阻挠四国管制工作，并退出盟国管制委员会。

苏联的强烈举措并没有阻止西方在政治上、经济上筹建西德国家的决心，在制订《基本法》的同时，又着手进行筹建西德国家的一项重要工作——币制改革。西方三国以不进行币制改革，将阻挠经济复兴为理由，从 1948 年 6 月 20 日起在西占区单独实施《改革德国币制法》，用“B”记马克代替当时流通的帝国马克。从效果来看，货币改革的确是一项强有力的经济措施，它较快地平衡了货币与商品供应之间的关系，恢复了货币的信用和正常作用。

尽管如此，在东、西方“冷战”对峙的环境下，西占区单独更换货币并使之流通，对整个德国来说，其政治意义又是消极的。苏联认为，西占区实行的经济政策违背了《波茨坦协定》，是分裂德国的一个重要步骤。为表示抗议，苏联政府发表声明宣布，“大柏林在苏联占领区内，经济上为苏占区的一部分”，为了“保护苏占区居民和该区经济利益，防止对苏占区货币流通的破坏”，决定对西方国家进入柏林的道路实施“交通管制”。6月22日晚，苏联代表宣布将在苏占区和大柏林发行新币——有特别印记的“D”记马克。次日，苏联军事长官宣布实施币制改革，并以柏林位于苏占区在经济上构成其一部分为由，把苏占区的马克作为全柏林的通用货币，在整个柏林流通。然而，西方三国军事长官指示柏林市政当局，苏联命令仅适用于东柏林。东、西方的币制改革使柏林出现两种货币，而两种货币的比价又不等，使柏林经济和社会生活立即陷入一片混乱的局面。在此情况下，苏联紧缩了对柏林的封锁圈，决心把西方盟国赶出柏林。6月24日，苏占区当局宣布彻底封锁柏林，切断了西柏林和西德之间的陆上、水上交通，并停止向柏林供应煤和电。对此，美国占领区副军事长官克莱将军发布命令道：“我们不离开柏林，我们将坚守柏林。”面对苏联的封锁，美、英在贸易上也对苏占区采取了反封锁措施，中断了向苏占区的煤、钢供应，并限制了同苏占区的贸易。同时，建立起了“空中走廊”，向西柏林空投物资。“柏林封锁事件”导致“第一次柏林危机”的发生。

在东、西方展开封锁与反封锁对抗的同时，它们之间也进行了一系列的外交斡旋活动。最后在美国的坚持下，1948年10月4日，柏林问题正式提交联合国安理会。经过激烈辩论，安理会提出了一项立即撤销所有交通限制、按《莫斯科协定》解决柏林货币的统一和举行四国外长会议讨论整个德国悬而未决的问题的提案。但是，苏联行使了否决权。以后双方又进行过多次会谈，直到1949年5月5日，苏、美、英、法同时发表解除封锁的公报。5月12日，柏林封锁被解除。至此，历时近一年的柏林危机才宣告结束。

柏林危机导致了柏林的分裂。1948 年 11 月 30 日东柏林举行“特别议会会议”，选举了新的市政府；12 月 5 日，西柏林也举行议会选举，建立了市议会和政府。这样，柏林正式分裂为各有立法、行政系统和货币制度的两个城市。柏林危机导致柏林分裂，从而奠定了德国分裂的局面。

在德国分裂已成定局的情况下，美、英、法、苏四国仍按规定于 1949 年 5 月 23 日在巴黎召开外长会议，中心议题是讨论德国重新统一问题，另外还讨论了柏林和币制、对德和约问题，会议没有取得任何结果。

四国巴黎外长会议失败后，美国加快扶植成立西德国家。1949 年 8 月 14 日，西占区举行第一届联邦议院选举。各党派展开了激烈的竞选活动，78.5% 的选民参加了投票，共选出 402 名议员。9 月 7 日，联邦议院和联邦参议院正式成立。9 月 12 日特奥多尔·豪斯被选为总统。15 日，基民盟主席阿登纳当选为首任联邦共和国总理。20 日，德意志联邦共和国宣告成立，定都波恩。

西占区组建西德国家的同时，苏联也在其占领区加速建立东德国家。1948 年 3 月，苏占区召开了德人民代表大会，选出了“德国人民委员会”作为临时常设代表机构。10 月，该委员会通过了统一社会党提出的《德意志民主共和国宪法》草案，并于 1949 年 5 月在第三届德国人民代表大会上批准。与西德《基本法》相似，它明确要求成为全德国的模式。1949 年 10 月 7 日，德国人民委员会在柏林举行全体会议，一致通过“成立临时人民议院与组织德意志民主共和国临时政府”的决议。当天，临时人民议院宣布成立德意志民主共和国。不久，格罗提渥和威廉·皮克先后当选为政府总理和总统。

至此，在德意志的土地上形成了两个国家：德意志联邦共和国和德意志民主共和国。它们在国际上分别依附于以美、苏为首的不同的政治军事集团。

德国的分裂源于战后四大国对德国的分区占领，分区占领为德国的分裂埋下了祸根。当然，分区占领也不一定意味着德国就会被分裂。如果三大国在处理德国问题上继续保持战时的合作政策，德国的分裂局面也许就不会出现。然而，随着反法西斯战争的胜利，三大国的战时合作逐渐走向分裂，以致最后发生冲突，爆发了美、苏之间的“冷战”，德国问题成为“冷战”的焦点，币制改革引发柏林危机和柏林分裂，又使“冷战”不断升级，最后导致德国的分裂。正如联邦德国历史学家迪特尔·拉夫指出的：“两个德国的成立并不与德国人民的意愿完全相同，它首先是占领国的意志。”德国的分裂是大国的意志强加在德国人民头上的结果，完全是美、苏“冷战”的产物。

二、从“柏林墙”到《基础条约》：两德关系的演变

两个德国成立后各自依附于北约和华约两大军事政治集团，在美、苏的操纵下，它们各自把柏林视为自己的国土。联邦德国《基本法》规定：柏林是联邦德国的一个州；民主德国宪法宣布：民主德国定都柏林。从地理位置上看，柏林位于民主德国境内，它距联邦德国和民主德国边界还有176公里之遥。然而，联邦德国与西柏林在政治、经济等方面有着非常密切的联系，极力想把西柏林与联邦德国融为一体。以美国为首的西方三国十分重视西柏林的地位，把它视为与苏联争夺欧洲的“前线城市”，宣

称保证联邦德国和西柏林的安全。随着联邦德国和民主德国紧张关系的加剧，柏林问题成为双方矛盾斗争的焦点。

1953 年爆发的“6・17”东柏林事件[1]平息后，西方三国柏林驻军司令强烈谴责苏军用武力造成了柏林公民的伤亡，并抗议对东、西柏林居民自由往来的限制及对不法分子的惩处。民主德国和苏联认为，“东柏林事件”是西柏林占领当局培植的特务势力进行破坏造成的。同时，西柏林为民主德国外逃人员提供了方便的“安全”地带，从这里逃到联邦德国的人员大约有 150 万人。大量人员外逃造成民主德国劳动力和专业人才严重缺乏，给经济带来重大损失，苏联千方百计想把西方三国赶出柏林。1958 年 11 月 27 日，苏联政府照会美、英、法三国政府，宣布取消柏林的四国共管地位，建议把西柏林变成一个独立的政治单位——“非军事化自由城市”。赫鲁晓夫当天举行记者招待会，他把西柏林比喻为“一个毒瘤”，现在建议把西柏林变为一个“非军事化的自由城市”，是一种“无痛的切除手术”；如果西方不同意这一建议，把坦克开到柏林，用武力来保卫其地位的话，苏联的火箭将要“自动发射”。西方三国和联邦德国复照苏联，拒绝了苏联的建议，认为“赫鲁晓夫的‘自由城市’建议必然破坏西柏林的自由”。美国宣称要“不惜用武力”保卫柏林，“华盛顿准备采取核战争的手段来保卫柏林”。苏、美互相对立的强硬态度，使柏林的气氛骤然紧张起来了，从而爆发了持续 3 年左右间时的“第二次柏林危机”。

---

① 1953 年 6 月 17 日在东柏林爆发了约有 30 万人参加的反对德国统一社会党和民主德国政府的罢工游行事件，并很快发展为暴乱。在警察不能阻止暴乱分子打、砸、抢、烧的情况下，民主德国政府不得不请苏联帮助，苏联驻军出动一个装甲师的坦克驱散人群，平息了暴乱。

由于美国在柏林问题上毫不退让，赫鲁晓夫被迫让步，双方同意就柏林问题进行会谈。1961 年 6 月 3 日，美国新任总统肯尼迪和赫鲁晓夫在维也纳会晤。肯尼迪指责苏联的威胁导致了柏林危机的发生，双方没有就柏林问题、缔结对德和约问题达成协议。随后双方又进行武力威胁。在此情况下，为了阻止民主德国人员逃往西方，以及防止西方对民主德国的颠覆活动，苏联建议民主德国在东、西柏林之间和民主德国其他地区与西柏林之间修筑“柏林墙”。1961 年 8 月 13 日，苏联和民主德国出动大批武装警察、军队和坦克，对西柏林边界线实行封锁，开始沿西柏林边界构筑“柏林墙”。“柏林墙”的建筑先后花了 4 年时间方告完成。“柏林墙”的建筑，又加剧了柏林的紧张局势，双方大有剑拔弩张之势。面对以美国为首的西方三国在西柏林不断进行军事演习，进行战争威胁，赫鲁晓夫又被迫让步，宣布不急于解决西柏林问题和缔结对德和约。西方盟国对筑墙后仍保留西柏林通道的畅通，也没有触犯西柏林占领国的利益，因而对筑墙也没有进行任何反对。“第二次柏林危机”用一道墙的办法解决了。

两德关系除柏林问题外，还有一个德国统一问题。在整个 50 年代，民主德国外交事务的注意力主要是谋求解决德国问题，即反对联邦德国加入西方集团和重新武装，努力争取盟国早日缔结对德和约、在和平与民主的基础上实现德国的重新统一，建立一个有主权的、民主的、和平的全德临时政府。1950 年 11 月 30 日，民主德国总理格罗提渥致函联邦德国总理阿登纳，希望在“缔结一项和约，以及恢复德国的统一”问题上，德国人民要“相互谅解”，并建议“在两个政府之间就成立一个全国立宪议会问题进行讨论”。鉴于美国积极准备武装联邦德国，并将其拉入西欧防务体系，德国统一面临困难的局面时，民主德国政府于

1951 年 3 月 14 日向全体德国人民发出号召，争取实现全民投票，反对西德重新军国主义化，争取缔结对德和约和成立全德立宪会议。联邦德国政府也一直坚持德国要重新统一。只是由于受西方盟国的影响，阿登纳在德国统一问题上所遵循的原则是“自由先于统一”，“不能以脱离西方范围和放弃欧洲一体化的成就为代价来换取统一”。由于联邦德国完全倒向西方，从而妨碍了德国问题的解决。以美国为首的西方九国签订了《巴黎协定》和联邦德国议院批准《巴黎协定》之后，德国统一问题逐渐陷入僵局。尽管如此，联邦德国也一直没有放弃德国统一的旗帜，一直拒绝从国际法上承认民主德国，并希望用其强大经济实力把民主德国统一过来。

民主德国虽然一直到 1959 年还不断发表声明和建议，表示愿意缔结和约和实现德国的统一，但自“柏林墙”建筑之后，美、苏“冻结”德国问题，民主德国也一步一步地紧闭了通往统一的大门，逐渐放弃了德国统一的旗帜，认为提出两个德国实现统一是“不现实的”。随后，民主德国的外交活动主要是谋求联邦德国及西方大国从国际法意义上承认民主德国是一个独立主权国家。1962 年 3 月，民主德国统一社会党总书记乌布利希发表声明，同意赫鲁晓夫提出的关于苏联“将不坚持在 1961 年 12 月 31 日以前缔结对德和约”的观点。1967 年 4 月 27 日，乌布利希在党的“七大”上明确指出：“社会主义的民主德国同帝国主义的联邦德国联合当然是不可能的”。随后，民主德国坚持两个德国的观点，主张两个德国之间相互承认，并要求联邦德国从国际法上承认民主德国。1968 年 3 月 25 日通过的民主德国新宪法规定：“在平等的基础上建立和维护两个德国的正常关系和合作，是民主德国的民族要求”。在 1971 年民德党的“八大”上，昂纳克甚至提出民主德国是“社会主义民族”、联邦德国是“资本主义民族”的两个德意志民族的观点，两个民族“水火不相容”，因此德国不存在重新统一的问题。

“柏林墙”建筑之前，尽管两个德国在美、苏的操纵下，在德国统一问题上存在较大的矛盾和分歧，但毕竟都没有拒绝讨论德国统一问题。“柏林墙”建成之后，虽然给民主德国暂时创造了一个和平的环境，促进了民德经济的发展，但却进一步加深了德国的分裂和两个德国的紧张关系。两个德国不但停止了讨论德国统一的话题，而且双方死死关闭了互相交流的闸门，形成了互相对立的局面。除了上层彼此不接触、不往来之外，民间接触也十分困难。“柏林墙”只有 7 个过境站，实际上阻断了东、西柏林及西柏林与民主德国其他地区的一切交通联系，使两国骨肉同胞相互不能正常往来。不少民主德国公民出于各种原因，冒着生命危险非法翻越“柏林墙”，逃亡流血事件经常发生。人口 200 多万的西柏林变成了一座“孤岛”，西柏林与联邦德国之间的联系也仅仅只借助于 3 条空中走廊、4 条公路、4 条铁路和 3 条水路。不难想象，“柏林墙”给两德人民带来了多么大的精神痛苦和灾难！

虽然自基辛格大联合政府①开始对苏联、东欧实行“松动政策”的同时，开始对民主德国实行“小步子政策”，寻求与民主德国政府进行对话，并就双方一些具体问题进行讨论和合作，但仍拒绝从政治上承认民主德国。在 60 年代末至 70 年代东、西方关系进一步缓和的大背景之下，1969 年上台的联邦德国总理勃

① 1966 年 12 月，西德联盟党与社会民主党组成“大联合政府”，由联盟党内的基民盟的库特·格奥示格·基辛格出任总理，执政至 1969 年 9 月。

兰特，正式推行“以接近求转变”（Wandel durch Annäherung）的“新东方政策”。在其发表的政府声明中首次承认德国存在着两个国家，并用“德意志民主共和国”这一正式名称来称呼民主德国，强调必须阻止德意志民族继续分离地生活下去，要尝试通过一种正常的并存关系达到一种合作关系。他尽管承认了民主德国，但拒绝从国际法上加以承认，认为两个德国“彼此不是互为外国，它们之间的关系只能是特殊性质的关系”。这就是他的“一个民族，两个国家”的理论。但民主德国仍然坚持联邦德国必须从国际法上承认民主德国。1970 年 3 月，两德领导人在埃尔福特举行会谈，双方同意要努力改善两德之间的关系，但民主德国总理维利·斯多夫强调“两个主权国家”“是不能合而为一的，因为对立的社会制度不能合而为一”，要求在普遍承认的国际法原则和准则的基础上达成双方尊重主权平等、领土完整和边界不可侵犯性、互不干涉内政等内容的“平等关系条约”。而勃兰特拒绝了民主德国的建议，强调两个德国“有责任维护德意志民族的统一，不互为外国”。由于双方意见分歧，会谈没有成功。同年 5 月，两德总理在卡塞尔会谈，也没有取得突破性进展。

随后，民主德国对联邦德国的政策受到东、西方缓和的越来越大的压力。联邦德国推行的和平外交攻势和经济外交，逐渐改善了与东欧国家的关系。苏联从 60 年代末起，由于中、苏关系的变化等原因，也更为迫切希望实现欧洲东、西方的缓和。1970 年，联邦德国与苏联签署了《莫斯科条约》，与波兰签署了《华沙条约》，美、苏、英、法四大国也于 1971 年达成了关于柏林问题的《四方协定》。国际大环境不允许两德关系继续停滞不前。1971 年，埃里希·昂纳克上台后采取了更为灵活的政策。《四方协定》签订后，民主德国分别与联邦德国和西柏林就实施《四方协定》的细则进行了一系列会谈，并签订了一系列协定。《四方协定》生效后，两个德国开始就签订一项基础条约问题进行谈判，终于在1972年12月签署了《关于德意志联邦共和国和德意志民主共和国之间关系的基础条约》（简称《基础条约》）及其“附加议定书”。条约明确规定双方“在平等的基础上发展相互之间的正常的睦邻关系”，双方遵循联合国宪章中确定的目标和原则，特别遵循主权平等，尊重独立自主和领土完整、自决权、维护人权和互不歧视的原则，用平行手段解决双方的争端，放弃使用武力或以武力相威胁。同时，还规定双方将在关系正常化的过程中处理实际的和人道方面的问题，促进经济、科技、交通、法律、邮电、卫生、文化、体育、环境保护及其他方面的合作，在双方政府所在地互设常驻代表机构。双方保留在民族问题上的分歧，在《基础条约》中写明“不损害双方对原则问题，包括民族问题的不同看法”。联邦宪法法院在对《基础条约》的裁决中，也强调不把民主德国视作外国，没有放弃重新统一的目标。

《基础条约》奠定了两德关系正常化的基础。为落实条约，两德就一系列问题签署了协议，并对多方面的交流和合作做出了具体安排。双方在经济、科技、文化、体育、医疗、环境保护、交通和通信以及家庭团聚等方面的交流、合作，都有了较大的发展。双方都放宽了对人员往来的限制，从而使两德间人员的往来大大增加。从联邦德国和西柏林前往民主德国和东柏林访问的人数，1970年为250万人次，70年代后期达到每年800多万人次。从民主德国前往联邦德国和西柏林访问的人数也大幅度增加。两德间的直通电话线路1960年只有34条，到1978年已增加到了

440条。两德贸易从1969年到1975年增长了一倍。联邦德国为促进两德贸易发展，多年来将其作为德意志内部经济关系来对待，使民主德国对联邦德国的贸易享受欧共体内的优惠待遇。从1968年起联邦德国又定期向民主德国提供无息贷款。70年代中期，施密特就任联邦德国总理，此时西方正受到经济危机和滞胀的影响。但是，施密特政府决定继续实行“新东方政策”，并尽量运用经济杠杆来促进两德关系的发展。

20世纪70年代末和80年代初，东、西方关系又趋紧张，因而影响了两德领导人的互访，两德关系也经受了严峻的考验。但是，两德并没有放弃已经开始的对话和关系的改善。从80年代开始，两国谋求领导人之间的访问。1981年12月，联邦德国总理施密特应邀首次访问了民主德国。会谈发表的联合公报宣称，两国决心“再也不允许在德国的土地上发生战争”，“双方均意识到自己对于保障欧洲和平承担的重大责任”。在这次会谈中，施密特向昂纳克发出了访问联邦德国的邀请。只是由于“寒冷的国际大气候”，昂纳克的访问才被再三推迟。科尔出任联邦德国总理后，继续推动两德关系发展。1983年，美、苏中程导弹谈判破裂，东、西方关系再度紧张。苏联对两德关系发动了猛烈的批评，并指责联邦德国有“军国主义”、“复仇主义”和“日耳曼民族主义”倾向，想破坏民主德国的社会主义制度。1983年，因苏联的反对，昂纳克取消了原计划对联邦德国进行的访问。然而，联邦德国大批政要却纷纷前往民主德国访问，为两德关系加温，与昂纳克及民德政要接二连三地会见，推动了两国关系的发展。1983年，两德领导人在参加苏联领导人安德罗波夫的葬礼时进行了非正式的会晤。1984年9月，在苏联对两德关系的一片抨击声中，昂纳克再次取消计划中的联邦德国之行。1985 年 3 月，两德领导人又利用在莫斯科参加契尔年科的葬礼之机，举行非正式会晤，再次确认两德为“命运共同体”，两德要在《基础条约》的原则下继续发展睦邻关系，有责任防止在德意志土地上再次发生战争。

与此同时，两德间的经济交往和人员往来达到了一个新高潮。联邦德国利用其经济优势，积极加强两德经济联系，以影响和加强与民主德国之间的关系。1983 年，联邦德国政府决定为以巴伐利亚银行为首的一个银行团向民主德国贷款 10 亿马克提供风险担保。1984 年，联邦德国又决定向民主德国提供为期 5 年的 9.5 亿马克贷款。1985 年，两德签订新的《无息透支贷款协定》。两德还恢复或进行了文化、科技交流和合作的谈判，签订了新的协议。民主德国方面也做出了积极的回应，如拆除两德边境部分地段上设置长达 13 年之久的自动射击装置，取消原来对 15 岁以下的联邦德国儿童入境每天必须按民主德国汇率兑换 7.5 马克的规定，降低了联邦德国退休人员入境所必须兑换的金额，首次允许民主德国公民移居联邦德国与家人团聚或同外国人结婚，延长了联邦德国居民访问民主德国可以逗留的期限。

戈尔巴乔夫上台后，推行主张缓和东西方关系、支持东欧社会主义国家“改革”的“新思维”思想，放松了对东欧的控制。在这一背景下，两德关系终于有了突破性进展。1986 年 2 月，民主德国部长会议主席辛德曼率代表团访问了联邦德国，这是自 1949 年以来民主德国访问联邦德国的级别最高的代表团。双方再次表达了维护和平、促进缓和、发展两德多方面的关系的愿望。1987 年 9 月，民主德国领导人昂纳克终于实现了他对联邦德国的正式访问。这次访问尽管没有消除两德对于民族、德国统一等问题的不同主张，但双方都从现实出发，赞成发展和扩大现有关系，继续加强经济合作和较高政治级别的接触。双方领导人进行了范围广泛的会谈，签署了几个关于双方在环境保护、防止辐射和科学技术领域进行合作的协定。昂纳克的访问受到了国宾待遇，表明联邦德国实际上承认了民主德国的国际地位。这次访问是两德关系发展史中的一个里程碑。

自《基础条约》签订以来，两德关系得到迅速改善和发展。它不仅对欧洲的和平作出了贡献，而且促进了两德的德意志人民的民族亲情和认同感。这种亲情和认同感，为德意志民族的最终统一奠定了重要的思想基础。

三、德意志民族的重新统一

只要美、苏“冷战”对峙的格局存在，只要“柏林墙”还依然存在，德国统一不可能成为现实。尽管如此，联邦德国也一直没有放弃统一的旗帜，并千方百计寻求统一的时机。东欧剧变导致雅尔塔格局的动摇，为德国统一提供了机遇。

在戈尔巴乔夫的“新思维”思想影响下，以及西方政治势力对东欧进行煽动，从波兰开始的东欧社会主义国家从 1988 年初先后出现政治剧变，无产阶级的社会主义政党纷纷蜕变为民主社会主义党，或者将自我完善的社会主义改革导入歧途，或者没有及时改革就被反对派推翻。在波兰、匈牙利局势影响下，民主德国从 1989 年下半年开始，国内政局也急剧动荡，大批民德居民通过匈牙利，越过匈、奥边界出逃到联邦德国，其规模之大，是自 1961 年建筑“柏林墙”以来前所未有的。民德公民潮水般涌向西方，极大地冲击着国内的政治局势。此时，10 月 6 日，戈尔巴乔夫利用应邀前来参加民主德国国庆庆典之机，大谈其

“新思维”思想，宣传苏联的“公开性”、“多元化”和民主、自由，告诫民德领导人要改革，不要误了“革新的最后一节火车”。戈氏的到来，无异于给民主德国的局势火上浇油。诚然，民主德国的经济水平在东欧国家中是比较高的，但也存在不少问题。人民群众对发扬社会主义民主不够、高级官员享有特权、出国旅游受限制和领导人不改革有不少意见。因此，民主德国也确实面临着改革的问题。民德在国庆之后政治局势又急剧恶化，从莱比锡开始全国又爆发了一股游行示威浪潮。游行群众要求政府发扬社会主义民主，实行社会主义改革和按劳分配，要求“新闻自由”、“旅游自由”、“选举自由”。游行示威给民德经济、社会生活带来了严重困难。剧烈的社会动荡，导致德国统一社会党领导层内分歧激化，昂纳克以健康原因辞去了统一社会党总书记职务。埃贡·克伦茨出任统一社会党总书记。虽然克伦茨也进行了一些改革，取消了一些高级官员的特权，宣布赦免所有非法外逃和非法游行的人，但反对派势力仍然不满，继续组织人民群众上街游行。东柏林和莱比锡于 11 月 4 日和 6 日又有几十万人举行大游行，在游行中要求“旅游自由”的呼声越来越高，民德局势继续动荡不安。由于民德政府于 11 月 1 日重新开放了自 10 月 3 日以来关闭的通往捷克斯洛伐克的边界，再次出现了民德公民又经捷克斯洛伐克出走到联邦德国的浪潮。在此情况下，民德统一社会党于 11 月 9 日晚作出了一项重大决定：开放“柏林墙”。这一决定公布之后，人们潮水般涌向东德各边境站大门。这一决定具有划时代的意义，它标志着民主德国 40 年来第一次开放了两个德国和东、西柏林之间的边界，打开了两国之间长期封闭的闸门。

“柏林墙的开放，铁幕不存在了”，被束之高阁的德国统一问题重新提上议事日程。联邦德国总理科尔得知这一消息后，立即中断了对波兰的访问，于 11 月 10 日上午回国。科尔意识到“柏林墙”的开放，为德国重新统一提供了机遇。科尔从波兰回国后立即召开内阁会议，讨论采取紧急措施以适应两德边界开放后给联邦德国带来的新形势，并采取一些措施，迎接民德公民的到来。至 1990 年初，去西德和西柏林的民德公民逾 1000 多万人次，通过各种途径在联邦德国定居的约有 20 万人。对此，西方人士认为，民主德国宣布开放“柏林墙”和边界，是两德“事实上重新统一的预兆”。

新上任的民德总理莫德罗认为，现在没有理由讨论两德的统一问题，两个德国的存在是欧洲稳定的基础。然而，为了稳定民德的局势，他也想利用联邦德国的经济力量来改善民德的状况，因而急于用条约的形式把两德的经济合作固定下来，于 11 月 17 日提出了建立两德“条约共同体”的构想。科尔及时抓住这一机遇，于 11 月 28 日向联邦议院提了出《消除德国和欧洲分裂的十点计划》，正式提出了德国统一问题。科尔认为，实现统一的前提条件是民德必须有一个“民主合法性的政府”，政治上“取消德国统一社会党的垄断统治”，经济上“必须取消计划经济”，“建立市场经济条件”，德国的统一应同欧洲联合和东、西方关系“联系”起来。在“十点计划”抛出后不久，科尔于 12 月 19—20 日访问民主德国，与民主德国部长会议主席莫德罗举行了会谈，双方就政治、经济、文化、科技、旅游等达成了一系列协议，其中包括建立两国混合委员会和两德共同经济委员会的协议。

民主德国领导人和戈尔巴乔夫对科尔的“十点计划”开始反应十分冷淡。民德政府认为，科尔计划无视“两个德国的主权和独立性”，重新统一问题还提不到日程上来；戈尔巴乔夫认为，战后存在两个德国，这是欧洲现实不可改变的事实，人为地催促解决德国统一问题没有法律依据。然而，一方面民主德国政治形势进一步变化，12 月 3 日统一社会党中央委员会在 11 届 12 中全会上集体辞职，格雷戈尔·居西在随后举行的特别代表大会上当选为统一社会党新主席，并先后将昂纳克、克伦茨开除出党，并于 1990 年 2 月将统一社会党改为民主社会主义党。另一方面大多数德国人都希望德国统一。1990 年初，联邦德国有关机构就德国统一问题进行了一次民意测验，85% 的联邦德国公民赞成德国的统一，其中 27% 的人表示愿意将自己积蓄的钱奉献给祖国的统一大业，90% 左右的民主德国公民希望两德重新统一。在这种情况下，苏联和民主德国对德国统一的态度在 1990 年初发生了变化。在戈尔巴乔夫的示意下，1990 年 2 月 1 日，莫德罗提出了一项关于《通往德国统一道路的方案》，同意德国统一。西德政界认为莫德罗的方案是一个 180 度的大转弯。科尔在表示欢迎莫德罗方案的同时，只是反对民德提出的统一后的德国保持“军事中立”的主张，认为统一后的德国应留在北约。

德国统一的形势发展之迅速，这是科尔等联邦德国政要们所始料不及的。面对统一形势的迅猛发展，科尔决心在 1990 年底完德国统一的任务。1990 年 2 月 7 日，联邦德国成立了以科尔为首的“德国统一”内阁委员会，专门研究与统一相关的货币联盟、经济改革、平衡社会福利制度以及法律、外交和安全政策等问题，为统一做好准备工作。2 月 10 日，科尔亲临莫斯科，与戈尔巴乔夫就两德统一问题举行会谈，并取得了一致的意见。会谈公报指出，德国统一问题应由德意志人民自己解决，由他们选择以任何国家形式、在何时以何种速度和条件实现统一。由于苏联的让步，使科尔从莫斯科取回了两德统一的钥匙。至此，联邦德国和民主德国都赞成德国的统一。

德国统一是个十分敏感的问题。因为两个德国的出现是第二次世界大战后欧洲分裂为两大对立联盟的产物，一个强大统一的德国势必要改变美、苏在欧洲划分势力范围的“雅尔塔格局”，打破北约和华约两大集团的力量对比，这不仅影响到欧洲的格局，而且也影响到世界的格局，影响到欧洲和世界的和平与稳定。因此，美、英、法、苏四大国极为重视和关注两德统一问题，在统一后的地位归属问题上，美、英、法与苏联及两个德国之间存在根本的分歧。

美国对德国的统一持积极支持的态度，但支持德国的统一是有条件的，强调德国统一必须在联邦德国继续同北约和欧共体保持联合的情况下实现，“不应以中立换取统一”。美国的意图是要使统一后的德国牢牢地扎根于北约这一组织之中，担心统一后的德国保持中立，势必要脱离北约，这样北约就失去存在的意义，西欧盟国就会面临苏联的威胁。英国对德国的统一开始持消极的态度，在戈尔巴乔夫表示同意德国统一之后，撒切尔夫人对德国统一的态度发生了转变，认为德国的统一看来是不可避免的，只是反对德国匆忙统一，主张统一后的德国留在北约，美国和其他北约成员国继续在德国驻军。法国对德国统一的心情是矛盾和疑虑的，在开始时也是持不积极支持的态度。法、德两国在历史上积怨较深，法国担心德国统一之后强大起来会对二战后的“屈辱”进行报复，在德国统一之势不可逆转的情况下，法国也转而赞成，认为德国人再统一的要求是合理的和合法的，密特朗提出应把德国统一和欧洲的统一结合起来，加强欧共体和欧洲一体化的进程，要求统一后的德国归属北约，反对德国中立化。如前所述，苏联开始在德国统一问题上的态度是反对，继而赞同，主张有条件地实现统一。苏联反对德国统一，主要是担心德国统一之后会打破北约和华约的军事平衡。苏联在民主德国驻有38万人的军队，民主德国是华约的重要支柱。苏联反对统一后的德国归属北约，反对联邦德国吞并民主德国。随后，苏联虽然在统一后的德国地位问题上做出了让步，提出统一后的德国应有北约和华约成员的“双重身份”的建议，但也遭到联邦德国和美国的反对。

为协调德国统一后的归属、波兰西部边界外部问题上的分歧，1990年2月13日，在美、苏、英、法和两德6国外长于加拿大渥太华召开的北约和华约23国“‘开放天空’会议”上，经过磋商确定了“‘2+4’方案”这一解决德国统一外部问题的国际协商机构。所谓“‘2+4’方案”，即先由两个德国的代表讨论德国统一的内部问题，再由美、苏、英、法4国代表参加讨论有关德国统一的外部问题。两德和美、苏、英、法“2+4外长会议”从5月5日开始前后召开了4次，分别就统一后的德国归属和德、波边界等问题进行了讨论。在西方国家的坚持下，新当选的民主德国部长会议主席洛塔·德梅齐埃修改了原政府的立场，在统一后的德国归属问题上站在西方一边，因而给苏联也形成了一定的压力，苏联最终做出让步，同意统一后的德国“可以自主决定”其归属问题。

德国统一后会不会改变战后欧洲的边界，波兰对此问题的反应最为突出，对德国要求统一深感不安。因为波兰西部的奥得—尼斯河边界一直未被联邦德国确认。民主德国和波兰于1950年7月6日签订条约，承认这条边界为德国东部永久性边界线；但联邦德国认为这条边界只是临时性的行政边界，不承认这一边界的最终性质。7 月 17 日讨论德、波边界的第三次“2 +4 外长会议”，波兰外长应邀出席会议。7 国外长经过讨论后一致认为，统一后的德国以目前的奥得—尼斯河边界为德、波永久性边界。会议就解决德、波边界的原则、方式和时间表达成了全面的协议，从而结束了第二次世界大战后德、波边界不稳定的历史。

以什么方式实现德国统一，是统一还是兼并，这是两德领导人存在的原则性分歧。科尔主张，两德统一要以联邦德国《基本法》第 23 条为依据进行，即第 23 条规定的“随着管辖范围的增加”，还将延伸到德国其他部分为基础，由民主德国各地宣布加入联邦德国，这样就算完成了德国的统一。民德领导人居西和莫德罗认为，两个德意志国家的统一是统一为一个崭新的德国，应该进行全民公决，由人民来决定崭新的德国新体制，“坚决反对根据宪法第 23 条吞并德意志民主共和国”。然而，3 月 18 日举行的全国大选中，由科尔支持的基督教民主联盟、德国社会联盟和民主觉醒组成的德国联盟取得了胜利，基民盟主席洛塔·德梅齐埃在 4 月 12 日新组成的人民议院会议上被选为部长会议主席。德梅齐埃上台，两德在统一方式问题上的分歧随之消失。

民主德国新政府成立不久，两德就货币、经济和社会联盟问题开始进行谈判。从 4 月 25 日开始，经过 4 个星期的紧张而艰难的谈判，5 月 12 日，两德就建立货币、经济和社会联盟的一揽子条款达成了协议。5 月 18 日，两个德国财政部长在波恩签署了《联邦德国和民主德国关于建立货币、经济和社会联盟条约》。条约内容主要是三个联盟。货币联盟条款规定：联邦马克作为民主德国的货币于 1990 年 7 月 1 日开始发行。经济联盟条款规定：民主德国保证其经济和财政政策将与社会市场经济一致。社会联盟条款规定：民主德国将实行符合联邦德国法律的劳动法规原则，实行联邦德国的养老金保险、疾病保险、事故保险和失业保险，建立社会救济制度。两德总理科尔和德梅齐埃出席了国家条约签字仪式。《国家条约》的签订，为两德经济的统一奠定了基础，是两德实现统一的一个重要步骤。

虽然两德各政党对《国家条约》反应不一，如民主德国以基民盟为首的执政党认为这是“具有历史影响的事件”，而反对党则批评民主德国政府“放弃了所有主权，屈服于联邦德国方面的苛刻条件”，但两德议院还是于6月21日分别以压倒多数正式批准了《国家条约》。7月1日，《国家条约》正式生效，两德经济统一进入实施阶段。从这一天的凌晨零点起，民主德国与联邦德国一样一律使用联邦马克。至此，两德经济在事实上实现了统一。

为在政治上实现德国的统一，从7月6日开始，两德在柏林就第二个国家条约——《联邦德国和民主德国关于实现德国统一条约》（简称《统一条约》）进行谈判，研究解决民主德国按照联邦德国《基本法》第23条“加入”联邦德国的有关问题。在8月22日晚至23日凌晨3时召开的民德人民议院特别会议上，经过激烈的争论，以2/3的多数票通过了“民主德国于10月3日加入联邦德国”的妥协提案。8月31日，两德《统一条约》的签字仪式在柏林举行，联邦德国内政部长朔伊布勒和民主德国国务秘书克劳泽分别代表两德政府在条约上签字。条约分前言和45项条款。前言写道：两个德国意识到，欧洲所有国家的边界的不可侵犯性、领土完整和主权是和平的根本条件；两个德国努力通过德国的统一为欧洲的统一与和平作出贡献。条约规定：统一后的“德国首都设在柏林，全德议会和政府所在地由未来的全德议会做出决定”，但统一后“5到10年”期间，政府和议会仍在波恩。9 月 20 日晚，联邦议院和民主德国人民议院分别通过了《统一条约》。两德《统一条约》的签订，为两个德国的统一铺平了道路。

最后一轮“2 +4 外长会议”于9 月 12 日在莫斯科举行。在这次会议上，联邦德国外长根舍、民主德国部长会议主席德梅齐埃、苏联外长谢瓦尔德纳泽、美国国务卿贝克、英国外交大臣赫德和法国外长迪马共同签署了德国统一条约——《关于最终解决德国问题条约》。条约批准了两个德国的统一，统一后的德国拥有完全的主权。根舍在签字仪式上保证说，从德国的土地上将产生的只有和平，“我们将以这种精神为欧洲的和平与稳定作出我们的贡献”。谢瓦尔德纳泽称签字仪式是历史上重要的一天，认为“有关第二次世界大战后的这一卷书已经合上，新的时代开始了”。6 国签署的德国《统一条约》，实际上具有第二次世界大战后战胜国对德国和约的性质。它的签订，标志着“冷战”的结束，动摇了二战后以美、苏对峙为标志的雅尔塔格局，宣告了欧洲新时代、新格局的到来。

10 月 1 日，美、英、法、苏和两德外长在纽约欧安会外长会议上签署了一项宣言，宣布从 10 月 3 日起停止美、英、法、苏四大国在柏林和德国行使权力，两德在 10 月 3 日统一后，德国将拥有完全的主权。10 月 2 日上午，美、英、苏、法在柏林的驻军司令部降下各自的国旗，结束了历史上时间最长的占领期限。10 月 3 日，苏联最高苏维埃会议通过决议，宣布从即日起废除 1975 年苏联和民主德国签订的《友好、合作和互助条约》。

按照联邦德国《基本法》第 23 条的规定，民主德国加入联邦德国之后，就成为联邦德国的一个组成部分，联邦德国《基本法》的有效范围也就扩大到原民主德国的领土之上。10 月 3

日零时，在柏林国会大厦举行了隆重的升旗仪式，柏林市政厅钟楼上的钟声敲响了，联邦德国的黑红黄国旗飘扬在国会大厦上，从而标志着两个德国的统一。统一后的国名仍为“德意志联邦共和国”，简称“德国”。从1990年10月3日起，民主德国作为一个主权国家消失了，从而结束了德意志民族被分裂40多年的历史。

统一后的德国第一次议会选举于12月2日如期举行。12月3日，选举结果揭晓：联盟党得票占43.8%，在联邦议院获319席；社会民主党得票占33.5%，获239席；自由民主党得票占11%，获79席；原联邦德国的绿党得票仅占3.9%，没有超过规定的5%的界限，未能进入联邦议院；原民主德国的“联盟90”和绿党得票占1.2%，但在东德选区约占7%，获8席；民主社会主义党得票占2.4%，但在东德选区占10%，获17席。联合执政的联盟党和自民党得票合计超过半数，科尔取得继续执政的资格。1991年1月17日，统一后的德国举行首届议会，会议以378票赞成、257票反对、9票弃权的绝对多数，选举科尔为统一后的德国第一任总理。

对于德国的统一，也有不少人提出了责难，认为“重新统一进行得太快了，操之过急了”。对此，科尔反驳道：速度不是由他，而是由德意志民主共和国人民决定的。他认为，历史起码是在不久的将来不会再次给予德国人像1989—1990年这样的机会，所以眼下必须采取行动。科尔正是抓住了机遇，利用民主德国人民急于统一的激情，才快速实现了德国的统一。科尔的话道出德国奇迹般地迅速实现统一的原因。乍看起来，似乎两德统一是东欧剧变导致的结果。然而，东欧剧变以及当时的苏联和美、英、法等西方大国为适应这一变化对德国统一的支持，都只是促成德国统一的外部因素。诚然，这一外部因素在当时的历史条件下对促成德国的统一确实起了十分重要的推动作用。但是，实现德国的统一，是早就存在于两个德国的德意志人民心中的夙愿和强烈要求，也是两个德国之间关系发展的必然趋势。两个德国的重新统一，是两个德国人民的民族情感的重新融合。民族情感才是实现两个德国统一的重要内部因素，是推动两个德国实现统一的强大动力。

四、统一后的德国：欧洲大国、强国

统一后的德国不仅是欧洲的大国，而且是欧洲的强国。新德国领土面积为357050平方公里，人口8100万，是欧洲除俄罗斯以外人口最多的国家。两德合并大大增加了新德国综合实力。在德国统一之前，原联邦德国和民主德国分别是西欧、东欧集团（前苏联除外）中经济实力最强的国家。原联邦德国是欧洲最发达的现代资本主义工业化强国，1990年国民生产总值为24477亿马克（人均39832马克），国民收入为18958亿马克。民主德国在统一前的1989年国民生产总值为8269.8亿民德马克（人均50321民德马克），生产性国民收入为2736.7亿民德马克。因此，两德统一之初，新德国在经济上是任何一个欧洲国家所无法相比的，成为欧洲经济上的“超级大国”。两德统一，又为德国的继续发展和进一步崛起提供了机遇，扩大了德国在国际上的地位和影响。

德国统一后，面对新的形势，科尔政府对内不断调整政策，努力整合和振兴东部地区经济，保持社会的稳定，使统一后的德国经济出现了咄咄逼人的发展势头。

1991年3月，科尔政府制订了“振兴东部”战略——《共同促进东部地区发展的计划》，为东部地区经济转轨和重建投入大量的资金，1991－1995年财政援助达8480亿马克。“振兴东部”计划实施以后，新建的勃兰登堡、梅克伦堡—前波美拉尼亚、萨克森、萨克森—安哈尔特、图林根5个州经历了巨大的变革。在政治领域，对原民主德国政治行政机构和司法系统进行彻底改造，按照西部模式建立与经济重建工作同步发展的政治行政体制，以及建立健全的法律制度。在经济领域，按照社会市场经济体制对东部地区经济结构进行改造，对国营企业实行私有化，从产权关系、经营机制到组织管理制度等各个层面进行全方位改造，将原公有制的计划经济转变为社会市场经济。1994年12月基本上完成了对东部国营企业的结构改革，有14000家国营企业实现了私有化，有3600家企业被关闭。与此同时，加速东部地区基础设施建设。1991年至1996年底，联邦政府为新联邦州的交通和通讯等方面投资约1000多亿马克。公路、铁路的扩建或新建、邮政和电讯的改造和扩建在东部快速发展。至1997年，扩建、新建和重建的公路有1.1万公里、铁路5000公里。1996年电话从原来的190万门增加到780万门，1997年东部地区电讯网已全部实现数据化。对东部地区的改造和大量资金投入，促进了东部地区的建设和发展，使东部地区初步具备了现代化的基础设施，为经济的复兴创造了条件。东部地区的经济在德国统一后几年内明显地有所增长。从1991年至1995年，东部新建州的生产总值平均增长率约8%，大大超过西部，成为欧洲经济增长最快的地区。

当然，德国为东部地区经济的体制转轨和重建，完全是依靠“输血”进行的。向东部地区大量投入的结果，使联邦政府财政负担加重，暂时影响了整个德国经济的发展，最初几年经济增长缓慢，1994 年走出低谷，增长率达到 2.9%，1995 年为 1.9%，1996 年 1.4%。为此，科尔政府在增加国内资本对东部经济投入的同时，不断致力于扩大德国出口，开辟国际市场，刺激本国经济进一步回升。1997 年，因马克汇率下跌使德国出口增长，仅头 10 个月出口赢利就达 1047 亿马克，比前一年增长了 12.6%。在出口增加的带动下，1997 年德国经济增长率又上升为 2.5%。科学技术在德国经济增长中占有较大的比重。1997 年，尖端技术占德国工业生产的 11.7%；技术密集型产品占世界市场的 17.1%，仅次于日本和美国；在高附加值产品方面，占世界市场的 19.5%，居世界第一位。1997 年的德国通货膨胀率也较低。虽然这一年马克对美元贬值不少，从而使以美元结算的进口物资价格上涨，但通货膨胀率仍只处于 1.8% 的低水平，这是连续 3 年来低于 2%。由于出售了部分国有资产，1997 年的财政收入也好于往年，财政赤字比上一年少了 70 亿马克，没有超过国内生产总值的 3%，达到了加入欧洲统一货币的标准。1998 年德国全年经济增长率仍超过 2%。

对东部地区进行的重建，充分挖掘原民主德国地区的劳动力资源和自然资源，结合原联邦德国的强大工业基础，仅仅几年，新德国经济实力大大增强了，1990 年国民生产总值为 24477 亿马克，1992 年超过 3 万亿马克。新德国的经济规模也更加扩大，1988 年德国的经济规模只有日本的 42.4%、美国的 23.03%，然而，到 1994 年，新德国的经济规模已相当于日本的 80%、美国的 60.4%。德国的经济实力和经济规模在世界上仅次于美国和日本。

除经济实力增强外，新德国在欧洲和国际上的政治地位不断得到提高，为德国的发展提供了更多的发展空间。

德国统一后，科尔政府在对外政策上，努力扩大德国在政治上的影响，使德国成为一个世界上的政治大国。为此，德国在对外关系上开展全方位外交，不断扩大对外政策的自主性和外交活动空间，并要求在国际事务中承担更多的责任。

继续积极推进欧洲一体化事业，促进欧洲在政治上的联合，将欧共体发展成为欧洲联盟，在欧洲实现统一的货币，并在欧洲联合中确立德国的主导地位，这是科尔政府在德国统一后外交上的首要任务。为此，德国在继续保持“法德轴心”的同时，更多地显示德国在处理欧洲问题上的“主动性”和“主导地位”，不愿充当法国的“配角”。为使欧共体成员国在欧洲政治联盟问题上达成一致意见，或减少分歧，科尔开展了频繁的外交活动，进行了多方面的外交磋商工作。在德国的主动努力下，1991 年 12 月 11 日，欧共体 12 个成员国政府首脑签署了关于建立欧洲政治联盟和经济货币联盟的《马斯特里赫特条约》。1992 年 12 月 2 日，德国联邦议院正式批准了《马约》。当《马约》被丹麦公民投票否决后，科尔表示德国决不能使欧洲联合的火车停驶或减速，而要继续沿着欧洲一体化的道路前进。在科尔努力下，《马约》于 1993 年 11 月 1 日正式生效，“欧洲政治和经济货币联盟”（简称“欧洲联盟”或“欧盟”）正式诞生。它的成立标志着欧洲联合又进入一个新的发展阶段。为统一欧洲货币，1994 年 1 月 1 日建立在德国美因河畔的法兰克福的欧洲货币局开始运作，欧洲统一货币的计划得以启动。1999 年 1 月 1 日，欧元正式诞生。欧元的问世，是欧洲一体化进程中划时代的里程碑。至此，科尔所追求的欧洲统一的经济政治目标已开始实现。

在促进欧洲政治联合的同时，德国不断扩大外交自主性和活动空间，在欧洲和世界上谋求政治大国地位。

德国是欧洲联盟中经济实力最强的国家，为联盟的建立和发展起了重要作用，并提供了巨额的资金。德国已在欧洲联盟中处于支配地位。科尔“自主性”外交也处处显示德国在处理欧洲事务中的主导地位。如德国不与欧洲盟国协商，曾几次单独提高利率，迫使其盟友不得不跟着提高利率或者不敢降低利率；德国促成欧洲政治联合的实现，以及为扩大其在中东欧的影响，力主欧洲联盟向中东欧敞开大门。凡此种种，充分显示德国已成为欧洲联盟中的主角。从实力来讲，德国在欧洲联盟内占有明显的优势，不仅经济实力居第一位，欧洲中央银行设在德国法兰克福，必将成为欧洲的金融中心，而且德国是欧洲议会中拥有席位最多的国家，在政治上有更多的发言权。科尔的一位高级顾问不无得意地说：“今后欧洲国家将紧密地联系在一起，德国将成为平等国家中的老大。”这些话一点也不假，这是德国本身的强国地位决定的。

在国际上，德国逐渐改变以往在外交上唯美国马首是瞻的“追随者”形象。1991 年 12 月苏联解体，欧洲各国的力量对比发生了明显的变化，欧洲和世界的政治格局出现了新的分化和重组的趋势，世界正朝着多极化的方向发展。善于捕捉机遇的科尔，及时抓住这一变化的世界局势，在新的世界格局中不断拓展新德国的外交空间，推行全方位“自主性”的大国外交，努力争取获得与其经济实力相称的政治大国地位。从 1991 年底开始，德国在国际政治舞台上频频亮相，开展了一系列令世人瞩目的外交活动。如 1991 年南斯拉夫内战期间，斯洛文尼亚和克罗地亚两个自治共和国乘机要求独立，美国及欧共体国家从自身利益考虑均不赞成。然而，德国为了重建其传统的势力范围，不顾当时联合国秘书长的劝阻、不顾美国和欧共体国家反对，于 1991 年 12 月 23 日单独宣布承认斯洛文尼亚和克罗地亚两个自治共和国的独立。这表明，德国已经开始根据自己国家的利益推行自主性的外交政策，向国际社会显示统一后的德国的地位和力量。

德国与美国之间由“仆主”关系演变为“领导伙伴”关系，也充分说明德国在国际上地位的提升。德国统一后在外交上的自主性倾向，使美国也认识到德国在世界上的地位和作用。1994 年 7 月，美国总统克林顿对德国进行了访问，称德国是美国在欧洲的主要盟国，是美国欧洲政策的基石，德、美关系是战略领导伙伴关系。国际舆论认为，美国总统克林顿这次对德国的访问标志美、德之间的“主仆”关系宣告结束。在欧洲问题上，德国甚至不愿美国充当领导角色。科尔在 1997 年 2 月 9 日接受法国电视二台采访时说，在冷战结束后的形势下，美国已成为欧洲的伙伴，因此它不应当是指挥欧洲的“上级领导”。他说，“北约组织应当成为欧洲安全防务的轴心”，但这“并不意味着对美国人唯命是从”。可见，德国反对美国在欧洲事务问题上指手画脚。在涉及德国内政外交问题上，德国更不愿美国颐指气使，也经常对美国说“不”。1997 年 5 月，美国国务院发言人公开要求德国政府不要不顾波黑难民的意愿，把他们一律遣返。德国立即对此作出了强烈反应。金克尔外长表示，美国无权规定我们应该做什么，在这个问题上德国不需要别人的指教。当然，德国在有些问题上对美国说“不”，并不意味着德国政策趋向反美，而是表示德国不再一味盲目追随美国。

要求成为联合国安理会常任理事国，这是德国在外交上的又一个重大行动。德国要成为政治上的大国就要谋求安理会常任理事国的席位。为此，德国在 1993 年进行了积极的外交活动。6

月底，科尔总理亲自签署了德国向联合国总部递交的要求成为常任理事国的申请书；7 月，科尔和金克尔访问日本。金克尔声称，德国和日本将协调行动，努力争取安理会常任理事国的席位。德国利用一切场合大造联合国安理会应该进行改革的舆论，宣称欧洲人口最多、经济实力最强、并成为联合国第三大捐款国的德国，完全应该成为安理会的常任理事国。尽管德国这一外交努力还没有成功，但表明德国欲成为世界政治大国的愿望多么迫切。

德国推行全方位的自主性外交还表现在一改以前向美国一边倒的倾向，在与美国等西方国家继续保持传统的友好关系的同时，又与俄国及东欧国家均发展友好关系。德国积极谋求与俄罗斯建立友好伙伴关系。苏联戈尔巴乔夫对德国的统一曾给予大力支持，西方舆论称戈尔巴乔夫为“德国统一之父”，德国对此十分感激。苏联解体之前，德国刚实现统一，就与苏联签订了《建立睦邻、伙伴和合作关系条约》。苏联解体之后，德国不顾以美国为首的一些西方国家的反对，积极发展与俄罗斯的友好伙伴关系，率先向俄罗斯提供了大量的经济和财政援助。至 1997 年底，德国对前苏联地区提供的援助共约有 1300 亿马克。从地缘关系上讲，俄罗斯也十分重视与德国建立睦邻友好合作关系，并把德国看成是俄罗斯与西方世界联系的桥梁。此外，德国积极主张“东进”，与东欧国家发展友好关系，并大力支持东欧国家的改革，充当连接东、西欧的桥梁和纽带作用，不断扩大德国在东欧的影响。如同对俄罗斯慷慨解囊相助一样，德国对东欧和中欧的一些国家的经济改革提供各项援助。至 1997 年底，德国对东欧国家的援助在 600 亿马克左右。除经援之外，德国还积极扩大对东欧的直接投资。1989 年至 1995 年，德国在该地区的投资总额达 127.5 亿马克，相当于该地区外来投资总额的 23%。德国是欧盟国家中“东方贸易”最多的国家，1997 年对东欧贸易约占其外贸的 10%，顺差超过了 90 亿美元。德国还通过与东欧国家签订双边条约，通过条约解决诸如国界等历史遗留问题，以消除这些国家对德国统一之后的疑惧心理。如 1991 年 6 月 17 日，德国和波兰签署了《德波睦邻和友好、合作条约》，确定了两国边界，解决了历史上遗留下来的边界问题；1997 年 1 月 21 日，科尔总理和捷克总理克劳斯签署了《德捷和解协定》，两国笑泯历史仇怨，实现了和解。德国这些外交努力，使其这一新的东方政策赢得了东欧各国对德国的友好和信任。同时，德国也积极主张北约和欧盟东扩，因为德国不想再做西方的东部边界。北约东扩后，军事上将使德国从原来的前线国家变为后方国家，这样可以大大减少国防开支，经济上德国还唾手可得一个巨大的市场。

德国还极力扩大在亚洲、非洲的影响，认为在全球经济普遍不景气的情况下，亚洲经济却呈现出少有的活力，成为 20 世纪 90 年代以来世界经济增长最快的地区；尤其是亚洲潜在的大市场，对包括德国在内的西方各国具有极大的吸引力。科尔在 1993 年 2 月 18 日至 3 月 3 日对印度、新加坡、印度尼西亚、日本和韩国等亚洲 5 国进行了访问，随后制订了“新亚洲政策”，将亚洲作为德国外交和经济政策的重点。1996 年，德国对亚洲又开展了新一轮外交攻势。从这一年的 10 月中旬以来，德国政要纷纷打点行装，奔赴亚洲的印度、中国、蒙古、印尼、菲律宾和日本。德国这些行动，加强了与日本在亚洲的竞争，进一步缓解国内经济不景气带来的各种矛盾。

在亚洲国家中，德国十分重视发展与中国的关系。1993 年

11 月，科尔第二次亚洲之行时访问了中国，开始正式实施德国的“新亚洲政策”。这是科尔作为统一后的德国总理第一次、也是他第三次对中国的访问，极大地促进了两国之间关系的发展。1996 年 11 月，德国总统赫尔佐克对中国进行了友好访问。中国国家领导人也频繁访问德国。1994 年 1 月，中国人大常务委员会委员长乔石访问德国，与科尔进行了亲切友好的会谈。1994 年 7 月，中国总理李鹏对德国进行了国事访问，与科尔总理共同决定组建一个领导委员会，促进双方在交通和通讯基本建设领域的合作。1995 年 7 月，应德国总统赫尔佐克的邀请，中国国家主席江泽民对德国进行了访问，受到了德国政要的热情接待和欢迎，德、中两国政府签署了《中德增设总领事馆协议》和《中德财政合作协定》。1995 年 11 月，科尔总理率领高级代表团第四次访问中国，科尔在这次访问中表示，除了加强两国政治和经济关系外，还应扩大在科技文化领域的接触，双方共签署了四个政府协定。这些访问极大地增进了两国之间的友谊，推动了两国之间经贸关系的发展。

为表明德国的政治大国地位以及爱好和平和维护世界和平的诚意，德国政府正视自己的历史，勇于承担德国在“二战”中的战争罪行。德国政府不仅在道义上勇于承认历史罪责，而且还承担了不少赔偿责任。在德国统一之前，联邦德国政府根据 1953 年的对战争受害者的赔偿法，每年要支付数十亿马克的赔偿费，在德国统一前已支付了 800 亿马克。统一后的德国政府又多次向纳粹受害者及其后代，以及有关国家提供经济补偿，到 20 世纪末，德国赔偿总金额达到 1020 亿马克。

不仅如此，德国主动要求承担更多的维护和平的国际责任，以此扩大德国在国际上的影响。1991 年 1 月 7 日海湾战争正式爆发后，德国对海湾战争进行了有限的介入，向美国及有关国家提供了140亿马克的资金援助。只是由于受《基本法》的限制，德国军队不能派往北约以外的地区发挥作用，所以没有直接向海湾派兵。1993年4月8日，德国联邦宪法法院做出裁决，同意联邦德国军队参加联合国在波黑的禁飞行动。紧接着的4月21日，德国联邦议院经过激烈的辩论，通过了科尔提出的出兵索马里的计划。根据这一计划，德国于7月21日派出了1640人的部队飞往索马里，以援助联合国为重建索马里的行动。这是德国自二战以来向境外派出的第一支维和部队。1994年7月，德国联邦宪法法院再次做出裁决：经过议会批准，德国军队可以在北约和西欧联盟的范围内参加旨在执行联合国安理会决定的行动，同样可以参加联合国组建的维持和平部队。1995年7月17日，德国派兵参加前南斯拉夫地区的维和行动。尤其是在1999年3月24日开始的北约对南联盟的战争，作为北约成员国的德国自始至终参加了这一战争，并在战争结束后作为北约部队成员向科索沃派遣8500人的部队，参加联合国的维和行动。这表明，德国已开始将过去只是一般性参加国际维和的行动，发展到从军事上参加北约的作战行动和积极介入联合国的维和军事行动，通过在国际上扩大其军事力量的影响达到实现政治大国的目的，彻底改变其“经济上的巨人，政治上的侏儒”的形象。

德国统一后经济实力增强了，国际影响提高了。然而，这些成绩是科尔政府在面对一系列困境的环境中取得的。由于科尔急于实现德国统一，并没有对统一后德国经济和社会将会发生怎样的变化作充分的考虑并提出相应的对策；由于统一没有一个缓冲过渡时期和采取一定缓冲措施的适应过程，因而给东德社会带来了一些副作用，如物价上涨、失业人数剧增、极端民族主义势力重新抬头等。不少德国人尤其是东德公民对科尔政府失去信心。在 1994 年 10 月 16 日德国举行统一后的第二次选举中，联盟党以微弱的多数获胜，科尔艰难地再度蝉联德国总理。科尔虽然再度执政，但他面临的是 360 万人失业的高失业率，以及东部地区加在德国经济上的债务负担、企业税制改革、国家财政紧张情况下的社会保障、对付极右的民族主义势力、德国是否派军队到国外参加维持和平任务等难以处理的问题困扰德国政府。同时，在野党力量大增，在联邦议院的席位只略小于执政联盟，而在各州政府派代表组成的联邦参议院却占优势，因而科尔政府在制定政策上面临着困难的局面。

在科尔政府此一任期内，德国经济还是缓慢增长。然而，困扰科尔政府的最迫切的问题仍是居高不下的高失业率。据联邦统计局统计，至 1997 年底，全国失业人数高达 452. 2 万人，失业率为 11. 8%，而东部地区高达 19. 4%。1998 年初，就业市场的形势更加恶化，全国失业率接近 12. 6%，失业人数近 500 万，创二战以来的最高纪录。高失业率和沉重的社会保障支出、高额债务，是科尔政府一直没有摆脱的困境。由于繁重的社会问题无法解决，使科尔这位“统一总理”的荣誉逐渐暗淡，人们给他戴上“失业总理”、“负债总理”的帽子。

1998 年 9 月，统一后的德国第二届科尔政府任期届满，将举行联邦大选。科尔是德国战后执政时间最长的总理，从 1982 年 10 月担任总理以来，已连任四届，任期 16 年，超过了联邦德国第一任总理阿登纳的任期。如果能第五次竞选成功，就有可能超过闻名历史的德意志第二帝国首任“铁血宰相”俾斯麦的任期，并成为跨越世纪的德国总理。科尔在其任期内为德国的经济发展和国际地位的提高作出了重大的贡献，尤其是实现了德国的统一，更使他的名字永载德国史册。科尔还为欧洲的统一作出了重要的贡献，功不可没。这些历史功绩都是科尔再度竞选总理的有利条件，是联盟党内的任何人都无法超越的。基于自身地位和国内外政策考虑，科尔决定再次参加竞选，社会民主党推举格哈德·施罗德为联邦总理候选人。9 月 27 日，德国举行全国大选，社会民主党获胜，施罗德战胜了科尔。虽然社民党成为联邦议院的第一大党，但没有取得单独执政所需的绝对多数，必须与其他政党联合才能组织有效政府。10 月 20 日，德国社民党（红）和联盟 90/绿党正式签署了《觉醒与革新——德国迈向 21 世纪之路》的组阁协议，从而使绿党首次成为德国的执政党。两党组阁协议的通过，从而宣告了德国红、绿新纪元的开始。

1998 年 10 月 27 日，联邦议院举行大会，选举施罗德为联邦德国总理。在新政府成立的前一天，德国总统赫尔佐克向担任了 16 年联邦总理的科尔颁发了“大十字勋章”，以表彰他在任联邦总理期间为德国的统一和欧洲建设所作出的贡献。施罗德的当选，宣告科尔时代的结束。

科尔的失败主要是没有解决好在对东部地区政治经济进行整合的过程中出现的一些社会问题。但是，德国东部地区经济转轨需要一些时间，政治与经济的整合、并实现与西部地区的同步协调发展，也不是一蹴而就的事情，不是科尔在德国统一后短期内所能解决得了的。只要克服和解决了德国东部地区市场经济转轨过程中遇到的一些困难，加之发达的教育事业、具有世界一流水平的雄厚科学技术力量，统一后德国经济的实力将会逐渐更加强大，国际影响将会越来越大。

也门统一及其发展探讨

唐宝才*

第二次世界大战后，在国际政治层面，有两个现象引起了人们的关注。一个现象是一些分裂的国家（如德国、越南、也门等）重新实现了统一，另一个是一些原来统一的国家（如苏联、南斯拉夫等）发生了解体或分裂。也门从统一国家分裂成两个国家，又从分裂走向统一有其自身的背景、特点，但也有一些带有规律性的东西，给人们带来了一些启示。

一、也门被分裂为两个国家

在亚洲的西南部，有个世界上最大的半岛，名叫阿拉伯半岛，那就是阿拉伯人的老家和伊斯兰教的发祥地。阿拉伯半岛内陆，大部分地区是广袤无垠的沙漠或草原，气候炎热，雨量稀少，土地贫瘠，因此适合游牧，不宜农耕。半岛上的游牧民族生活非常艰苦，他们抬头是蓝色的苍穹，低头是茫茫的沙漠或草原，这种自然环境培育了坚强、勇敢的性格。部落间“血亲复仇”的习俗盛行，为争夺水草，常发生残酷的战争。半岛西南部的也门地区雨量充足，土地肥沃，有林园之美，被称为“阿

---

* 作者系中国社会科学院西亚非洲所研究员。

拉伯半岛皇冠”。[1] 也门有3000多年文字记载的历史，它是阿拉伯文明的重要发祥地。古代奴隶制就是也门古代奴隶制国家及其文明发展巩固的阶段，特别是马因、古特班、哈达拉毛、萨巴和希木雅尔（也译为希木叶尔）等国。法拉特兹博士和一些历史学家考证，其中某些国家的历史追溯到公元前第12世纪。[2] 公元4世纪，希木雅尔国向封建社会过渡，两次被阿比西尼亚（即埃塞俄比亚人）占领，后又被波斯人统治。公元7世纪，也门人皈依伊斯兰教，是阿拉伯帝国的一部分。16世纪初，葡萄牙人侵占也门，开始了大国对也门的激烈争夺。奥斯曼帝国曾两次侵占也门。第一次是1538年8月，奥斯曼帝国苏丹（即君主、国王）派苏莱曼帕夏率80艘战舰和2万名士兵侵占也门，并在此建立了比哈拉姆为首的奥斯曼人政府，后被也门人和也门伊玛目（即教长或领导人）军队击败，奥斯曼军队被迫于1635年全部撤出也门，结束了对也门近百年的黑暗统治。1798年，法国拿破仑占领埃及后，英国为抑制法国人沿红海南下的扩张活动，于1799年派威尔逊将军访问萨那，要求伊玛目曼苏尔·阿里为英国提供军事基地。遭拒绝后，英国就以武力侵占曼德海峡的丕林岛。1820年，也门伊玛目被迫与英国签订了不平等的《穆哈条约》。1839年1月英国用武力攻占了亚丁。1843年，在英国的诱迫下，拉赫杰苏丹与英国签订了“友好条约”，承认英国对亚丁的控制。之后英国又用软硬两手逐渐扩大亚丁辖区范围，组成亚丁殖民地和东、西“亚丁保护地”，逐渐把它的势力范围扩展

---

① 唐宝才、马瑞瑜：《光辉灿烂的阿拉伯文化》，商务印书馆，1982年7月，第1页，第3页。

② ［也门］苏尔坦·艾哈迈德·欧默尔：《也门社会发展一瞥》（易元译，纳忠校），人民出版社，1975年9月，第4页。

到整个也门南部地区。1871 年，奥斯曼帝国第二次侵占也门，当时拉迪夫帕夏率6000 人的远征军在也门的苏莱曼地区干法扎港登陆。1872 年，也门的政治、军事、财政大权落入奥斯曼当局手中。1914 年，英国与奥斯曼帝国签署一项条约，在奥斯曼人控制的也门北部地区与英国控制下的也门南部地区之间，划了一条分界线。这条边界线自丕林岛至班纳河止。但班纳河以东的边界未划分，形成了长期以来的未定界。这条边界线的划定，表明奥斯曼政府事实上已经承认英国对也门南部地区的统治权力。① 这一条约是在也门人民没有掌握自己命运的情况下，由英国与奥斯曼帝国擅自签订的。第一次世界大战结束后，奥斯曼帝国土崩瓦解。1918 年 11 月，也门宣布独立，建立穆塔瓦基利亚王国。1934 年，英国迫使也门穆塔瓦基利亚王国承认英国对也门南部的占领。也门出于无奈，被迫吞下这颗苦果。这样，一个统一的也门被正式分割为南、北两方，北部为穆塔瓦基利亚王国，南部为英国殖民地。②

二、也门统一的实现

也门统一之路是一条历经坎坷、艰难曲折的道路。20 世纪初，统治也门阿西尔地区的是伊德里斯人，是也门伊玛目叶海亚实现也门统一的重要障碍之一。第一次世界大战爆发后，族长艾哈迈德·伊德里斯与英国结成军事同盟，反对奥斯曼人，在奥斯

① 参见彭树智主编：《中东国家通史》中郭宝华撰写的《也门卷》，商务印书馆，2004 年 4 月，第 136—138 页。

② 李毅臻主编：《统一之路与分裂之痛》，中国广播电视出版社，2007 年 5 月，第 177 页。

曼人撤出也门后，伊德里斯控制了整个阿西尔地区，当也门伊玛目叶海亚要收复阿西尔地区时，阿西尔地区的埃米尔（亲王或首领）向沙特国王阿卜杜勒·阿齐兹求助，并于1926年同沙特签订了保护条约。沙特人阻挠伊玛目叶海亚收复阿西尔地区，从而引发了沙特与也门间的一场战争。1934年3月，沙特国王向也门伊玛目宣战。沙特人兵分三路进攻也门。沙特、也门战争以1934年5月20日签订《塔伊夫条约》为结局。根据此条约，也门把纳季兰、吉赞割让给沙特并放弃它对阿西尔省要求，沙特将荷台达港退还给（也门）伊玛目。[1] 伊玛目叶海亚在统治也门期间特别是后期，他对内利用封建神权、宗派主义进行统治，对人民进行残酷的剥削，对外实行闭关自守政策、反对变革与发展。人民反对伊玛目的专制统治的要求日益强烈，进步人士秘密组建了“斗争协会”等组织和倡导改革的《也门智慧》杂志等。1955年3月25日，也门塔兹还发生了反对伊玛目艾哈迈德（伊玛目叶海亚之子）专制统治的军事政变。1952年7月23日，以纳赛尔为首的埃及“自由军官组织”发动革命，推翻法鲁克封建王朝，掌握了国家政权。埃及“7·23”革命成功，极大地鼓舞了也门爱国官兵。1961年12月初，也门“自由军官组织”正式成立，确立了其组织机构，制定了自由军官组织的六项革命目标：

一、把祖国和人民从独裁、殖民主义及其残余下解放出来，建立一个公正的共和政权，消除阶级差别和阶级特权。

二、建立一支强大的保卫祖国、捍卫革命及其成果的爱国

① Mohammed Ahmad Zabarah, *Yemen Traditionalism Vs. Modernity*, Published in 1982 by Praeger Publishers, Printed in the U. S. A . p. 20.

军队。

三、提高人民的经济、政治、文化水平。

四、建立一个民主的、合作的社会，其制度取自正统的伊斯兰教教义。

五、在阿拉伯全面统一的范围内，努力实现国家统一。

六、尊重联合国宪章和各国际组织的章程，坚持积极中立和不结盟原则，努力实现和平，支持各民族间的和平共处原则。①1962 年 9 月 18 日，也门伊玛目艾哈迈德去世，王储巴德尔继承伊玛目和国王职位。采取革命行动的机会来了，经过一周的紧张准备，1962 年 9 月 25 日晚 9 点，设在萨那军事学院的革命指挥部召开战前动员大会，宣布行动计划和分配任务。当日夜间 11 点总攻开始。9 月 26 日黎明前，突击队员攻入王宫，巴德尔国王化装逃跑。早晨，“自由军官组织”基本控制首都萨那。上午 7 时，萨那广播电台向也门人民和全世界庄严宣告，伊玛目封建王朝已被推翻，阿拉伯也门共和国诞生了。

“9·26”革命得到了也门广大人民群众的支持和拥护，但是被推翻的也门封建王朝并不甘心失败，它们在美国、英国等国支持下，向新生的共和政权发动了猖狂的进攻，企图把新政权扼杀在摇篮之中。由此也门王室势力与共和派进行了长达 8 年的也门内战。1970 年 7 月 21 日，阿姆里率也门代表团访问沙特阿拉伯，沙特政府正式承认阿拉伯也门共和国，双方同意建立大使级外交关系。至此，也门、沙特实现全面和解，持续近 8 年也门内战正式宣告结束。法国和英国分别于 7 月 23 日、29 日正式承认

---

① 彭树智主编：《中东国家通史》中郭宝华撰写的《也门卷》，商务印书馆，2004 年 4 月，第 174 页。

也门共和政体。也门北部1962年成立阿拉伯也门共和国后，一方面支持也门南部的反英武装斗争，使其早日摆脱英国殖民主义的统治，另一方面也在等待时机实现与南部的统一。1967年11月由南也门“民族阵线”领导的武装斗争推翻了英国殖民主义统治，成立了南也门人民共和国。南也门当时走的是苏联的“非资本主义道路”，选择了与北也门不同的社会发展道路和意识形态。南、北也门的关系处于长期紧张状态，边境军事摩擦时有发生，1972年10月双方在卡塔巴地区爆发了持续近一个月的边界战争。在阿拉伯国家的协调下，同年10月28日南、北也门签订了停火、统一协议（即开罗协议)。1972年11月28日，南、北也门元首又在利比亚的黎波里发表了统一宣言。由双方组成的宪法、军事、外事、经济财政、法律、教育和文化新闻、卫生等八个统一委员会就统一事宜进行了具体协商。

20世纪60年代到80年代也门南、北方内部局势动荡和双方关系紧张，加上外国势力插手也门事务，也门统一的条件尚不具备。以下一些情况可以作为佐证。

南、北也门官方与民间对统一的认识态度是不同的。当时南也门力量不如北也门强，南方领导人害怕北方把自己吞并掉，因此主张创造条件，逐步解决统一问题。而南、北也门人民间的关系十分密切，在边界地区双方人员是常来常往，亲戚走动频繁，要求统一的愿望十分强烈。南、北也门领导人都很愿意抓“统一”这面旗帜，以赢得民心，实际上都是想以我为主吞并对方，实现也门统一。

在北也门议长艾赫马尔和共和委员会主席埃里亚尼同时辞职，国家最高权力出现真空的情况下，1974年6月13日，北也门武装部队副总司令哈姆迪在总司令部召开武装部队、公安部队军官会议，决定成立由10名军官组成的指挥委员会，全面接管国家政权。哈姆迪任指挥委员会主席兼武装部队总司令。哈姆迪政权对外注意与各国发展友好合作关系，争取外援，但坚决反对干涉也门内政。1975年3月，北也门宣布关闭所有外国设在北也门的文化中心，其理由就是“有些国家外国文化中心干涉也门内政”。哈姆迪主席努力改善与南也门的关系，积极投身也门南北统一事业，与南方领导人恢复对话及互访。哈姆迪限制部落酋长的权势，与南方领导人恢复对话，这些遭到也门部落势力的强烈反对，甚至扬言要推翻哈姆迪政权。1977年10月11日，即在准备前往亚丁与南也门领导人讨论南北也门统一方案的前一天，哈姆迪在萨那遇刺身亡。武装部队副总司令兼参谋长、指挥委员会成员加什米接任指挥委员会主席职务。1978年5月底，加什米采取军事手段，平息了由原指挥委员会委员、伞兵部队司令阿卜杜拉·阿里姆挑起的内乱。同年6月24日，加什米总统在总司令部办公室会见南也门政府特使时，特使携带的手提箱发生爆炸，加什米总统及特使当场被炸死。此事件后的第二天，在苏联支持下，以伊斯梅尔总书记为首的南也门亲苏派把杀害加什米的罪名嫁祸于鲁巴伊主席，联合当时的总理阿里·纳赛尔，发动武装政变，鲁巴伊主席被捕后即被杀害。许多阿拉伯国家政府和舆论对北也门总统加什米被谋杀和南也门主席鲁巴伊遭处决普遍感到震惊。有些舆论指名或不指名地揭露苏联插手这些事件，指出其目的在于破坏红海和海湾地区的安全与稳定。[①] 苏联此举达到了一箭双雕的目的，既暗杀了北也门的加什米总统，又达到了清除南也门内部的反对派代表人物鲁巴伊，以延缓南、北也门

① 《人民日报》1978年6月30日，第6版。

的统一，加强了南也门亲苏派力量和阻止南也门与沙特阿拉伯、西方国家改善关系。

三天内，南、北也门两位国家元首接连遇害，预示着也门统一还要经过一段坎坷。

加什米总统遇难的当天，北也门就成立了总统委员会，负责行使国家最高权力。1978 年 7 月中旬，北也门武装部队总参谋长、塔兹军区司令阿里·阿卜杜拉·萨利赫被人民议会选举为共和国总统兼武装部队司令。1982 年 8 月 24—29 日，北也门全国人民大会讨论通过了《民族宪章》，强调加强民族团结，主张实现南、北也门的统一等等。1978 年 6 月武装政变后，伊斯梅尔独揽南也门党、政大权，他完全投向苏联的怀抱，与阿拉伯国家的关系处于紧张状态。在苏联的支持下，南也门亲苏当局于 1979 年 2 月向北也门发动武装进攻，企图与北也门内部的“民族民主阵线”武装力量里应外合，一举拿下北也门这个立足点，进而威胁和包围海湾国家。但由于北也门的坚决抵抗和阿拉伯与世界舆论的压力，苏联、南也门的这一图谋未能得逞。1979 年 3 月，南、北也门两国元首在阿拉伯国家调解下于科威特签署了实行统一的联合公报。之后，双方成立了宪法、经济、军事、司法、文教等五个委员会，并分别进行了会谈。1980 年 4 月，南也门的也门社会党总书记、最高人民委员会主席团主席（国家元首）伊斯梅尔下台后，阿里·纳赛尔一人同时身兼也门社会党总书记、最高人民委员会主席团主席和政府总理三职，南、北也门关系有了缓和。同年 5 月初，北也门总理加尼访问了南也门。6 月，南也门国家元首阿里·纳赛尔访问了北也门。

也门社会党三大（1985 年 10 月）闭幕后，党内对立的两派间斗争并未停止，总书记阿里·纳赛尔企图先发制人除掉安塔尔、伊斯梅尔（1985 年 3 月从苏联回国）等强硬派领导人。1986 年 1 月 13 日，在也门社会党政治局开会之际，阿里·纳赛尔的追随者们冲进了政治局办公室，手持冲锋枪向强硬派委员扫射，当场打死安塔尔、国防部长卡西姆、内政部长哈迪等人，从而引发了阿里·纳赛尔派与其反对派之间的一场大规模武装流血冲突。伊斯梅尔在第一天的冲突中中弹身亡。1 月 24 日，亚丁基本上停止了武装冲突，强硬派取得了这场斗争的胜利。这场武装冲突导致 1.2 万人死亡，2 万人受伤，3 万多人逃离家园到北也门避难和许多建筑物、基础设施的毁坏等，给南也门经济建设、社会稳定造成很大的负面影响。内战结束后，南也门前总理阿塔斯出任最高人民委员会主席，亚辛·努曼任总理，比德任也门社会党总书记。

以比德为总书记的也门社会党采取了一系列措施，基本上克服了“1·13”事件造成的恶劣影响，社会基本实现稳定，新政权得到了巩固。1987 年 1 月也门社会党召开三届七中全会，再次进入国内经济建设时期，并把党的工作重心开始向经济建设方面转移。

随着南、北也门统一进程不断取得新进展及内外各种因素的影响，双方的关系较前大为改善。1987 年 9 月、10 月，也门社会党总书记比德和国家元首阿塔斯先后访问北也门，同萨利赫总统举行高级会谈，这意味着南、北关系又进入了一个新的发展时期。1989 年 11 月 30 日北也门萨利赫总统访问亚丁，与也门社会党总书记比德就统一问题经过 3 天磋商，签署了统一协议，萨利赫总统称亚丁协议是一个“伟大的历史成就，南、北也门向着完全合并的方向迈出了实质性的一步”。1990 年 4 月 19—22 日，南、北也门党、政、军、议会主要负责人在萨那举行会议，经反复磋商，达成宣布建立也门共和国及过渡时期组织机构的协议。协议规定，1990 年 5 月 22 日南、北也门实现完全合并，建立只有一个立法、执法、司法机构的也门共和国。

1990 年 5 月 22 日，南、北方议会在亚丁举行联席会议，选举国家最高权力机构。大会选举北也门总统萨利赫和南也门的也门社会党总书记比德等 5 人组成总统委员会。接着总统委员会举行首次会议，选举萨利赫为总统委员会主席，比德为副主席，任命南也门主席阿塔斯为过渡政府总理。确认北也门首都萨那为统一国家的政治首都，南也门首都亚丁为统一国家的经济首都。同日，萨利赫主席在亚丁的议会大厦向世人郑重宣布也门共和国成立。同日，统一的也门共和国总统委员会主席萨利赫就国家的国旗、国徽、正式的政府图章、国歌及也门国庆日发布四项法令。[①] 从此这个国家进入了一个崭新的时代，长期的南、北分离的历史已成为过去。

三、也门统一后的内战与发展

也门统一后遇到了严重的经济困难，这主要表现在：在海湾危机问题上，沙特等海湾六国及美国等西方大国认为也门偏袒伊拉克，对其很不满，因此断绝了对也门的财政、经济援助；近百万在海湾国家工作的也门侨民被驱赶回国，这不但失去了十几亿美元的外汇收入，还加重了国内就业、住房、物资供应等方面压力；政府工作人员中贪污受贿等腐败现象蔓延等等。这导致社会不稳定因素增加，更为严重的是执政两党的矛盾日益加深，矛盾

① 新华社萨那 1990 年 5 月 22 日电。

的焦点主要集中在政治、经济权益分配问题上。也门社会党人的安全在北方受到严重威胁，遭暗杀的事件不断，据比德总书记讲有 150 名也门社会党人相继遇害。[①] 1992 年 8 月，比德副主席出于安全和其他方面的考虑，不辞而别，回到大本营亚丁，自行其是，引发了执政两党第一次合作危机。11 月初，比德返回萨那工作，历时近 3 个月的政治危机告一段落。1993 年 4 月 27 日至 29 日，也门成功地进行了统一后的第一次议会选举。选举结果是没有一个政党议席超过半数，由获得最多议席的三个主要政党（全国人大、也门改革集团、也门社会党）组成联合政府，议会对原总统委员会表示信任，要求它继续履行其职责，组织新政府。这标志着南、北也门统一的正式完成，从此结束了由原南、北两个执政党分享国家权力的过渡阶段，为巩固国家的政治稳定和推动社会进步奠定了新的基础。

萨利赫主席在刚刚组建的联合政府会议上提出，要求修改宪法，给予总统任命副总统的权力。这引起比德及其支持者极大不满。1994 年 2 月 20 日，在约旦国王侯赛因主持下，萨利赫、比德及也门其他各派政治力量领导人在安曼正式签署了和解协议。1994 年 4 月 4 日，在阿曼苏丹卡布斯的努力下，比德与萨利赫在阿曼举行会晤，谈判和解问题，但无果而终。4 月 27 日，驻阿姆兰的南方军队与北方军队发生冲突，双方动用坦克、大炮等重型武器，造成数千人伤亡。

1994 年 5 月 4 日晚，北方军战机对南方首府亚丁及其周边目标进行突然袭击，亚丁机场、电台、电视台、炼油厂、发电厂

---

① 彭树智主编：《中东国家通史》中郭宝华撰写的《也门卷》，商务印书馆，2004 年 4 月，第 301 页。

和港口被炸。南方军立即还击，并派飞机对首都萨那进行空袭，总统府、政府一些部门所在地、电台、电视台等建筑物遭到轰炸。与此同时，南、北双方的地面部队也展开激战。至此，也门的全面内战拉开序幕。5 月 21 日，南方领导人比德发表声明，正式宣布脱离也门共和国，成立“也门民主共和国”，即恢复南也门的独立地位。萨利赫主席发表声明，谴责这是非法的，“绝不会接受它”，并警告国际社会不要承认南方独立。随后，萨利赫下令夺取亚丁，收复南方。7 月 7 日，也门政府在政府军攻占亚丁后，宣布历时两个多月的内战结束，继而宣布对南方人实行大赦，许诺维持多党制和自由市场经济，扩大政权基础和改善同所有邻国的关系。① 萨利赫主席依靠军事手段，粉碎了南方领导人的分裂企图，维持了也门统一局面。

约 5 万人死于内战，几十万人受伤和流离失所。据估计，内战造成的直接经济损失达 100 亿美元以上，间接损失更大。

内战结束后，也门面临着严重的政治、经济、社会问题。1994 年 9 月，也门执政当局决定重开政治民主化大门，按期进行下届议会选举。1994 年 9 月 28 日，由全国人大控制的议会通过宪法修正案，用总统制取代了具有集体领导性质的总统委员会制。1994 年 10 月 1 日，萨利赫当选为国家总统。1995 年 8 月，也门颁布了新的政党组织法。1996 年 8 月，也门颁布了新的宪政选举法。通过上述调整，强化了萨利赫总统的权力，巩固了以萨利赫总统为领袖的全国人大的优势地位，为全国人大在大选中取胜创造了有利条件，保证了国家最高权威对民主政治的控制作用。

---

① 《人民日报》1994 年 7 月 12 日，第 6 版。

1997 年 4 月 27 日，内战后首次议会选举如期举行。最后，全国人大以取得议会 75% 的席位优势，实现了其独立组阁的目标。在组织政府时，适当吸纳非全国人大人士入阁，萨利赫总统任命南方独立人士法拉杰·加尼姆为政府总理，任命真理党总书记艾哈迈德·莎米任宗教基金部长。卫生、侨务部长分别由两名独立人士担任，其余各部均由全国人大成员担任部长。萨利赫总统的政治平衡政策对巩固执政当局的地位、改善政党关系、缓解社会矛盾及维护社会稳定起了一定作用。1998 年 5 月，加尼姆总理在政府改革方面与萨利赫总统发生重大分歧而辞职，副总理埃里亚尼受命组织新政府。1999 年 9 月 23 日，萨利赫再次当选也门共和国总统。

1994 年 7 月也门内战结束后，也门政府一方面采取措施稳定国内政局，另一方面寻求恢复经济、发展生产的各种途径和办法。对外方面，也门积极修补和改善与沙特阿拉伯等海湾国家关系，加强经贸合作，争取更多的外援和资金。也门政府制定了 1996—2000 年也门统一后的第一个五年计划，大力发展石油、天然气、旅游和渔业等项目。由于也门投资环境的改善，外资来也门增多，亚丁自由贸易区在美、英、法、沙特、新加坡、也门等 10 多家国际及本国公司参与下于 1996 年 8 月破土动工，工程进展顺利。至 1997 年，也门经济和社会发展出现了转机。

四、走上和平发展的也门

1990 年 5 月也门南、北两部分统一后，由于原来的不同政治制度和意识形态的影响及内部派别斗争等原因，两部分发生摩擦乃至冲突的隐患始终是存在的，直至 1994 年 5—7 月爆发了南、北两部分之间的内战。由于也门在1991年1月爆发的海湾战争中支持伊拉克，海湾国家与也门的关系明显变冷，近百万劳务人员、侨民被迫返回也门，这使国家经济支柱之一的侨汇骤然减少，同时大量人员回国也给国内的就业、基础设施增加了很大压力，加上外援明显受到影响等因素，也门经济已处于崩溃的边缘。

在1996—2000年实施的统一后第一个五年计划中，国家对经济、金融、行政体制等进行改革，增加了活跃经济、投资、银行和管理等方面的内容。第一个五年计划实现了国民生产总值的增长，每年平均达到5.5%，人均收入从1995年的32000里亚尔增加到2000年的77400里亚尔（约480美元）；到2000年底国家外汇储备达到36亿美元，相当于当时也门12个月的货物进口所需外汇。第二个五年计划（2001—2005）的任务是继续改革生产结构、增加商品生产、提高生产率，使经济不断增长；减少贫困，稳定社会，增加人均收入。2005年也门外汇储备达到61亿美元，相当于当时也门17个月的货物进口所需的外汇。

在“二·五”计划期间，也门政府努力改善投资环境，颁布了《投资法》和《自由区法》，积极引进外资，这对也门的石油、天然气工业发展起了促进作用。也门政府还在减免外债方面做出了积极努力，到2005年底，也门外债已经下降到占国民生产总值的42%。[①] 政府还建立了一系列社会安全保障体系，建立了一些社会保险基金，旨在消除经济改革带来的一些消极影响和保持社会稳定。政府不仅在减少贫困、增加就业方面做了许多工作，还对行政管理机构进行更大力度的改革，开展财务审计，治

---

① www.wtojob.com（也门经济16年来的发展变化简介，2006.11.10）

理腐败现象。

也门政府实施第三个五年计划（2006—2010 年）的目标是通过新的金融货币政策，继续发展国民经济，吸收国内外投资，减少失业、控制贫困，不断提高人民生活水平。

2006 年，也门实际国内生产总值（GDP）增长 4%，比 2005 年减少约 1 个百分点。经济增长放缓的主要原因在于石油产量的急剧下降。但是，也门非石油经济部门的增长保持了比较稳定的势头，一直保持在 5% 左右。其中，制造业增长由 2005 年的 8.1% 降至 2006 年的 5%，而渔业的增长率则由 2005 年的 10.1% 增加到 2006 年的 16.4%，对外贸易增长也由 3.5% 增加到 8.3%。从支出方面看，2006 年经济增长的动力主要来自于国内最终消费的规模持续扩大，而投资支出增加不大，已有的投资也主要集中于能源和基础设施领域。2007 年，投资支出成为拉动经济增长的重要因素，非石油领域的投资增加，政府也采取了一系列法律和行政措施改善投资环境，鼓励私人资本投资。①

近几年也门政局基本保持稳定，2006 年 9 月萨利赫再次当选连任总统，社会治安状况不断好转，但仍时而发生恐怖、爆炸事件，经济日益恢复并保持低速增长。以下近几年的一些经济数据可以说明其在曲折的道路上前进。也门 2006 年通货膨胀率为 18.5%，2007 年为 13.3%；2006 年人均 GDP 为 866 美元，2007 年为 814 美元；2006 年公共财政收入为 14890 亿里亚尔（2006 年汇率：1 美元 = 197 里亚尔，《英国经济季评》），公共支出 14330 亿里亚尔，顺差 560 亿里亚尔，占 GDP 1.96%；2007 年公共财政收入为 17120 亿里亚尔，公共支出 19010 亿里亚尔，赤

① http：//www.chinca.org/news Show.aspx countryID = 192 & news ID = 2133

字1890亿里亚尔，占GDP -4.73%；2008年公共财政收入为15250亿里亚尔，公共支出18300亿里亚尔，赤字3050亿里亚尔，占GDP -6.14%。2006年对也门的投资为6160.36亿里亚尔，投资占GDP的比重为16.40%；2007年对也门的投资为7524.10亿里亚尔，投资占GDP的比重为18.40%；2006年石油对也门GDP的贡献率为35.1%，2007年石油对GDP的贡献率为26.2%。①

也门政府还制定了到2025年的长期发展前景战略规划，主要体现在以下六个方面：1. 实现经济的持续增长，包括减少失业，消除贫困。2. 利用地理位置优势，振兴旅游事业，吸引投资；加强自由区的作用。3. 加快制造业的发展，鼓励战略性工业发展，加大出口力度。4. 发展农业生产，充分利用渔业资源。5. 加大对旅游企业的投资，对环境保护的投资。6. 加强政府与私营企业的合作。

五、也门统一的几点启示

也门三千年的历史，也是一部由统一到分裂再走向统一的历史。从也门历史的演变中，可以得到以下几点启示：

（一）要把统一的目标与具体行动有效地结合起来

当也门被奥斯曼帝国或英国殖民主义武装占领和被分割成南、北两部分时，也门人民处于完全无权无地位的情况下，南、北也门统一自然就无从谈起。而当北也门、南也门先后独立建国后，两个也门的统一问题便被提上日程。也门人民迫切希望实现

① http：//ye. mofcom. gov. cn/static/column/ddfg/slfw. html/1

南、北方的统一，南、北方领导人口头上也赞成统一，但双方领导人在指导思想上存在很大的不同，再加上外部势力的插手，使统一的愿望迟迟实现不了。但双方经过二十多年的谈谈打打，打打谈谈，还是找到了一条通向统一的道路，通过把统一的目标与每一次谈判的具体内容、行动有效地结合起来，积小进展为大进展，逐渐融化了彼此间存在的隔阂，在形势发生有利于统一变化时，排除外部势力干扰，努力实现统一。一家人真心求团圆求统一是任何外部势力都挡不住的。

（二）要为统一创造必要的物质和精神条件

从也门的历史演变中可以看到，当也门的中央政权强大时，国家政局就比较稳定，也就处在一个统一状态之中；当中央政权衰败时，国家就可能出现混乱甚至外国势力就可能乘虚而入、侵占国土，造成分裂局面，被迫签订不平等条约。俗话说，弱国无外交。1538 年 8 月，奥斯曼帝国派出强大舰队，武装占领了亚丁港；当也门人民拼死反抗、斗争，又于 1635 年将奥斯曼军队赶出也门。又如，17 世纪下半叶，也门南部的一些苏丹闹独立，又极大地削弱了也门伊玛目的力量，这就为英国殖民主义入侵也门南部和奥斯曼帝国第二次占领也门北部提供了机会。也门从统一到分裂，再从分裂到统一的历程，说明了也门自身物质力量和精神作用是何等重要。同时注意为统一营造必要而恰当的国内国际舆论也是实现统一的重要的一环。

（三）当条件基本成熟时就要下决心实现统一

回顾南、北也门实现统一过程，可以看到双方领导人基本上抓住了所出现的有利时机，不断地推动统一进程向前。例如，在南也门鲁巴伊主席执政和北也门哈姆迪主席执政时，两位元首就统一问题进行多次磋商，促使紧张关系走向缓和，有力地推动了统一进程。美、苏两霸插手也门事务和沙特的阻挠是制约也门统一进程的极为重要原因，当国外势力干涉减少后，也门统一就变得相对容易相对顺利得多。

因此，当国际形势、地区形势和一个被分裂的国家的内部形势发生有利于实现统一变化时，就要善于审时度势，紧紧抓住难得的机遇，下最大决心去实现国家的统一。

（四）要为统一做好软硬两手准备，两手都要硬

从也门实现统一的过程看，南、北也门双方都力求通过和平的谈判方式解决也门统一问题。但是当南、北双方领导人对一些重要问题出现严重分歧、矛盾激化时，特别是南方领导人提出南、北双方建立联邦或联盟等令北方领导人难以接受和统一再次面临分裂时，北方领导人就不惜动用武力，去维护也门的统一，尽管付出了重大代价，但这是值得的。

因此，处在一个分裂状态的国家，双方都要千方百计地不失时机地通过和平方式实现国家的统一，这是上策。但当一方要将国家领土分割出去，则另一方就要以武力为后盾迫使对方接受统一或使用武力实现国家的统一。只有做好软硬两手准备，两手都要硬，才能使统一成为现实。而且，这软硬两手工作做得越充分越扎实，这种统一就会来得早一些。

朝鲜半岛统一进程研究

石源华　蒋建忠*

朝鲜半岛分裂半个多世纪以来，朝鲜和韩国不断致力于国家统一，相继提出了各种统一政策和方案。在双方的共同努力下，实现了南北首脑会晤，扩大了经贸、文化交流，消除了部分误解，朝鲜半岛统一迈出了开拓性步伐。但是阻碍半岛统一的因素依然存在，特别是南北双方对国家利益认知的差异、意识形态的对峙以及内部政治派别的斗争，强化了双方的分歧，朝鲜半岛统一将是一个较长的历史过程。

一、朝鲜半岛分裂格局的形成

二战后朝鲜分裂格局的形成源于战时大国的亚太政策尤其是朝鲜半岛政策。1943 年 2 月美英两国举行华盛顿会议探讨建立战后世界安全保障及日本殖民地处理问题，认为满洲和台湾应归属中国，朝鲜则应由中美或其他国家委托统治。同年 11 月中美英三国举行开罗会议，最终将朝鲜独立问题列入《开罗宣言》，宣布“在适当的时间，朝鲜应成为自由和独立的国家”。在随后

* 石源华，复旦大学国际问题研究院学术委员会主任、博士生导师、韩国研究中心主任；蒋建忠，复旦大学国际关系与公共事务学院国际政治专业博士研究生。

举行的美英苏德黑兰会议，苏联接受美国的委托统治案，而美英则接受苏联要求的一系列权益。

1945 年 2 月美英苏三国举行雅尔塔会议，苏联同意在对德战争结束后对日本宣战，同时针对朝鲜问题提出，美、苏双方在朝鲜半岛以北纬 38 度线划分战区，以北为苏联战区，以南为美国战区，美、苏各自负责解除日军的武装。这项决定成为日后朝鲜半岛南北分裂的根源。

1945 年 8 月美国国务院、陆军部和海军部两次举行联席会议，针对朝鲜问题做出北纬 38 度线以北由苏联、以南由美国分别接受日军投降的方案，随即获得美国总统杜鲁门核准，中英苏三国亦无异议。9 月盟军总司令麦克阿瑟颁布“总命令第一号”，规定苏联接受北纬 38 度线以北日军投降，美国接受北纬 38 度线以南日军投降。随后，苏军和美军分别进驻朝鲜半岛北部和南部。

尽管战时盟国已就朝鲜委托统治达成协议，但战争刚结束美苏即因欧洲问题陷入冷战状态，加之朝鲜人民反对，1945 年 12 月莫斯科会议制定的托管方案难以付诸实施，最终不得不将朝鲜问题提交联合国。1947 年 11 月第二届联合国大会通过第 112 号决议，决定成立朝鲜临时委员会处理朝鲜独立问题。然而，1946 年 2 月金日成在北方建立北朝鲜临时人民委员会，1947 年 11 月建立临时宪法制定委员会，1948 年初北朝鲜临时人民委员会拒绝联合国朝鲜临时委员会进入北部，并于 8 月在北方选举产生最高人民代表大会，9 月公布宪法，朝鲜民主主义人民共和国正式成立，金日成任首相。与此同时，1948 年 5 月联合国朝鲜临时委员会在南部实施全面普选，7 月通过宪法并选举李承晚为总统，8 月“大韩民国”中央政府在汉城宣布成立。南北两个意识形态对立政府的成立标志着朝鲜分裂格局初步形成。

由于美国和苏联两国的分割占领，加之朝鲜内部的分歧，战后初期朝鲜争取独立和统一的努力终成泡影。美苏两国分别将南北政权纳入其主导的冷战阵营，因此朝鲜半岛南北之间不仅存在强烈的意识形态对立，而且不可避免地造成紧张的军事对峙。1950 年 6 月朝鲜战争爆发，以美国为主导的联合国军和中国人民志愿军先后参战，在 38 度线地区形成相持不下的状态，南北双方都不得不放弃武力统一的目标。经过两年谈判，1953 年 7 月，交战各方签订“停战协定”，以 38 度线为界的分裂格局继续维持并终告定型。

二、朝鲜半岛统一进程的进展

在过去的半个多世纪中，朝鲜半岛的统一进程大致可划分为四个阶段：

一是“武力统一”阶段（20 世纪 50 年代）。第二次世界大战结束后，朝鲜半岛由于美、苏的分别占领而分裂为南北两个国家。无论是金日成，还是李承晚，都认定自身政权是朝鲜半岛唯一合法政府，希望以消灭对手的方式实现半岛的统一。朝鲜方面坚持“革命统一”政策。金日成宣布朝鲜战争“是为实现祖国统一、独立、自由和民主的正义之战”，战后也一直强调朝鲜是统一半岛的“民主基地”，是统一朝鲜的“决定性力量”，在一个相当长的时期内没有放弃武力统一计划。李承晚则在整个执政期间一直坚持“北进统一”方针，在建国之初就多次宣称韩国政府拥有以武力恢复对北方行使主权的权力。朝鲜战争后期，李承晚曾坚决反对在《朝鲜战争停战协定》上签字，坚持“武力统一”方针。[①] 然而，在世界已分裂为美、苏两大对立阵营的情况下，南北双方不论何方实现“武力统一”，都将涉及两大阵营边界的变动，都会引起美苏大国的干涉，因而是不现实的。《朝鲜战争停战协定》就是双方妥协的产物。

二是“竞争统一”阶段（20 世纪 60 年代）。李承晚政权结束后，朝鲜和韩国逐步意识到以消灭对方的方式来获得统一是不现实的，双方对于如何实现统一提出了各自的方案，形成了“灭资统一”和“胜共统一”的对立路线，争夺统一的主导权。朝鲜金日成主席提出实行南北联邦制，即暂时保存南北两种制度、两个政府，由两个政府的代表组成一个最高民族委员会，作为全民族统一的过渡。[②] 韩国朴正熙总统以“胜共统一”政策替代“武力统一”政策，主张“先建设后统一”。[③] 这表明双方统一政策的侧重点已从意识形态斗争转向发展国家综合实力竞争，但双方仍视对方为敌手且拒绝对话，期盼以自身的意识形态和国家制度为基础实现半岛统一。

三是“对话统一”阶段（20 世纪 70—80 年代）。受中美、中日关系正常化影响，朝鲜半岛紧张局势趋向缓和，南北间开始了历史性对话，自朝鲜战争后关闭了近 20 年的谈判大门首次开启。朝鲜方面明确提出和完善了“高丽民主联邦共和国方案”，其核心内涵是在坚持“一国两制两府”的前提下组成联邦制国家，主张排除外来势力的干涉，由朝鲜民族通过对话自主实现统

① 张琏瑰：“朝鲜半岛南北双方统一政策演变和南北关系”，《韩国研究论丛》（第十辑），中国社会科学出版社，2003 年，第 46 页。

② 《金日成著作集》第 14 卷，朝鲜外文出版社，1986 年版，第 243—244 页。

③ 1961 年 6 月 24 日韩国外务部长官金弘壹声明，转引自张琏瑰：“朝鲜半岛南北双方政策演变和南北关系”，《韩国研究论丛》（第十辑），第 46 页。

一。韩国领导人则先后提出“和平统一”（朴正熙）、“民族和解和民主统一”（全斗焕）、“韩民族共同体统一”（卢泰愚）等方案。其共同点是强调通过对话在韩国“自由民主”价值和市场经济的原则下统一朝鲜半岛。

四是“渐进统一”阶段（20 世纪 90 年代至今）。伴随着冷战的结束和东北亚大国关系的改善，朝鲜半岛局势趋向缓和，韩国、朝鲜互相承认，同时加入联合国，双方不仅加大了对话力度，而且进入了“渐进统一”的实际操作阶段。其间，虽有朝核问题的干扰，但朝鲜半岛统一进程还是明显加快。20 世纪 90 年代初，朝鲜和韩国举行了 8 次总理会晤；1992 年，双方签署了《南北和解、消除紧张局势和合作交流协议书》和《朝鲜半岛无核化共同宣言》；1994 年，金泳三提出了“和解合作”、“南北联合”、“统一国家”的“韩民族共同体三阶段统一方案”；金大中、卢武铉两任总统分别推行“阳光政策”和“和平繁荣政策”，积极推行南北统一进程，朝鲜方面也作出了积极对应。

经过双方的不懈努力及国际社会的推动，朝鲜半岛统一进程取得了重要成果，主要表现在四个方面：其一，消除误解，形成共识。从 20 世纪 70 年代起，南北双方在统一的原则、目标、步骤等问题上取得了较多的共识。1972 年，双方通过《南北联合声明》（又称《七·四共同声明》），提出了“自主、和平、民族大团结”的统一三原则，强调在“没有外来干涉的情况下实现和平统一”，声明“民族和解高于意识形态和制度上的分歧”。[①] 80 年代，韩国提出的民族共同体统一方案与朝鲜倡导的

① 《南北联合声明》第 1 条，《人民日报》1972 年 7 月 5 日。

高丽民主联邦共和国方案，有很多相似之处。2000 年，南北首脑发表《共同宣言》，强调统一的和平性、自主性、均衡性，首次肯定了北方提出的联邦制方案的初级阶段与南方提出的三阶段统一方案有共同性，双方开始探索和实践新的统一方式，这种方式是和平的、渐进的、自主的，强调不应有大国干预，而且要经过一个很长的和解、合作及互相融合的过程，为朝鲜半岛统一进程明确了方向。

其二，实现首脑会晤和部长级会谈机制化。2000 年和 2007 年两次南北首脑会晤，成为朝鲜半岛统一史上的里程碑。其间，南北通过谈判，在经济合作、交通建设、能源开发等方面达成了一系列协议，为缓和军事紧张局势，消除战争危险，实现持久和平，发挥了重要作用。南北双方先后举行了 23 次部长级会谈，部长级谈判机制逐步形成，促进了首脑会晤成果的落实，有效推动了统一进程的发展。同时，南北双方还停止了军事分界线附近的敌对宣传活动，就防止西海武装冲突达成协议；南北红十字会恢复会谈并成功安排了 15 次离散家庭代表团的互访，会面人数达 1.4 万余人，明显缓解了相互间的敌对情绪，营造了朝鲜半岛统一的良好氛围。

其三，扩展经济合作，以经济促统一。近年来，南北双方的贸易依存度加大，朝韩双方贸易额逐年增长。韩国加大了援助朝鲜基础设施建设和资源开发的力度，合作开发了开城工业园区和金刚山旅游项目，南方多次向北方提供救灾物资和经济援助；南北双方加强了交通、通信建设，重新连接了中断半个世纪的南北公路、铁路，不定期地开通了双方之间的包机和海运航线；南北经济合作促进委员会已升格为副总理级的南北经济合作共同委员会，统一协调南北的经济合作事宜。

其四，创造有利于朝鲜半岛统一的国际环境。朝韩领导人表现出的统一意愿和付出的努力，获得了广泛的国际认同。美、中、俄、日等大国都明确表示支持朝韩在自主原则下实现和平统一。2007 年，第 62 届联大通过“支持朝鲜半岛和平统一决议案”，明确支持朝鲜半岛巩固和平以及为实现和平统一而构建坚实基础的努力。联合国还表示联合军司令部的解体问题一旦被提出，联合国就会参与。①

三、南北双方的基本战略、政策及分歧

半个世纪以来，朝韩领导人为实现朝鲜半岛的统一而殚精竭虑，相继提出了许多统一战略和政策方案。

朝鲜方面先后提出了“革命统一”政策和“高丽民主联邦共和国”政策。“革命统一”政策的要点是在朝鲜劳动党领导下，把北方建设成为南方革命的稳固基地和战略后方，利用南方人民对军事独裁统治的不满，支持并发动南方人民民主革命，利用亚非拉民族解放运动的有利时机，迫使美军撤出韩国；在南方取得革命成功后，北方与南方的“民主、进步”政府和平谈判，取得朝鲜半岛的最终统一。该方案的核心是在北方的领导下取得南方革命的成功，实质上是变更韩国政权的性质，以吸纳方式实现统一。

“高丽民主联邦共和国”方案最初是作为“革命统一”政策的补充方案提出的，随后逐渐演变为推动朝鲜半岛统一的主要方

① “联合国通过‘支持朝鲜半岛和平统一决议案’”，《每日朝鲜》（中文版），2007 年 9 月 17 日。

案。1963年，金日成首次提出“联邦制”的统一模式。1973年，金日成又提出“统一五点计划”，明确把未来的统一国家命名为“高丽联邦共和国”。[①] 1980年，金日成又提出“高丽民主联邦共和国”方案。其要点是：1. 在“自主、和平、民族大团结”的三项原则下，在北方和南方互相承认和容许对方指导思想和社会制度的基础上，双方以同等资格组建联邦制的“高丽民主联邦共和国”；2. 以北方和南方同等名额的代表及适量侨胞代表组成最高民族联邦会议，由最高民族联邦会议及其常设机构——联邦常设委员会来领导北方和南方的地方政府，并被授权讨论和决定国家内部事务、外交和国防政策及其他双方感兴趣的问题；3. 高丽民主联邦共和国应当成为不加入任何政治、军事联盟或集团的中立国家。[②] 同时，主张该联邦政府在双方地方军之外，考虑成立一支混编的国家武装力量。在联邦共和国内，任何一方不得把自己的意识形态和社会制度强加于对方，在相当长时期内尊重各自的制度选择。[③] 1998年4月，金正日阐明朝鲜半岛统一的方针和政策，其核心内容是继承金日成的遗训，强调在民族大团结旗帜下，坚持民族自主原则，以民族的共同性和共同利益代替意识形态和制度的差异，自主实现朝鲜半岛的统一。[④]

韩国方面则先后提出了四种政策：一是“北进统一”政策。李承晚提出“先统一后建设”方针，主张韩国政府是朝鲜半岛的唯一合法政府，朝鲜应尽早实施自由选举，并选出100席议员

---

① 《金日成著作集》第28卷，朝鲜外文出版社，1986年，第411页。

② 金日成：《关于建立高丽民主联邦共和国方案》，朝鲜外文出版社，1990年，第44－46页。

③ 王英津：“朝韩复归统一模式探析”，《国际论坛》，2003年第6期。

④ 孟庆义、赵文静、刘会清著：《朝鲜半岛：问题与出路》，人民出版社，2006年，第116页。

参与韩国已成立的国会，如果朝鲜不答应，韩国则不惜以武力收复北部地区，完成国家统一。

二是“胜共统一”政策。朴正熙总统提出的“胜共统一”政策主张“先建设后统一”，即对内采取一切必要的手段，全力巩固政权，大力推动经济建设；对外拒绝与朝鲜接触、谈判，以求在政治、经济、军事各方面优于朝鲜，以达到“胜共统一”的目的。朴正熙在执政的第二阶段，又提出了“先和平后统一”的政策基调，并开始主张通过南北对话共同解决双方悬而未决问题。

三是“民族和解和民主统一”方案。1982 年 1 月，作为对朝鲜“高丽民主联邦共和国”方案的回应，韩国全斗焕总统提出了“民族和解和民主统一”政策，主张通过和平与民主的程序，南北双方互派代表组成“民族统一协议会”，讨论涉及国家形态、选举模式等问题，并起草新的统一宪法。

四是“韩民族共同体统一”政策。该政策由卢泰愚总统提出，经金泳三、金大中、卢武铉三任总统得以完善。1989 年，卢泰愚提出“韩民族共同体统一方案”，主张南北双方应放弃使用武力，以和平手段、民主程序，经由民族独立自决方式完成国家的再统一。在统一之前，首先设立“南北阁僚机构”、“南北高级会议”等最高决策机构，促进交流合作，然后再通过统一宪法，举行大选，组成统一政府，建立一个制度统一的“单一国家”。① 1993 年，金泳三进一步提出了以“尊重民主、发扬共存共赢精神、增进民族繁荣”三原则为基础的“和解合作”、“南北联合”、“一个国家、一个政府”的三阶段统一方案。② 金

---

① 郑熔硕：《分裂国家统一与南北统一》，韩国大拿社，1992 年，第 203－204 页。

② 金光柱：《韩国总统金泳三》，时事出版社，1997 年，第 335 页。

大中上任后把“三阶段统一”模式具体化：第一阶段是组建一个南北联合体，保持两个独立政府；第二阶段是组建邦联，拥有一种体制、一个联邦政府、两个地方政府，具有事实上统一国家的形式；第三阶段为一个国家、一个政府，成立完全统一的国家。卢武铉上任后，几乎全盘接收了金大中的统一政策，只是在名称上作了修改。

2000 年，朝韩首脑签署了《6·15 南北共同宣言》，明确指出“南方和北方认为旨在实现统一的南方联合之统一方案与北方初级阶段的联邦制方案互有共同点，双方将朝着这一方向推进统一进程。”① 这是朝韩双方第一次互相认可对方统一方案的若干内容。但是，直至今天，南北双方的统一政策依然存在严重分歧。具体而言：

“一国一制一府”和“一国两制两府”的分歧。朝鲜目前在统一问题上坚持联邦制统一政策，其核心内容是主张朝鲜半岛将以一个民族、一个国家、两个政府、两种制度的方式实现统一。在保留各自现有政权形式和社会制度前提下，南北政府分别实行地方自治；同时，由南北分别派出代表组成最高民族联邦会议解决双方的政治、经济、军事和文化等方面问题。而韩国的“韩民族共同体统一”政策则主张“一国一制一府”，认为朝鲜半岛统一应分为三个阶段：第一阶段是实现和平、和解与合作，建立相互间信赖；第二阶段是南北政府密切协作，形成社会、文化、经济的共同体，建立南北首脑会议、南北阁僚会议等共同机构，讨论进一步统一方法，实现半岛和平机制制度化；第三阶段是制

① 《6·15 南北共同宣言》第 2 条。韩国统一部网站：http://www.unikorea.go.kr/english/EUL/EUL0101R.jsp

定统一宪法，通过总统自由选举，组成统一议会，组建统一政府，实行“自由民主主义”，即在北方也推行资本主义制度。从韩国政策的最终目标看，统一后的半岛应是“一个国家、一种制度、一个政府”。2000 年后，南北双方举行了各种形式的会谈，形成诸多共识，但一旦涉及统一后的半岛应当是“一国两制两府”，还是“一国一制一府”的根本性问题，双方的分歧就产生了。朝鲜希望保存其原有的政治制度，韩国则希望统一于其主张的民主价值观和市场经济制度。

意识形态、国家体制和安保利益的分歧。朝鲜信奉“主体”思想，实行计划经济和高度集中的社会主义国家体制；韩国则信奉西方的民主价值观念，实行市场经济和民主国家体制，两者在原则上是水火不容的。冷战结束后，经济全球化和社会主义国家的经济改革弱化了传统意义上的意识形态对抗，推动了朝鲜半岛的统一进程。目前，南北双方都强调超越意识形态分歧，推动南北统一合作，因而在统一事业的较低层面，如实现和平共处、经济交流、人员往来等方面，取得了较大进展，但一旦进入统一事业较高层面的政治和安保领域，朝韩的分歧就会立即尖锐化。双方都不会轻易接受对方的政治模式作为统一的基础。在安保方面，朝鲜的安全利益主要表现在防止美韩同盟对朝鲜的军事威胁和侵略，保证国家的独立、领土完整和政权的延续。韩国的安全利益则是防止朝鲜半岛爆发战争，保证半个世纪以来的建设成就不受侵犯，保障和平的生活和发展环境，把建设坚如磐石的安保体制、延续美韩同盟作为一项基本国策。

外交政策和不结盟国家定位问题的分歧。朝鲜的方案强调“自主性是独立国家的基本特征，是国家和民族的生命”，统一后的国家“应当不做任何国家的卫星国，不依赖任何外来势力的完全独立自主的国家和不结盟国家”,① 明确主张统一后的国家应当成为不加入任何政治、军事联盟或集团的中立国家。韩国方面虽也主张由南北双方自主实现民族和国家统一，强调韩国的“主导权”，但回避统一后的外交政策和“中立国家”定位。美韩同盟关系是韩国外交政策的基石，与此相联系的问题还有美韩同盟条约、驻韩美军以及美国对韩提供核保护三大问题，双方分歧尖锐，难以趋向一致。

四、朝鲜半岛统一的内外制约因素

综观50余年来朝鲜半岛统一问题的历史进程，影响和制约朝鲜半岛统一进程的主要因素有如下几点：

冷战格局是决定朝鲜半岛统一进程的重要外部因素。东北亚是美苏冷战的前沿阵地，这一格局直接导致了朝鲜战争的爆发和南北分裂程式的固定化。战后形成的美日韩“南三角”和中苏朝“北三角”的对立，成为维系朝鲜半岛南北分裂局面的主要外部背景，同时也是避免朝鲜半岛再次爆发战争的重要决定因素。冷战结束后，世界局势及东北亚局势的和缓加速了朝鲜半岛的统一进程，朝韩和解事业也出现了可喜的进展。但只要东北亚冷战格局的残余依然存在，只要分裂和大规模对立的军事力量依然存在，冷战思维的残余就难以根除，朝韩双方就难以在消除冷战结构方面形成一致意见，南北统一也会受到严重影响。

朝鲜半岛周边大国关系是决定朝鲜半岛统一问题的又一重要

① 金日成：《关于建立高丽民主联邦共和国方案》，朝鲜外文出版社，1990年，第44－45页。

外部因素。由于朝鲜半岛的特殊地理位置，朝鲜半岛问题的解决受到周边大国的影响和制约。20 世纪 70 年代初，中美、中日关系实现正常化，直接推动了首轮朝鲜半岛南北接触潮流的出现。冷战结束后，中美、俄美关系出现重大调整，也直接导致朝鲜半岛南北会谈的第二轮高潮，双方签署了《南北和解、消除紧张局势和合作交流协议书》、《朝鲜半岛无核化共同宣言》等重要历史性文献。朝鲜半岛的统一进程与中美、俄美以及美朝、中韩关系的改善和发展密切联系。2002 年第二次朝核危机爆发后出现的六方会谈，反映周边大国都赞同朝鲜半岛的南北统一，成为朝鲜半岛南北首脑会晤成功实现的重要背景。然而，周边大国在朝鲜半岛的不同国家利益和对朝核问题的不同主张，也会成为制约南北统一进程的障碍因素。目前，最主要的是美国因素和影响。如果美国不能与朝鲜实现国家关系的正常化，与韩国建立正常的国家关系（非同盟关系），如果美朝间的朝核问题不能妥善解决，美韩同盟、美军驻韩、美国对韩提供核保护伞问题不能得到能为双方接受的合理处置，朝鲜半岛南北统一就不能真正实现。

经济负担与经济整合也是决定朝鲜半岛统一问题的基本因素。苏联、东欧剧变后，韩国政治家十分重视德国统一的历史经验，曾一度向往和期待实现德国式的“吸纳统一”。但德国统一后，西德经济为原东德经济所拖累，影响了原西德国民的生活水平。当时东西德的经济差距是 1:3，而朝韩的经济差距却是 1:33。[①] 因

① 根据世界银行 2006 年统计数字，韩国的 GNP（国民总收入）为 8880 亿美元，大约是朝鲜的 33 倍；人均收入为 17690 美元，约为朝鲜的 16 倍。资料来源：http://web.worldbank.org/WBSITE/EXTERNAL/COUNTRIES/EASTASIAPACIFICEXT/KOREAEXTN/0, menuPK: 324671 ~ pagePK: 141132 ~ piPK: 141109 ~ theSitePK: 324645, 00.html#quickdata

此，统一后的经济负担考虑使韩国政府对“吸纳统一”方案望而却步。由于朝韩经济差距很大，韩国政府不大可能以大幅度降低自身经济发展水平为代价，来换取名义上的统一和背负起振兴朝鲜经济的重任。而朝鲜方面也不会在经济明显占居弱势的情况下进行将被对方接管和“吸纳”的统一谈判。

韩国国内的派系纷争对朝鲜半岛统一进程也有重大影响。从总体上说，朝鲜方面的统一政策到目前为止在政府内部是比较一致的，始终以金日成和金正日思想和方案为准绳，而且在行动步伐上也比较一致。韩国国内则存在保守派和新生派两种政治力量。保守派主张与美国的对朝政策保持一致性，慎重地、对等地改善对朝关系，推动统一事业，大国家党是该派系的重要代表。新生派则主张在保持美韩同盟的前提下，适当调整对美关系，在民族的大旗下自主实行对朝和解与合作，加大促进统一的力度，金大中和卢武铉是其主要代表。韩国实行的选举政治，使党派之间的角力成为影响南北统一的重要因素。大国家党领袖李明博就任新总统后，执行了10年之久的韩国对朝政策被大幅调整，韩朝关系再次出现僵局，对于统一进程无疑会产生重要的影响。但李明博总统的这种调整不能改变南北走向和解的历史总进程，存在着政策回调旧规的必然性。①

① 石源华：《李明博新政描绘“747”蓝图》，《文汇报》2008年2月25日。

坦桑联合过程及经验的研究

温伯友　徐济明　高晋元　魏翠萍*

坦桑尼亚位于非洲大陆东部，赤道以南，地处于东经29°—41°，南纬1°—12°之间。坦桑尼亚由大陆（原坦噶尼喀）和桑给巴尔海岛组成。坦桑尼亚大陆东临印度洋；北部与肯尼亚和乌干达相邻；西北部与卢旺达和布隆迪相邻；西部隔坦噶尼喀湖与刚果（金）相望；西南部与赞比亚和马拉维交界；南部与莫桑比克接壤。桑给巴尔位于大陆以东的印度洋中，由桑给巴尔岛、奔巴岛和附近50多个岛屿组成，距达累斯萨拉姆仅40余公里。坦桑尼亚总面积为945087平方公里，大陆面积942627平方公里，桑给巴尔海岛面积2640平方公里。坦桑尼亚总人口3457万人（2002年），其中大陆人口3359万，桑给巴尔海岛人口98万。①

坦噶尼喀和桑给巴尔原为两个独立的主权国家。坦噶尼喀1886年沦为德国殖民地。在第一次世界大战中德国战败，1917年11月英军占领坦噶尼喀全境。1920年根据国际联盟的仲裁，坦噶尼喀划为英国的"委任统治地"。第二次世界大战后，联合

---

* 本文由中国社科院西亚非洲所课题组完成。温伯友，中国社会科学研究院西亚非洲所前任党委书记，资深研究员；徐济明（1940.4—2000.11），中国社会科学院西亚非洲所前资深研究员；高晋元，中国社会科学院西亚非洲所资深研究员；魏翠萍，中国社会科学院西亚非洲所副研究员。

① 参阅裴善勤：列国志《坦桑尼亚》，社科文献出版社，2008年9月第1版。

国大会于1946年12月13日通过决议，将坦噶尼喀改为“托管地”，仍由英国管辖。1961年5月1日获得“内部自治”，同年12月9日宣告独立。1962年12月9日成立坦噶尼喀共和国。

桑给巴尔由翁古贾岛（桑给巴尔本岛）和奔巴岛组成，1890年沦为英国“保护地”，1963年6月24日取得“自治”，同年12月10日宣告独立，成为由苏丹王统治的君主立宪国家，但政治、经济大权仍由英国控制。1964年1月12日，桑给巴尔人民推翻了苏丹王的封建统治，建立桑给巴尔人民共和国。1964年4月26日坦噶尼喀和桑给巴尔组成联合共和国，同年10月29日，改国名为坦桑尼亚联合共和国。

非洲的两个国家，一个在非洲大陆，面积比较大，人口较多；另一个是海岛，面积相对很小，只及大陆面积的1/355，人口很少，只及大陆人口的1/33，它们在上世纪60年代中期联合成为一个国家，至2009年已经45年了，基础仍然巩固。坦桑的联合过程与经验值得研究。

一、坦、桑联合的背景

坦噶尼喀和桑给巴尔两个独立的主权国家实现联合有其深刻的社会历史文化背景和当时的客观条件。

（一）共同的社会历史文化背景

坦噶尼喀和桑给巴尔人民有着悠久的社会历史文化联系。正如琼布所说：“坦噶尼喀和桑给巴尔长期存在伙伴关系，这种关系可追溯到远古时代。这种伙伴关系是由血缘和家族关系、历史经历、地缘上的比邻关系和相互间的社会影响培育起来的，经受了时间的考验。葡萄牙人的控制、阿拉伯人的统治、德英帝国主义都曾强烈震撼过它，但都没能将其摧毁”。[1] 这种共同的社会历史文化联系的标志就是形成独具特色的斯瓦希里语言和文化。

今坦桑尼亚大陆部分（坦噶尼喀）的原住民主要是讲班图语的许多小部族，在大陆中北部也住有讲科伊萨语、尼特罗语、库什特语的居民。桑给巴尔原住民是从东非大陆移来的班图语族人。以后波斯人、阿拉伯人和印度人陆续移居此地。其中波斯移民后裔及其混血种均自称设拉子人。10—15 世纪，随着印度洋贸易的发展，东非沿海出现了许多商业城邦。当时，波斯人称来自这个地区的奴隶为“桑给”，为“黑人”之意，“巴尔”意指土地。桑给巴尔（Zanzibar）之名即源于此，意为黑人海岸或黑人居住的地方。中国史籍称“僧祗”。15 世纪末，葡萄牙势力开始入侵，1503 年占领桑给巴尔岛。1729 年阿曼苏丹国将葡萄牙人逐出莫桑比克以北的东非领地，成为东非沿海和桑给巴尔的统治者。[2] 1840 年阿曼苏丹赛义德将首府由马斯喀特迁至桑给巴尔。1856 年赛义德苏丹死后，两个儿子分别继承马斯喀特和桑给巴尔王位。从此，桑给巴尔苏丹国成为同阿曼本土分离的单一国家。18 世纪中叶起，桑给巴尔成为东非沿海进出口贸易的主要交换站。东非沿海城镇成为内地对外贸易的转运口岸。

大陆和海岛历史上长期频繁的经济联系和文化交往，促进了种族同化和文化融合。最早在沿海地区，由于与阿拉伯、印度和印度洋沿岸其他地区长期通航和贸易关系，逐渐“非部族化”，

---

① Aboud Jumb, *The Partner-shi*: *Tanganyika Zanzibar Union 30 Turbulent Years* Amana Publishers, Dares Salaam, 1994, p. 4. 阿尔哈·吉阿布德·琼布（Alhaj Aboud Jumbe）1977—1984 年任坦桑尼亚联合共和国副总统、革命委员会副主席、桑给巴尔总统、非洲设拉子党主席。

② J. Middleton and J. Campbell, *Zanzibar*: *Its Society and Its Politics*, London, 1965, p. 3.

并且由于交流的需要，在原来班图语的基本结构和词汇的基础上，吸收许多外来语，特别是阿拉伯语而自然形成了独具特色的斯瓦希里语及以此为基础的斯瓦希里文化。这种语言和文化也随着经济贸易日益向内地发展。由于斯瓦希里语的广泛传播和采用，这个地区出现了更为广泛的文化上的全面融合过程。奇特的是，来自阿拉伯和其他地方的外国商人在沿海定居和通婚，并帮助传播某些文化和经济的影响，特别是伊斯兰和阿拉伯文化的影响，但并未使沿海地区“阿拉伯化”；相反，一代代的“新来者”（外来居民）同当地居民融为一体，被“斯瓦希里化”了。经过19—20世纪的发展，斯瓦希里语至今已成为超越坦桑尼亚历史上语言和部族差异的国语。

正如爱德华·阿尔柏斯所说：“商队贸易的发展对于坦桑尼亚后来历史的最重要的作用，也许是在参与商队贸易的人们中间撒下了团结的种子。坦桑尼亚联合共和国就是从这种萌芽状态的团结意识中历史地产生的。”①

还应指出，在当代反对殖民统治争取民族独立的过程中，大陆和桑岛不仅相互影响相互支持而且有组织上的联系：20世纪30年代成立的坦噶尼喀非洲人协会当时在桑岛设立了支部并开展了互联活动。② 前者后来发展为坦噶尼喀非洲民族联盟，是坦噶尼喀独立后的执政党；而桑岛的非洲人协会则在50年代与设拉子协会合并为非洲—设拉子联盟（后改称非洲—设拉子党），领导了桑给巴尔革命并成为桑给巴尔唯一执政党。可见，两地民

---

① 伊·基曼博、阿·特穆著：《坦桑尼亚史》，中译本，商务印书馆，1976年，第83页。

② John Iliffe. *A Modern History of Tanganyka*, Cambridge University Press, p. 416 - 418.

族主义者之间一直保持着联系。

（二）坦、桑联合是尼雷尔泛非主义思想的体现

尼雷尔是著名的泛非主义者。他认为："必须实现非洲统一"，"我们的目标必须是建立'非洲合众国'。只有达到这个目标，才能真正使非洲人民在经受几个世纪的经济动荡和社会压迫后有其应得未来。"① 尼雷尔谴责帝国主义瓜分非洲划定的现行边界"在人种学上和地理上都是荒谬的"，"是违反历史或人民的未来需要的"。②"分隔非洲国家的边界是如此的荒谬，以至于如果我们没有统一的意识，它们就会成为冲突的一个原因"。③"我们的分裂和我们遭受外国统治的共同经历使我们全体深知统一的需要，并使我们具有一种全非一致的情感，……这与非洲最古老的传统是一致的"。④

1960—1964 年间，尼雷尔一直致力于建立东非联邦作为实现其建立"非洲合众国"理想的第一步。尼雷尔于 1960 年在亚的斯亚贝巴举行的非洲独立国家会议上发表讲话说："我们之中许多人无疑认为东非国家联邦将是一件好事。……我们国家的边界是由帝国主义而不是由我们划分的，我们不容许他们以此来反对我们的统一。……我们对殖民部不是要求争取坦噶尼喀、肯尼亚、乌干达和桑给巴尔获得自由，而是要求东非作为一个政治单

---

① 尼雷尔：《非洲合众国》（1963 年 1 月），见唐大盾选编：《泛非主义与非洲统一组织文选（1900—1990）》，华东师范大学出版社，1995 年，第 302 页。

② 威廉·埃杰特·史密斯著、上海《国际问题资料》编辑组译：《尼雷尔》，上海人民出版社，1975 年，第 136 页。

③ 同注①，第 303 页。

④ 同注①，第 303 页。

位获得自由。”① 1961 年 1 月在内罗毕举行的会议上，东中非泛非解放运动（PAFMECA）② 再次强调了东非统一的重要性。1963 年6 月 5 日，正当桑给巴尔为独立准备大选时，尼雷尔同当时肯尼亚总理乔莫·肯雅塔和乌干达总理密尔顿·奥博特在内罗毕就成立联邦问题举行会谈，并发表了联合声明，宣称：“我们，东非政府和人民的领导人……保证加入东非政治联邦。我们今天是由泛非主义精神驱使的，而不仅仅是出于各自的地区利益。”③ 桑给巴尔正准备争取独立的大选而没有参加。然而，联合声明邀请桑给巴尔大选一结束就加入正在进行的联邦进程。联合声明指出：“下个月桑给巴尔举行大选后，他的政府将立即被邀请参加实现联邦计划而建立的工作班子和其他机构。”④ 桑给巴尔 1964 年一月革命的时候，东非三国领导人尼雷尔、肯雅塔和奥博特正在肯尼亚商讨有关包括桑给巴尔在内的四国成立东非联邦的计划。这就是尼雷尔总统和卡鲁姆总统将坦噶尼喀和桑给巴尔实行联合时东非的政治气候。只是后来肯尼亚和乌干达没有参加联邦。

推动尼雷尔积极跟一月革命后的桑给巴尔实行联合的一个因素是为了国家的自身安全考虑。当时桑给巴尔虽是仅有 30 来万人口的小岛国，但在历史上，它对坦噶尼喀大陆乃至整个东非沿

---

① Aboud Jmbe, *The Partner-ship: Tanganyika Zanzibar Union 30 Turbulent Years* Amana Publishers, Dares Salaam, 1994, p. 4. 阿尔哈·吉阿布德·琼布（Alhaj Aboud Jumbe）1977—1984 年任坦桑尼亚联合共和国副总统、革命委员会主席、桑给巴尔总统、非洲设拉子党主席。

② 尼雷尔和卡鲁姆都是该运动的成员。

③ 威廉·埃杰特·史密斯著、上海《国际问题资料》编辑组译：《尼雷尔》，上海人民出版社，1975 年，第 4 –5 页。

④ 同上。

海有着举足轻重的影响，甚至是一种威胁。从中世纪起，桑给巴尔就是阿拉伯奴隶贩子和商人成群结队去大陆直至中非大湖地区活动的基地，是大陆“出口货”——奴隶、象牙、犀牛角等——的市场和转运站，是阿拉伯暴政的中心和象征，也是近代欧洲探险家由此出发向内陆进行探险的据点。所以早些时候，岛上阿拉伯人常说：“当桑给巴尔吹起笛子时，大湖之东的整个非洲一定会跳起舞来。”① 据说，尼雷尔长时期来为桑给巴尔岛靠近坦噶尼喀大陆而担心。坦噶尼喀独立之前他在达累斯萨拉姆的一次宴会上曾说，他认为在今后坦噶尼喀的最重大问题之一将是桑给巴尔。他说：“这是一个外国君主国，它的臣民在涉猎政治。它很容易受到外来的影响。”②

鉴于一月革命后桑给巴尔内外的复杂局势，尼雷尔担心桑给巴尔成为东西方争夺的场所，也担心外国势力侵入桑岛给坦噶尼喀带来威胁。因此，当桑给巴尔一月革命推翻了阿拉伯封建统治，新政权立足未稳之时，尼雷尔积极推动与之联合也就不难理解了。

（三）卡鲁姆试图通过跟坦噶尼喀的联合，来化解外部压力和内部棘手的局面，巩固其统治地位

一月革命前后的桑给巴尔及卡鲁姆总统面临着来自东西方两个阵营对峙的强大外部压力和内部政治纷争的棘手局面。

桑给巴尔虽系弹丸之地方，但一月革命使它成为东西方两个阵营争夺的焦点。桑给巴尔原系英国的保护国，是英国老殖民主义的势力范围。20 世纪 50—60 年代美国新殖民主义开始侵入非

---

① 尼雷尔：《非洲合众国》（1963 年 1 月），见唐大盾选编：《泛非主义与非洲统一组织文选〈1900—1990〉》，华东师范大学出版社，1995 年，第 139－140 页。

② 同上。

洲。美国在桑给巴尔建立了一个卫星追踪站。一月革命理所当然地得到了当时苏联、中国等社会主义国家的支持，并立即提供了援助。新政权成立 10 天内得到民主德国、中国、苏联、捷克、古巴、越南北方、朝鲜及东欧其他一些社会主义国家的承认。中国向桑给巴尔提供 500 万英镑无息贷款，苏联购买了大量丁香并开始帮桑给巴尔训练军队，因而受到美、英等西方国家的敌视。美、英在桑给巴尔附近海域派舰队，对桑给巴尔新政权迟迟不予承认。桑给巴尔当时没有军队。卡鲁姆担心美、英海军随时可能发动武装进攻，也担心帝国主义对桑给巴尔实行经济封锁。总之，大国的介入使小小的桑给巴尔及其新政权感受到了巨大的压力。

桑给巴尔内部局势也极为复杂。除了革命前亲英国的苏丹君主政府外，当时桑给巴尔的三个政党中，桑给巴尔民族主义党（ZNP）及桑给巴尔和奔巴人民党（ZPPP）都跟卡鲁姆领导的非洲设拉子党（ASP）对立。最早成立的桑给巴尔民族主义党（1956 年创建）由阿拉伯人控制。党的领袖阿里·莫辛，据说主张与索马里、苏丹和埃及建立一个松散的穆斯林联盟，反对与东非国家联合。

桑给巴尔革命阵营内部也存在几股政治势力。非洲设拉子党由设拉子协会和非洲人协会合并而成，主要由非洲人工人、农民和知识分子组成。桑给巴尔非洲人协会成立于 20 世纪 30 年代，是坦噶尼喀非洲人协会的一个支部，1954 年卡鲁姆出任总书记，后任主席，1957 年该协会与设拉子协会合并成非洲设拉子党后任主席。1954 年坦噶尼喀非洲人协会改名为坦噶尼喀非洲民族联盟（坦盟）。故非洲设拉子党与坦盟关系一向密切。卡鲁姆对尼雷尔作为领导或个人都比较信服。

一月革命后，桑给巴尔政坛上形成了卡鲁姆、汉加和巴布三巨头鼎足的局面。卡齐姆·汉加曾去苏联学习，1961 年回到桑给巴尔后任非洲设拉子党的代理书记，一月革命后任国家副总统，被认为是“亲苏”派。阿卜杜勒·拉赫曼·穆罕默德·巴布原是桑给巴尔民族主义党内的左派代表人物。他曾去伦敦五年，1957 年回国，成为该党总书记，并且是青年一派的组织者。一月革命后任政府外交部长。

因此，当时卡鲁姆虽身为非洲设拉子党主席、新生的桑给巴尔人民共和国总统，但面对外部东西方两大阵营对峙的巨大压力和内部纷纭复杂、棘手的政治局面，显得势孤力单。他没有自己的武装，只能向尼雷尔求援，借来 300 名武装警察，维持革命初期的治安。面对这种复杂的内外环境，跟坦噶尼喀联合是当时卡鲁姆极为明智的选择。由此可以得到坦噶尼喀和尼雷尔强有力的支持，不仅可以极大地减轻原来由弹丸之地桑给巴尔单独承当的巨大外部压力，而且，有利于击退国内各种反对势力，维护和巩固桑给巴尔新生的革命政权。卡鲁姆本人在革命阵营内部各派力量中的领袖地位也由此得到了确认和加强。

二、联合共和国成立经过及其特点

如上所述，坦、桑两国执政党坦噶尼喀非洲民族联盟（坦盟）和桑给巴尔非洲设拉子党之间早在桑给巴尔革命前就建立了密切关系。1964 年，桑给巴尔一月革命成功后，卡鲁姆、汉加和巴布等领导人于 1 月 17 日访问达累斯萨拉姆，向坦噶尼喀政府提出了一系列援助要求，最后表示愿意在不久的将来与坦方讨论联合或联邦关系问题。[①] 3 月，卡鲁姆再次访坦时，坦方正式提出联合问题。当时尼雷尔总统告诉卡鲁姆，他正在同肯尼亚和乌干达两国总理讨论成立东非联邦的事，并说坦方已做好了与桑给巴尔成立联邦的准备。卡鲁姆当即表示桑给巴尔“现在就准备好了”，并要尼雷尔召集记者公开宣布此事。[②] 所以，尼雷尔事后对人说，坦、桑联合本来在 1964 年 3 月就可实现，但因当时坦方正与其他东非国家（指肯尼亚和乌干达）举行一系列会谈，有可能成立东非联邦，故坦噶尼喀和桑给巴尔没有立即实行联合。不久，尼雷尔将这一秘密告诉了他的法律顾问、坦政府总检察长罗兰·布朗（英国人），要他考虑坦、桑如何联合的问题。[③] 与此同时，在桑给巴尔高层人士中也进行了讨论。据传，副总统汉加支持与坦合并，外长兼外贸部长巴布反对，而卡鲁姆态度动摇。[④] 从后来的事态发展看，这一传闻并非空穴来风。

进入 4 月，坦、桑高层人士进行了频繁互访。4 月 22 日，尼雷尔总统在坎博纳和内政部长卢辛迪陪同下访问桑给巴尔，并同卡鲁姆总统及桑给巴尔政府的几位部长举行会谈，双方最终商妥并签署了联盟条款。

1964 年 4 月 23 日和 24 日，尼雷尔总统和卡鲁姆总统分别在达累斯萨拉姆和桑给巴尔宣布了坦噶尼喀和桑给巴尔将合并成为“一个主权国家”的消息。25 日，坦噶尼喀国民议会和桑给巴尔

---

① Amrit Wilson, *US Foreign Policy and Revolution-The Creation of Tanzania*（阿姆利特·威尔森：《美国外交政策与革命——坦桑尼亚的创建》），Pluto Press London，1989，p. 18.

② 前引威廉姆·埃杰特·史密斯著：《尼雷尔》一书，上海人民出版社，1975 年，第 197 – 198 页。

③ 同上。

④ 同上。

革命委员会分别批准了联盟条款，从而使这一文件具有了法律效力。4 月 26 日，两国总统在达累斯萨拉姆交换批准书后，坦噶尼喀和桑给巴尔联合共和国正式宣告成立。

根据协议，正式名称为《坦噶尼喀共和国和桑给巴尔人民共和国联盟条款》，两国将联合为一个主权共和国，联合共和国首任总统由尼雷尔担任，另设两名副总统，其中第一副总统由卡鲁姆担任。他也是桑给巴尔的行政首脑，他作为联合共和国总统的主要助手，协助履行其在桑给巴尔的行政职能。条款规定：归联合共和国总统和议会（即中央）处理的事务有外交、国防、警察等 11 项；条款还规定在联盟成立后一年内召开制宪会议通过联合共和国宪法，而在此前的过渡时期将把坦噶尼喀宪法作为联合共和国的宪法，但桑给巴尔有单独的行政和立法权，坦、桑两地的现有法律仍将有条件地在各自的领土上生效等等。①

坦、桑联合是直接与两个原主权国家命运攸关的重大政治事件。它在成立过程中显现的以下特点对联合共和国后来的政治发展具有深刻影响：

其一，这是在领土面积和人口数量上悬殊的两个国家的联合。1964 年坦噶尼喀人口 900 多万；桑给巴尔人口 30 万。前者的面积和人口分别比后者大 355 倍和 30 倍。这样大的差距很容易给人以大国并吞小国的印象，实际上这也是作为小伙伴的桑给巴尔方面所始终担心的，因而它对维护自身法定的自治权特别敏感。

其二，联合是在桑给巴尔革命胜利后不久（仅一百多天）、

① E E Seaton and S T Maliti, *Tanzania Treaty practice*, Owford University Press, London, 1973, p. 151 – 154.

新政权立足未稳定之时仓促实现的，而且是双方少数领导人秘密谈判的结果。联盟条款最后当然经双方立法机构审议批准，但那仅仅是完成法律手续，而并未经过充分磋商，更未经全民讨论公决。据说，桑给巴尔领导层、内阁和革命委员会成员事先对联合一无所知，大部分成员特别是左派反对联合。25 日下午卡鲁姆召集革命委员会成员开会，不少委员缺席，审议时有不少人反对。但在卡鲁姆压力下，革命委员会最终批准了坦、桑联合。坦、桑联合问题当时在桑给巴尔国内及执政党内外也有很大阻力。桑给巴尔通讯社直到 25 日只字不发坦、桑联合的消息，卡鲁姆总统 24 日宣布坦、桑联合的讲话也未发表。26 日卡鲁姆召集在首都的乌玛党党员干部训话，威胁说："现在谁敢带人到我面前说不赞成坦、桑联合，我马上就用枪打死他。以后如果发现有人还继续在外面散布反对联邦的言论，也将被枪毙。"由此可见，由于联合比较仓促，事前未经充分讨论、磋商和全民公决这一民主程序，因此，在以后几十年中，桑给巴尔始终存在着合与分的斗争。

其三，联盟条款是背着巴布达成的。巴布既没有参加签署联盟条款的仪式，也没有参加桑给巴尔革命委员会审议和批准联盟条款的会议，当时他正在国外访问。巴布的缺席引起国际上许多猜测，西方报刊认为巴布反对联合，所以尼雷尔和卡鲁姆趁他不在国内之机采取行动。英国《观察家报》记者称此举是"尼雷尔智胜巴布"。对此，巴布作了反驳，说他支持联盟并希望这是走向东非统一和非洲统一的第一步。巴布回国后，很快便调任中央政府的部长。从后来巴布的言行看来，他对坦、桑联合特别是背着他那样做的方式以及对他本人在桑给巴尔事业的中断是有怨气的，[1] 只是当时迫于形势而接受了既成事实。

其四，应该一提的是美、英等国（主要是美国）政界和媒体对坦、桑联合的复杂反应。它们从冷战思维出发，以恐惧的心情看待桑给巴尔一月革命以及社会主义国家特别是中国与革命以后的桑给巴尔发展友好合作关系，认为这是“共产主义幽灵出现在桑给巴尔”（美国国务院情报研究司一份文件的题目），[2] 担心共产主义的影响从桑给巴尔扩大到整个东非以至南部非洲（美国驻坦噶尼喀大使给国务院电报的大意）；[3] 据说美国国务院曾制订一个“桑给巴尔行动计划”，其方案之一是推动成立东非联邦，“把桑给巴尔拉进来，使之中立化”，而第一步是成立桑坦联邦。[4] 如此说来，坦、桑联合的实现正中美国下怀。《纽约时报》1964 年 4 月 25 日的社论说，由于与坦噶尼喀合并，桑给巴尔成为非洲沿海的古巴的危险消除了，“我们现在看到了顶好的事情”。这是美国人高兴的一面。但他们又担心，《纽约先驱论坛报》4 月 25—26 日社论说：“不能完全忽视这样一种可能性：使桑给巴尔成为同共产党集团关系很好的‘人民共和国’的革命的左翼主义可能扩散到大陆。”《纽约时报》驻伦敦记者也报道说，英、美在伦敦的官员对桑给巴尔某些亲共领袖在长远上对尼雷尔的影响感到不安。

---

① 巴布在为 Amrit Wilson 著的《美国外交政策与革命——坦桑尼亚的创建》一书所写前言中，对坦桑统一完全持否定态度，说它是尼雷尔和卡鲁姆强加于两国人民的“政变”，是“人为和专横地制造出来的”，没有征求两国人民的意见等等。

② 阿姆利特·威尔森：《美国外交政策与革命——坦桑尼亚的创建》，1989 年，第 15 页。

③ 同上，第 32 页。

④ 同上，第 48 页。

三、中央与桑给巴尔政府分权问题

从宪政制度上说，坦桑尼亚联合共和国是一种特殊形式的联邦制国家。有的专家说它“具有某些联邦国家的特征，但并不符合真正联邦制的模式”（瑞典乌普萨拉大学法学所研究员亚·盖伊）。[①] 它与一般联邦制国家明显的不同是：没有像通常的联邦结构那样成立三个政府，既中央政府加上两个成员政府，而仅成立两个政府——联合共和国政府和桑给巴尔政府。坦噶尼喀（坦桑尼亚大陆）由中央政府直接治理而不另设政府。对于这种安排，在政府高层人士中不是没有异议的。尼雷尔于 1984 年初解释道：如果设立三个政府“势必增添官职，增加开支，不符合公众利益”。[②] 除了财政考虑之外，成立三个政府看来在行政上将带来更多麻烦，政治上也不利于联合。所以，20 世纪 90 年代初部分议员提出要另外增建坦噶尼喀政府的议案受到尼雷尔的严厉批评而未采纳。

1964 年双方签订的联盟条款确定了联邦政府和桑给巴尔政府的分权问题，以后，坦桑尼亚宪法经过多次修订，其中尤以 1965 年临时宪法、1977 年宪法和 1992 年宪法最重要，但基本原则没有改变。总的来说，联盟条款和后来的宪法规定了联邦制下中央政府通常享有的各种权利，某些方面后来还有所延伸和扩大，同时给桑给巴尔保留了较大的自治权以及参加中央政府和其他中央机构的许多平等权利甚至优待。

---

① 上海社科院法学所编译：《各国宪政府制度和民商法要览》1986 年，法律出版社。

② 《人民日报》1984 年 2 月 2 日。

（一）中央政府的权力

1964 年 4 月双方签订的《联盟条款》规定，以下事务归联合共和国议会和总统管辖：①联合共和国宪法和政府；②外交；③国防；④警察；⑤紧急权力；⑥公民身份；⑦移民；⑧对外贸易与借贷；⑨全国性公用事业；⑩所得税、公司税、关税和消费税；⑪港口、民航和邮电。1965 年临时宪法中又加了两条：①货币、银行与银行管理，外汇与外汇管理；②桑给巴尔公务员、警察和国防经费将在联合政府的预算中支付。

根据以上规定，联合共和国在外交上作了一些调整：原坦噶尼喀和桑给巴尔在联合国都有席位，联合后改由坦桑尼亚联合共和国取代两国而占有一个席位，原两国的驻外使馆也相应作了调整；原与桑给巴尔建交的国家在桑给巴尔所设大使馆降级为领事馆，等等。在国防上，联合共和国总统兼任军队总司令，有权调遣和指挥全国（包括桑给巴尔）武装部队；桑给巴尔人民解放军于 1966 年正式并入坦桑尼亚人民国防军，两地军队可在统一指挥下换防，及到大陆或桑岛训练演习。联合共和国总统有权按规定将有关法律扩大到桑给巴尔或废除桑给巴尔的相应法律，必要时有权在大陆和桑岛宣布紧急状态。全国货币和税制也实行统一。

中央权力的延伸和扩大主要与执政党的权力有关。1964 年的《联盟条款》没有关于党的规定。1965 年临时宪法首次规定坦桑尼亚为一党制国家，即在大陆只有坦噶尼喀非洲民族联盟（坦盟），在桑给巴尔只有非洲设拉子党，直到两党联合成一党为止。[①] 1977 年 2 月上述两党合并为坦桑尼亚革命党。同年 4 月，联合共和国议会通过的坦桑尼亚新宪法规定，革命党为坦桑尼亚唯一政党并按照党章“对一切事务行使决定性权威”；坦桑尼亚的一切政治活动和公共机构的一切活动都受革命党的指导、主持和控制。[②] 这一条规定与实施了十多年的 1965 年临时宪法相比，执政党权力的扩大显而易见。1965 年临时宪法规定：“坦桑尼亚的一切政治活动，除联合共和国国家机关、桑给巴尔的行政和立法机关……的政治活动外，必须受党的指导或在党的主持下进行。”[③] 1977 年宪法删去了“除……之外”的字眼，也就是把单一执政党的权力——“决定性权威”扩大到了国家机关和包括桑给巴尔在内的全国所有地区的一切事务，即宪法确立了党的至高无上的领导地位。[④] 同时，作为全国单一执政党，革命党还拥有提名桑给巴尔总统候选人的权力，而此前这一权力属桑给巴尔革命委员会。

冷战结束后，1992 年 5 月坦桑尼亚决定实行多党制，议会通过宪法修正案对宪法作了重大修改。其中包括删去党是联合共和国一切事务的最高权威、革命党垄断一切政治活动和有权监督与控制一切公共机构等条文，宪法明确规定“坦桑尼亚是一个多党民主国家”。[⑤] 革命党的法律地位虽有所削弱，但至目前，

---

① William Tordoff, *Government and Politics in Tanzania Part B Document*, Nairobi 1967, p. 209.

② 转引自 Aboud Jumbe, *The Partner-ship Tanganyika Zanzibar Union: 30 Turbulent years*, Amana Publishers Tanzania 1994, p. 66.

③ William Tordoff, *Government and Politics in Tanzania Part B Document*, Nairobi 1967, p. 209.

④ Aboud Jumbe 上引书，p. 61.

⑤ Harrison George Mwakyembe, *Tanzania's Eighth Constitutions Amendment and It Implication on Constitutionalism, Democracy and the Union Question*, Ifamberg 1995, p. 161.

仍处于执政地位。

（二）桑给巴尔的自治权和在中央机构的地位

1964 年的联盟条款和后来的宪法允许桑给巴尔有单独的行政、立法和司法机构，同时给予桑给巴尔参加中央行政和立法机关的宪法权利。桑给巴尔享有的这些权利远远大于其按面积和人口的比例，是优越的。也就是说，桑给巴尔享有较大的自治权和来自中央的特别优待，当然要以坚持联合为前提。

1. 行政机构。桑给巴尔依法保持单独的行政制度。它有自己的政府，1977 年后的正式名称是坦桑尼亚桑给巴尔革命政府，其首脑也称总统；最高权力机构是革命委员会。起初桑给巴尔总统由革命委员会推选，1979 年后改由桑给巴尔民选（候选人由单一执政党提名）。桑给巴尔政府各部长官由桑给巴尔总统任命桑岛人担任，中央政府不加干涉。

在中央政府中，在尼雷尔担任联合共和国总统期间（1964—1985 年），桑给巴尔总统卡鲁姆和他的继任者阿布德·琼布先后担任联合共和国第一副总统，作为总统在桑给巴尔行使职权的主要助手，第二副总统最初由来自大陆的卡瓦瓦担任，协助总统管理大陆等事务。

1977 年后的宪法规定，联合共和国总统和副总统由全国选举产生，但不能由大陆或桑岛任何一方包揽。也就是说，如总统是大陆人，副总统必须是桑岛人，如总统是桑岛人，副总统必须是大陆人。1985 年继尼雷尔之后为联合共和国总统的姆维尼来自桑岛，他的第一副总统兼总理先后由来自大陆的马莱塞拉和瓦里奥巴担任，第二副总统先后由桑岛总统瓦基勒和阿穆尔充任。

1995 年在坦桑尼亚首次多党大选中当选的姆卡帕总统是大陆人，副总统一职即由桑岛人奥马尔·阿里·朱马担任（不再设两个副总统）。根据1994年底的一项宪法修正案，朱马是作为总统的竞选伙伴当选的，不兼任桑给巴尔总统。现任桑给巴尔总统是萨勒明·阿穆尔。除总统和副总统之外，还有为数不少的桑岛人照例在历届中央政府中担任部长、副部长及驻外使节等高级职务。如联合后首届中央政府来自桑岛的部长（包括副总统）有5人，占整个内阁成员（21人）的近1/4。现任非统组织秘书长萨利姆是桑岛人，他出任现职前担任过坦桑尼亚驻联合国大使、外长和总理等要职。坦桑尼亚首任驻美大使沙里夫也是桑岛人。

2. 立法机构。1964年成立联合共和国前，坦葛尼喀的立法机构是议会，它由总统和国民议会组成：桑给巴尔的立法机构是革命委员会（兼）。联合之后，坦噶尼喀议会和国民议会改称坦桑尼亚议会和国民议会，而桑给巴尔革命委员会继续作为桑给巴尔单独的立法机构，直到1979年才为新设的代表院取代。桑给巴尔代表院的议员最初也不像大陆那样按选区直接选举产生，而是按桑给巴尔的规则主要由各级革命委员会成员及其他推举的人所组成。1984年后，大多数议员才改由民选产生，只有少数议员由桑给巴尔总统指定。①

同时，坦桑尼亚宪法规定，桑给巴尔在中央议会——坦桑尼亚国民会议中占有高比例的席位。20世纪60年代末，在坦桑尼亚国民议会的约180个议席中，桑给巴尔人可占55席，其中包括30—32名桑革委员会成员、3名行政区（省级）专员、20名由联合共和国总统提名的来自桑给巴尔的议员（包括在中央政

---

① 新华社新闻稿，1984年10月12日。

府任职的部长)。[①] 1977 年修改后的宪法，继续保留了此规定。宪法还规定，由共和国总统提名的 20 名以内的来自桑给巴尔的议员需要事先征得桑给巴尔总统的同意或经与桑给巴尔总统协商。

桑给巴尔还有自己的宪法。1979 年桑给巴尔宪法规定了三权分立（此前革命委员会一身兼三任：既是行政、立法机关，又是最高司法机关)。根据 1984 年 10 月 10 日通过的宪法，桑给巴尔可有自己的国歌。[②]

3. 司法机构。桑给巴尔的自治权明显反映在以下规定和事例上：①联盟条款和后来的宪法明文规定桑给巴尔可有单独的司法机构，而不从属于联合共和国司法系统；桑给巴尔最高司法长官高等法院的大法官由革命委员会任命（后由桑给巴尔总统任命)。②坦桑尼亚宪法规定，桑给巴尔高等法院享有与联合共和国高等法院并行的法权。③1977 年宪法规定设立的联合共和国特别宪法法庭由联合双方按平等代表权原则组成，其成员的一半由中央政府从大陆人中任命，另一半由桑给巴尔政府从桑岛人中任命。特别宪法法庭的职责是处理和解决在中央政府和桑给巴尔政府之间因解释和执行联合共和国宪法上出现的争端。

4. 政党制度。坦、桑联合后的最初十多年（1964—1977 年）中，桑给巴尔有自己独立的政党。根据 1964 年的联盟条款和 1965 年的临时宪法，坦桑尼亚实行一党制，但事实上存在着两个党：大陆的坦葛尼喀非洲民族联盟（坦盟）和桑给巴尔的非洲设拉子党。作为桑给巴尔唯一执政党的非洲设拉子党在坦桑

① Anthony clayton, *The Zanzibar Revolution and Its Aftermath*, London 1981, p. 131.

② 新华社新闻稿，1984 年 10 月 12 日。

尼亚的全国事务中也有宪法地位，在全国大选前与坦盟举行联席会议，共同推举联合共和国总统和副总统的候选人。而桑给巴尔总统的候选人则由桑给巴尔执政党和革命委员会自行推举，坦盟无权过问。这种情况到 1977 年两党合并成立革命党后才改变。

按桑给巴尔惯例，桑给巴尔总统也是执政党主席：两党合并后，桑给巴尔总统就成了革命党分管桑给巴尔的副主席。如果桑给巴尔人在全国大选中当选为总统，他也可能成为革命党的主席。姆维尼就是实例。

1992 年坦桑尼亚宣布实行多党制特别是 1995 年举行多党大选后，革命党虽仍是执政党，但其地位尤其是在桑给巴尔的地位受到了严重挑战。

5. 征税权。1965 年临时宪法（第 70 款）和 1977 年宪法（第 79 款）都授予联合共和国议会在联合共和国（全境）内立法征税的权利，但同时规定此条款不限制或不排除桑给巴尔拥有“在其权限范围内征税”的权利。[①] 即桑给巴尔享有一定程度的单独征税权。据透露，有些依法由中央管理的所得税、关税和消费税，桑当局在征收后“从不转汇”给中央有关部门 1977 年后建立的“统一基金”（Consolidated Fund）。[②]

此外，桑给巴尔还在出入境管理和军务上行使自治权或表现其独立性。

在入境方面，来自大陆的访问者在进入桑给巴尔时需要出示护照、签证或其他官方旅行证件。桑给巴尔海关对来自大陆的产品同样征收关税，据说有时候桑方对来自大陆的人员和货物限制

---

① William Tordoff 前引书，第 229 页；A. Jumbe 前引书，第 46 页。

② H. G，Mwakyembe. *Tanzania's Eighth Constitutional Amendment and Its Implication on Constitutionalism*，*Democracy and Union Question* Hamberg 1995，p. 188.

得比来自其他地方的还严格。[①]

在出境方面，桑给巴尔政府在1969年宣布任何娶了桑给巴尔姑娘为妻并要将她带往大陆的人必须偿付桑岛为培养她而花费的医疗和教育费。桑岛人要前往大陆也需要持有出境许可证。

在军务上，桑军虽自1966年3月起成为坦桑尼亚人民国防军的一部分，桑军部队有时也派驻大陆，但大陆部队只被允许少量地派驻桑给巴尔两大岛之一的奔巴岛，在其主岛——翁古贾岛的几个军事中心都不派驻大陆部队。桑军司令和各级指挥官当然由桑给巴尔人担任。

四、坦、桑联合在不断化解矛盾中前进

坦，桑联合有历史、民族、文化、思想意识和地理等多方面的深厚基础及一定的国际条件。联合对大陆和桑岛的政治稳定和长期的经济发展都有益。但它们毕竟原是两个国家，不仅大小悬殊，而且在许多方面存在着许多很大差别。例如，在政治制度上，坦噶尼喀是总统议会制，桑给巴尔则由革命委员会主宰一切；在民族关系上，坦噶尼喀各民族、部落相对和谐，桑给巴尔的少数民族阿拉伯人历史上是统治者和大地主，革命后成了被统治和被剥夺者，桑岛的两部分——奔巴岛与翁古贾岛的居民之间历来就有隔阂；在宗教信仰上，坦噶尼喀多数人信基督教或各种拜物教，信伊斯兰教的是少数（尽管绝对数比桑岛多），而桑岛95%—98%的人是穆斯林，可说已伊斯兰化；在对外关系上，坦噶尼喀与西方关系很好，接受西方援助，而桑给巴尔与社会主义

---

① A. Claylon 上引书，p. 132.

国家尤其是中、苏、民主德国和古巴友好，接受这些国家的援助，而与美、英关系紧张，等等。因此，双方欲在体制、内外政策上实行一体化会遇到许多矛盾和困难。直至联合 7 年以后，1971 年尼雷尔还说，联盟存在的问题很多，一个由两个国家组成的联盟绝不可能没有困难。两个有着十分不同的近代历史的主权国家的政策必须合而为一，国际贸易协议和十分不同的关税结构必须统一，等等。还必须制定出一种能够使两个在面积和人口上悬殊的国家在单一制度下得到公平表现的制度。① 事实上，联合 45 年来，矛盾时有发生，甚至出现危机，所幸双方领导人都能以大局为重，尤其是在尼雷尔的领导下，不断化解矛盾克服困难，绕过一个又一个急流险滩，使联合不断得到巩固和加强。

（一）统一外交事务

联盟条款规定，外交归联合共和国管辖。但联合后在统一外交事务过程中出现过不少矛盾，甚至几乎导致联盟破裂。首先是处理两个德国关系问题。桑给巴尔革命后，民主德国是第一个承认桑给巴尔革命政府的国家，并迅即向桑给巴尔提供援助，帮助其建立电台，建设医院和城市住房。坦桑尼亚大陆与联邦德国有外交关系。联邦德国向大陆提供援助，并帮助训练海、空军。联合之初，桑方要求保持与民主德国等社会主义国家的外交关系，尼雷尔起先答应同时承认两个德国。但按照联邦德国外交原则，不同与民主德国有外交关系的国家建交。后尼雷尔宣布驻桑给巴尔外交使团都降格为领事馆，民主德国和桑给巴尔都不予理睬。大陆建议在达累斯萨拉姆建立民主德国总领事馆，遭联邦德国反

① 尼雷尔：《独立后十年》，载 Nyerere，*Freedom and Development*（尼雷尔著：《自由与发展》论文集），Oxford University Press，Tanzania，1973，p. 276.

对。迫于联邦德国的压力，大陆只想在商务上承认民主德国，引起桑给巴尔政府强烈不满，卡鲁姆在桑给巴尔革命委员会和内阁会议上宣布坦噶尼喀破坏桑给巴尔与民主德国的关系，说除非承认民主德国，否则不要联邦。1964 年 5 月 4 日卡鲁姆去坦噶尼喀会见尼雷尔，经过争吵之后，尼雷尔再次口头同意同民主德国保持外交关系，允许民主德国建立总领事馆。联邦德国坚决反对，立即撤走其训练海、空军的人员并宣布不再给新的官方援助，坦方对此做出强烈反应，命令所有联邦德国技术人员离开坦。因两个德国问题引起的坦、桑紧张关系由此而缓解。外交工作上很快统一了驻外代表机构，驻桑给巴尔外交使团都改为领事馆。此后，卡鲁姆有时在外交上独立行事或发表一些与中央政策相左的言论，还曾考虑桑给巴尔单独向国外派出常驻代表机构——贸易代表处，等等，中央政府采取某些重大外交行动不同桑方商量也使桑方不满，对于这些，尼雷尔态度谨慎，采取容忍和多做工作的方针，使分歧不公开化并尽力弥合。

琼布执政后，桑给巴尔在内外政策上逐步统一同大陆的步调，对于重大国际问题很少单独发表意见，但对周围邻国采取比较灵活的做法，跟周边国家有单独往来。

（二）军队合并

坦、桑联合时，坦噶尼喀军队正处在一月革命后的重建过程中，而革命后创建的桑给巴尔人民解放军也正进行扩编。1964 年 8 月 19 日负责国防的第二副总统卡瓦瓦和坦军高级军事代表团到桑给巴尔商谈军队统一问题。双方出现一些分歧，主要是：

1. 训练中心问题。坦方希望桑方把军队训练中心移到大陆，桑方反对。理由是正在修建自己的训练中心。

2. 关于聘请外国专家帮助训练问题。坦方提出让桑方军官去英国或联邦德国等国受训。桑方坚持由苏联、中国等社会主义国家帮助训练。不久，坦方与英国、联邦德国关系闹僵，坦方军队在训练等方面转向加拿大和中国求助，与桑方分歧随之淡化。作为一种妥协，桑方在20世纪60年代末逐步以中国顾问取代苏联顾问。①

3. 军队政治制度问题。桑方军队实行政治委员制并要求坦方军队也建立这种制度，坦方最初未接受，但到1964年11月尼雷尔决定在坦方军队中推行政治委员制。

双方军事代表团会谈结果决定桑军和坦军在联合共和国的领导下，各有自己的司令部。10月6日坦《旗帜报》报道了坦、桑军队合并的总统法令。1965年8月军队的编制、供给等统一起来，军费由中央政府供给。在此基础上，桑军于1966年3月正式并入坦桑尼亚人民国防军。

（三）内政管理

坦、桑在“阿鲁沙宣言”和坦盟“指导方针”中规定：领导人不得在任何私营企业中拥有股份，不应拿双薪，不应出租房屋，等等。卡鲁姆感到这是个威胁。卡鲁姆时期基本保持了桑给巴尔政治经济的自主性，不允许大陆干预其内政。桑当权派生活日益腐败，娶小老婆，建别墅。许多人在桑岛都有房产。卡鲁姆本人有大批房子，国外有大量存款。1971年3月16日，卡鲁姆在群众集会上讲话公开批评“阿鲁沙宣言”。

在对待亚洲人问题上，尼雷尔认为当前主要敌人是帝国主义、殖民主义和南非种族主义政权，印巴人不是主要问题，对印

---

① A. Clayton, *The Zanzibar Revolution and Its Aftermath*, C. Hurst & Co. Publishers ltd. London, 1981.

巴人也应具体分析，不能把剥削同种族混为一谈。1970 年下半年，卡鲁姆加紧打击排挤印巴人，宣布停发一切桑给巴尔印巴人的商业执照，同时鼓吹异族通婚，为当权派强娶亚洲少女作小老婆创造条件。结果定居在桑给巴尔的印巴人、波斯人纷纷外逃，他们经营的商店纷纷倒闭。

对于卡鲁姆的离心倾向，尼雷尔耐心做工作，进行争取，并注意加强大陆和桑岛人民的交往。桑给巴尔在闹独立的同时，仍留有余地。尼雷尔在桑给巴尔人民中威信较高，桑给巴尔广大群众也是拥护联合的，因此，坦、桑之间尽管在一些具体问题上有矛盾，但联合不会破裂。

（四）两党合并

1972 年 4 月 7 日，卡鲁姆遇刺身死，琼布上台。琼布执政后，对卡鲁姆后期的内外政策做了调整，加强坦、桑联合。非洲设拉子党新党章规定要维护、促进坦桑联合并使之永久化，在内外政策上逐步统一同大陆的步调。

琼布在任期间最重要的政绩是解决了两党合并问题。联合初期尼雷尔就试图搞两党联合，因桑给巴尔领导层反对和抵制，卡鲁姆独立离心倾向严重而被搁置。琼布执政后，1975 年 9 月，尼雷尔提出坦盟和设拉子党合并，经过两党各级组织的讨论研究，制定出新的党章草案。1976 年 6 月 15 日，琼布在非洲设拉子党全国委员会会议上宣布，该党原则上同意尼雷尔的建议与坦盟合并成为一个党，但强调党的政治活动不能渗透到联合双方的行政机构中去，建议成立由双方对口、对等的代表组成的一些委员会，讨论组成新党、修改宪法等问题。他建议规定“凡对联合机构、政府和革命委员会的机构作出任何政治决定时，必须由大陆和桑岛组成的新党全国执政委会代表的 2/3 以上多数通过”，并载入宪法。可见，桑给巴尔同意两党合并是有条件的，目的是合并后仍保持其一定的独立性。在两党成员中举行公决的结果大部分党员支持合并，坦盟6389个支部中只有6个支部反对合并，非洲设拉子党257个支部都同意拟议中的改组方案。[①] 当年11月5日两党全国执委会通过了新党章草案。大陆对桑岛作了让步，新党章规定党的代表大会是最高权力机关，其一切决定都需由坦、桑两地各有2/3代表的同意。这意味着桑给巴尔对一切问题都拥有否决权，从而在法律上保证桑给巴尔可通过其政府机构对非联合事务（财政、经济、司法等）行使主权。按这个规定两党合并后，桑给巴尔仍将保持很大的独立性，原设拉子党的机构、人事、活动等不会有多大变动。

1977年1月两党正式合并。桑给巴尔保留革命委员会作为众议院和其他一些半自治的部门。同时，联合共和国国民议会通过一部永久性坦桑尼亚宪法，承认桑岛的特殊地位，保留革命委员会并授权单独成立内阁，增加桑岛议会选举席位名额。

（五）平息1983年反联合风潮

20世纪80年代初，对联合不满的一股暗流在桑岛愈演愈烈，1983年成为轩然大波。1983年革命党发动一个全国性宪法大讨论，广泛搜集人民对于1977年联合宪法的修改意见，1983年2—9月收到了9335个提案，大部分要求迅速修改宪法，立即实行多党制，议会权力至上，重新磋商联盟条款。[②] 辩论的主要

---

① Rodger Yeager: *Tanzania An African Experiment*, West view press, Colorado, 1982, p. 74.

② H. G. Mwakyeme: *Tanzania' Eighth Constitutional Amendment and Its Implication on Constitutionalism*, Democtracy and Union Questions, Munster and Hamburg, Lit Verlag, 1995, p. 155.

核心是：卡鲁姆和尼雷尔于1964年4月22日签订的联盟条款是否合法有效？联合政府是中央集权制，还是联邦制，或是临时性准联邦结构，随着时间推移最后成为中央集权制？一些桑给巴尔人认为：①1964年的联盟条款规定，桑岛单独设立立法和行政机构，但其后的发展使桑给巴尔的自治和特殊性遭到破坏。②桑给巴尔在外交方面代表权不足，外援及外国投资的分配比例不公平，桑给巴尔强烈感到同大陆联合拖了自己后腿，使自己陷入“欠发达”地位。1983年12月，桑给巴尔组织高级官员和议员讨论联合问题，以桑给巴尔首席部长法克为首的一批高级官员包括桑给巴尔计划国务部长、桑给巴尔革命委员会秘书长等人反对大陆进一步加强控制，要求将联合变成松散的联邦，建立三个政府，扩大桑给巴尔革命政府的自主权。

琼布指示桑给巴尔总检察长巴希尔·克·斯万齐对联合以来的法规包括1964年联盟条款、1965年临时宪法和1977年宪法进行研究后，写信给尼雷尔，对联合的合法性提出异议，这些使尼雷尔深感不安，迫使他下决心对桑岛的反联合势力进行反击，采取断然措施，将桑军司令部下属部分官兵和桑给巴尔部分省的警察专员调到大陆，并将大陆军队2000人派往桑岛（在卡鲁姆时期，大陆军队是不让进桑岛的），实行军事控制。然后，于1984年1月24日在多多马召开革命党全国执行委员会紧急会议，尼雷尔向来自桑给巴尔的代表保证，修改宪法不会以中央集权把桑给巴尔吞掉，① 指责桑给巴尔有些人破坏联合，要追查有关人员责任，致使琼布和三个部长提出辞职，其中包括桑给巴尔首席部长。

① Mickael Hodd：*Tanzania After Nyerere Pinter Publishers*，London，1988，p. 189.

琼布在1984年1月革命党执委会特别委员会上辞去党内外一切职务，原副总统办公室国务部长姆维尼当选桑给巴尔总统，不久又当选为联合共和国总统。一场反联合风潮遂告平息。

（六）多党民主化浪潮对坦、桑联合的冲击

在席卷非洲的政治民主化浪潮中，坦桑尼亚革命党及其政府对实行多党制问题一开始就采取主动。尼雷尔1990年1月访问东欧国家回国后，2月份在一次记者招待会上就表示坦桑尼亚可以考虑实行多党制，说一党制状况不应当是神圣不可侵犯的。革命党正式提出在全国范围内公开讨论是否实行多党制问题。1991年2月任命总统委员会，负责在全国调查各界人民对国家未来政治体制的意见。

1991年11月，总统委员会完成其调查任务并提出有关建议。调查结果表明：在大陆主张继续实行一党制者占80%，要求实行多党制者占20%；在桑给巴尔主张一党制者占45%，主张多党制者占55%。① 总统委员会认为，尽管要求实行多党制的是少数，但在当前形势下还是实行多党制对国家有利。

1992年1月17—20日革命党全国执委会在首都多多马开会，所有117名执政委员会成员一致同意总统委员会关于实行多党制的建议。但是对建立新政党的条件作了严格的限制和规定。在此前后，坦桑尼亚国内陆续成立了一些反对派组织，提出了解散现政府、实行多党制等要求，有些党派如全国建设与改革大会（1991年成立）、多党民主联盟（1991年10月成立）和公民联合阵线（1992年6月由另两组织合并而成）的桑给巴尔派等都

① 裴善勤：《坦桑尼亚革命党决定在坦桑尼亚实行多党制》，新华社达累斯萨拉姆1992年2月20日电讯。

要求重新讨论坦、桑联合问题，有些党和少数桑岛不同政见者公开主张解散或脱离联盟，桑给巴尔实行“独立”；此外，有些人试图以宗教为旗帜或成立全由桑岛人组成的政党。针对这种反联合的倾向，尼雷尔和革命党领导人态度十分强硬，明确宣布革命党是坦桑尼亚全国的执政党，革命党决定实行多党制是全国范围内的事，将来新政党必须是全国大陆和桑岛都有党员的全国性政党，决不允许以部族、宗教或地区为基础成立新党。将来的多党民主大选也是全国性的。桑给巴尔总统阿穆尔和首席部长朱马明确表示：“那些想乘实行多党制之机分裂大陆和桑岛联合的人只能玩火自焚。”尼雷尔也警告说：“谁破坏联合，谁就要犯叛国罪，就要被立即处置。”[1] 革命党全国大会正式通过决议指出，未来政党注册的条件，必须是包括大陆和桑岛都有党员的全国性政党，而不是以部族、宗教、地区、性别、职业或肤色为集团基础的派别；所有政党应共同努力，担负起维护坦、桑统一（即大陆与桑岛联合）的历史使命，保证和尊重全体人民的民主权利，任何政党都不准以武力或其他手段破坏国家的统一。[2] 革命党和坦桑尼亚政府的这一政策对遏止分裂倾向和维护国家统一有重要意义。

（七）桑给巴尔革命政府加入伊斯兰会议组织的风波

桑给巴尔人口95%—98%是穆斯林。[3] 20世纪90年代桑给巴尔迫切希望发展经济，急需资金，而大陆无力筹措。阿曼向桑

---

① 裴善勤：《坦桑尼亚革命党决定在坦桑尼亚实行多党制》，新华社达累斯萨拉姆1992年2月20日电讯。

② 同上。

③ 阿夫里尔·莫利森：《坦桑尼亚人避开选举“抽签法”》，载英国《每日电讯报》，1995年9月22日。另据《1994/95年世界知识年鉴》称：桑给巴尔居民95%以上信奉伊斯兰教。

给巴尔提供了巨额援助。为争取外援，在阿曼等国的推动下，1992年12月1日由坦桑尼亚外交和国际合作部长迪里亚签署，桑给巴尔革命政府正式加入伊斯兰会议组织，以便从该组织的伊斯兰发展银行获得条件优惠的贷款（只有伊斯兰会议组织成员才享受这种待遇）。不久《火焰报》对此作了报道。1993年1月9日桑给巴尔革命政府首席部长办公室国务部长阿卜杜拉·夏班在举行的记者招待会上证实了此事，但表示此举不会影响坦、桑联合。1月28日姆维尼总统撤换了外交和国际合作部长迪里亚的职务并发表讲话说，桑给巴尔加入伊斯兰会议组织是出于社会和经济的原因，没有任何政治和宗教企图，显然不想激化矛盾。2月坦桑尼亚联合议会宪法和法律事务委员会发表调查报告，指出桑给巴尔加入伊斯兰会议组织违反联合宪法，桑给巴尔应立即退出该组织，并要求追究有关领导人的责任。8月联合议会讨论桑给巴尔加入伊斯兰会议组织事件，同月13日马莱塞拉总理和桑给巴尔总统阿穆尔分别在联合会议和桑给巴尔议会上宣布桑给巴尔退出伊斯兰会议组织的决定。15日司法和宪法事务部长西塔在联合会仪上说，政府承认桑给巴尔加入伊斯兰会议组织违反联合宪法。他呼吁议员们在此事并未损害联合的情况下不要再追究。此事就在不伤坦、桑双方感情的情况下和平地解决了。

（八）关于建立坦噶尼喀政府的问题

根据联盟协议和后来的宪法，坦、桑联合后只成立两个政府——联盟政府即中央政府和桑给巴尔政府，原坦噶尼喀的事务由中央政府直接管理。1992年坦桑尼亚宣布实行多党制后，一些新建反对党提出了包括建立三个政府取代现行两政府体制在内的各种要求。在其影响下，1993年8月，大约55名国民议会议员联名支持一项动议：要求在联盟内建立坦噶尼喀政府。这个被称为“55 人集团”的议员都是革命党成员。有人认为，他们这样做是为了抢先要做反对党要做的事，是一种政治上的生存战略。① 坦桑尼亚政府总理马莱塞拉原来反对这项动议并建议他们撤回，但遭拒绝。议会经激烈辩论后一致通过了这项动议。尼雷尔得悉此事后，于 1993 年 10 月下旬召开记者招待会指出该动议破坏联合，谴责坦党、政、议会领导人未能保护神圣的联盟。但议员们坚持己见，连宪法事务部长也表示鉴于它是议会依法通过的，故而是有效的。1994 年 7 月，尼雷尔再次召集记者，宣布任何反对革命党联盟政策的人应辞职加入反对派。8 月初，革命党召开全国执委会，尼雷尔到会并呼吁撤销上述动议。最后，全国执委会正式通过决议反对成立坦噶尼喀政府而继续奉行两政府体制。此前，革命党在 130 万党员中进行舆论投票，结果 61.75% 赞成现行体制。姆维尼总统在全国执委会上劝告议员们以民主精神接受这一投票结果并说全国执委会上注意到另外 29.21% 党员的意见，主张在将来建立单一政府的联盟结构。在此情况下，议员们采纳了全国执委会的决定，不久撤回有关建立坦噶尼喀政府的动议。② 这一历时一年可能损害坦、桑联盟并引起革命党分裂的事件遂告平息。但不久，主要来自桑岛的公民联合阵线等六个反对党的领导人在 1995 年 1 月开会，再次提出制定新宪法和建立坦噶尼喀政府的要求。政府未予采纳。只要革命党继续执政（包括在桑岛），这个问题看起来不会再被提上议事日程。

---

① Max Mmuya & Amon Chaligha：*Political and Democracy in Tanzania*, Dar es Salaam, University Press 1994, pp. 151 – 152.

② 同上，pp. 151 – 155.

五、坦、桑联合的前景与经验

（一）发展趋势

坦、桑联合已经历45年风雨（1964—2009年）。期间尽管出现过不少困难和问题，但总的来说，联合不断加强。卡鲁姆时期实现了外交、国防、军队和警察的统一；琼布时期两党实行了合并，发生在内外政策上的矛盾也有很大缓解；姆维尼时期大陆和桑岛政治经济的一体化进一步发展。90年代实行多党制后，尽管少数人（主要是以桑岛为基地的反动派）公开打出分离主义旗号，但绝大多数人主张保持联合。据1994年2月达累斯萨拉姆大学社会政治系发表的该系对坦桑尼亚八省（包括桑给巴尔南方省）的农村调查报告，87%的人赞成保持联合，只有13%的人主张分离。

事实上，桑给巴尔分离主义者想搞独立的企图在可预见的将来是难以得逞的。除了上述民意即人心所向外，还因为：①革命党至今牢牢控制着国家政权（包括桑岛政权），它不会允许桑岛分离。②桑给巴尔分离主义势力主要限于奔巴岛一隅，在主岛翁古贾岛上力量不大，翻不起大浪。③桑给巴尔在许多经济领域要依赖大陆，如电力靠大陆供应，燃料、建材、大米等需从大陆进口；由于桑给巴尔缺乏大的港口，许多进口货物要通过大陆转运。所以，经济易受大陆控制。④大陆有较强兵力，而且桑给巴尔主岛离大陆仅35公里的一海之隔，一旦有事，可出动军队迅速控制局势。

因此，坦、桑联合的局势将长期保持，逆转的可能性甚微。在政府体制上，尼雷尔和革命党的长远目标是建立单一政府，达到大陆与桑岛的完全统一；单从目前形势看，无论三政府体制或者单一政府体制都不现实。最大可能是长期维持目前的两政府体制。国内外人士担心尼雷尔去世后坦、桑联合的前景，有些人甚至预言会解体。而事实上，1999 年尼雷尔去世后坦桑尼亚政局和社会稳定，经济平稳向前发展。鉴于以上分析，加之坦、桑联合有深远的历史文化和思想基础以及当代非洲地区合作的总趋势，坦、桑联合的事业不会中断而将继续向前缓慢发展。

（二）经验教训

坦、桑两个历史上从未统一，独立时具有不同政治经济制度、民族构成、宗教状况和对外关系的国家，能够自愿地、和平地合而为一成立联合共和国，形成一种特殊的联邦制形式，这是当代非洲乃至世界政治史上罕有的现象。它们的经验值得探讨研究。

1. 在政治思想上高举双方能共同接受的旗帜——泛非主义。泛非主义思想最早是 19 世纪由非洲民族主义先驱布莱登提出的，以后由杜波依斯等人继承和发展，对非洲民族解放运动影响很大，在 20 世纪 50 年代末 60 年代初非洲民族独立运动高潮中达到顶点。其最高理想是建立"非洲合众国"，包括建立统一的军事司令部。而建立地区性联盟（Union）或联邦（Federation）是达到这一理想的阶段目标。当时一些新独立或即将独立的非洲国家曾尝试这样做，例如马里与塞内加尔的马里联邦，加纳与几内亚的联盟（后扩大为包括马里的加—几—马联盟）等。最大成果是 1963 年非洲统一组织的成立。2001 年 7 月，在非统的基础上成立了非洲联盟，同时通过了"新非洲倡议"，同年 10 月更名为"非洲发展新伙伴计划"（NEPAD）。这是泛非主义思想新的发展和实践，标志非洲进入了 21 世纪新的发展时期。泛非主义是当时非洲民族独立运动内部各派都公开推崇的思想，左派及激进派也好，温和派或右派也好，以至马克思主义者都能接受。尼雷尔高举泛非主义旗帜——他宣称坦桑联合是建立东非联邦的第一步，卡鲁姆、汉加以至巴布等桑给巴尔领导人都表示（也不能不表示）同意。尽管尼雷尔在坦桑尼亚推行“乌贾马社会主义”政策受到挫折，经济出现困难，但泛非主义思想，仍是非洲走向真正独立、联合自强和一体化的旗帜。

2. 审时度势，抓住有利时机，果断提出联合方案，并争取主要领导人的支持。坦、桑联合无疑首先是尼雷尔的主张。而尼雷尔能够获得成功的关键是他审时度势抓住了有利时机。1964年桑给巴尔一月革命后局势未定，革命队伍内部三派卡鲁姆派、“亲苏”的汉加派和“亲华”的巴布派明合暗争；后两派尤其是巴布派的势力迅速发展，并有武装力量支持。卡鲁姆虽是第一把手，但自感地位不稳，加上社会治安问题，主要靠大陆借来的300名警察维持局面。尼雷尔显然看到卡鲁姆的这个弱点或者说卡鲁姆迫切需要大陆支持的形势，及时果断决策，用泛非主义作号召，以撤走武装警察为要挟，促使卡鲁姆接受他的联合建议。可以说，当时卡鲁姆等三派都处在立足未稳之时，这有利于尼雷尔实现联合的主张。当时还盛传尼雷尔和卡鲁姆是趁反对立即联合的巴布出访之机完成联合步骤的，即所谓“尼雷尔智胜巴布”（英国《观察家报》），使巴布回国时面对既成事实，只好就范。这实际上也是抓住了时机。

3. 联合要在双方（尤其是弱小一方）都能得益的情况下才能实现和巩固。鉴于桑给巴尔在面积和人口上与坦噶尼喀相差悬殊，容易产生被吞吃兼并的担心，故在联盟条款和历次修改的宪法中在规定外交、国防、警察等等必须由中央统一管理的条款后，都给桑给巴尔以较大的内政自治权和参与中央立法及行政的权利，在人数比例上享受明显的优待。这有利于打消桑给巴尔对大陆的疑虑，接受和保持同大陆的联合。

4. 对出现的矛盾和分歧只要无损联合大局，不妨采取容忍、妥协让步或耐心等待的对策，避免激化矛盾；但对领导层中危及联合的分离倾向决不姑息迁就。这是尼雷尔在处理联合问题上既有原则性又有灵活性的表现。如联合之初尼雷尔在外交上处理两德问题时对桑给巴尔做出了让步，导致与联邦德国关系中断，失去联邦德国对大陆的经济和军事援助，但保住了坦、桑初期脆弱的联合。以后，尼雷尔在军队统一和两党合并等重大问题上都耐心等待，条件成熟时再行解决。对于卡鲁姆在桑给巴尔内政上的自行其是，涉外事务上的个别越轨言行和经济上的只顾局部利益行为，尼雷尔为维护联合大局也都没有干预或公开指责。但他对分离主义倾向高度警惕，毫不留情。如对 1983 年反联合潮采取了断然措施，迫使这次风潮的幕后指使者副总统琼布辞职，接着推举坚决支持联合的姆维尼继任琼布的党政职务，后又支持姆维尼接任联合共和国总统，维护了联合大局。

5. 政府体制采取两个政府（中央和桑给巴尔）联合或联盟的形式，而不是三个政府（中央加桑给巴尔与坦噶尼喀）的联邦形式。坦、桑联合协议和后来的宪法规定，坦噶尼喀（坦桑尼亚大陆）的事务由联合共和国政府（即中央政府）管理，不另设坦噶尼喀政府。这看来确是尼雷尔处心积虑的安排，它有利于坦、桑从联合或联盟（Union）最终走向统一（Unification）。而三个政府不利于最终统一的长远目标，相反埋伏着联盟分离的种子。正是因为这个缘故，尼雷尔在 20 世纪 80 年代初和 90 年代初两次坚决制止了关于在现存两政府之外再成立坦噶尼喀政府的要求和议会动议。

6. 从政治一体化走向经济一体化，密切大陆与桑岛的经济联系，构筑和发展政治联合的经济基础。坦桑尼亚政府在这方面作了努力，如规定统一关税，发行统一货币（坦桑尼亚先令），将桑给巴尔的发展计划逐步纳入全国计划，促使大陆与桑岛银行之间的合作，大陆为桑岛供应电力、燃料、建材、食品和其他日用品，为桑岛进口贸易提供港口服务，等等。这些经济联系和合作促进了双方（尤其是桑岛对大陆）的依存关系，对政治联合起了巩固作用。不过，由于坦桑尼亚大陆自身的经济实力和经济政策问题，也由于桑给巴尔的单一经济结构（主要靠丁香一种出口作物）和它在财政经济上一贯的独立倾向，坦桑尼亚经济的一体化程度至今尚不高，而利益矛盾和纠纷则频频出现，这不利于政治联合。因此，如何进一步密切两地的经济联系和真正实现经济一体化是坦桑尼亚面临的重大课题。

7. 军队的统一指挥是坦、桑联合的可靠保证。坦、桑联合前两国各有军队——坦噶尼喀国防军和桑给巴尔人民国防军。1966 年坦、桑两地军队正式合编为坦桑尼亚人民国防军，设大陆和桑岛两个司令部，但根据宪法由联合共和国总统兼武装部队总司令统一指挥。1983 年桑岛高层官员在琼布支持下掀起反联合风潮时，尼雷尔正是凭此权力将桑岛司令部下属部分官兵和桑岛部分省的警察专员调往大陆，并从大陆派兵（2000 人）去桑岛驻守，从军事上镇住了反联合分子，稳定了局面。可见，军队的统一并控制在中央之手对确保联合是十分必要的。

8. 更改国名以体现和推进统一。坦、桑联合前大陆国名坦噶尼喀共和国，桑岛叫桑给巴尔人民共和国；1964 年 4 月联合时定名坦噶尼喀和桑给巴尔联合共和国，同年 10 月改现名坦桑尼亚共和国，简称坦桑尼亚。国名的这一改动不仅是为了简化名称或给人以新意，而且具有体现和推进统一、淡化原本是两国意识的政治效果。有分离主义倾向的副总统琼布就对改名坦桑尼亚表示不满。

9. 尼雷尔等领导人是坦、桑联合的缔造者和捍卫者。尼雷尔是 1962 年独立的坦噶尼喀共和国的首任总统，卡鲁姆是桑给巴尔 1964 年一月革命胜利后建立的桑给巴尔人民共和国的首任总统。他们都是在反殖民主义统治的斗争中形成的人民领袖，在人民群众中享有崇高的威望和信任，在坦、桑联合问题上高度一致，有着坚强的意志、决心和勇气，1964 年 4 月 26 日他们又共同缔造了坦桑尼亚共和国，出任首任总统和副总统。尼雷尔三次蝉联总统，使他在坦、桑联合进程中出现风浪的时候，成为中流砥柱，捍卫了联合大势。尼雷尔曾先后担任非洲前线国家委员会主席，非统组织主席和南方委员会主席，为南部非洲国家独立和民族解放以及非洲的和平发展作出了应有的贡献，在非洲国家、整个发展中国家及至西方国家都受到尊敬和赞誉。坦桑尼亚人称尼雷尔为“国父”、“姆瓦利姆”（斯瓦西里语意为“教师”、“导师”之意）；南部非洲国家称他为“指引他们获得独立和解放”的导师；西方国家称他为“一位少见的廉洁的非洲领导人”。尼雷尔先后荣获“第三世界奖”、“南森奖”、“国际列宁奖”。2000 年 6 月 10 日，坦桑尼亚革命党召开全国特别代表大会，决定授予尼雷尔“坦桑尼亚 20 世纪伟人”称号。①

1985 年，尼雷尔主动让贤，时任坦桑尼亚共和国副总统、桑给巴尔革命委员会主席的桑岛人姆维尼当选为坦桑尼亚共和国

① 参阅裴善勤：列国志《坦桑尼亚》，社科文献出版社，2008 年 9 月第 1 版。

总统，兼任政府首脑和武装部队总司令。1990 年尼雷尔引退后，姆维尼又出任坦桑尼亚革命党主席，同年又蝉联总统，是巩固、捍卫和发展坦、桑联合的巨匠，这是桑岛人的骄傲。

塞浦路斯问题初探

何志龙*

一、塞浦路斯问题的起源

塞浦路斯被誉为爱神之岛，风景秀丽，家喻户晓的白雪公主的故事就产生于此。因其重要的战略地位，自古就受到大国的关注，因而给塞浦路斯留下不同文化和民族的烙印。但塞浦路斯的最早居民既非希腊人，更非土耳其人，而是古塞浦路斯人，即公元前2500年从安纳托利亚逃难来到岛上的雅利安人。公元前1500年到公元前1190年，希腊人相继大规模移民塞浦路斯，并最终成为塞浦路斯的文化主体，① 而且先后融合了移居岛上的腓尼基人、犹太人和阿拉伯人等少数民族。② 尽管经历了亚述、埃及、波斯、亚历山大大帝、埃及托勒密王朝的统治，并在罗马帝国和拜占庭帝国统治时期又逐渐基督教化，英王理查、法兰克人、威尼斯人的奴役，也未曾改变塞浦路斯希腊人的希腊文化传统，他们一直希望回归与他们同宗同源的希腊。1571 年，奥斯

---

* 作者系陕西师范大学历史文化学院教授。

① Kyrris, Costas P. *History of Cyprus: With an Introduction to Geography of Cyprus*, Nicocles Publishing House, Nicosia, 1985, pp. 44 – 77.

② 何志龙：“移民活动是早期人类社会历史交往的普遍形式——从历史交往看移民与塞浦路斯早期人类社会的形成和发展”，《西北大学学报》（哲社版），2002 年第 4 期。

曼帝国征服塞浦路斯，从此塞浦路斯出现了信仰伊斯兰教、讲土耳其语的土耳其族（简称土族）人。

奥斯曼帝国统治之初，土耳其苏丹在塞岛实行民族宽容政策，不仅恢复了被法兰克人和威尼斯人取缔的塞浦路斯希腊东正教会，而且任命东正教会大主教为人民的埃思纳克，① 负责税收等世俗事务。但浩荡皇恩昙花一现，接下来便是土耳其地方总督敲骨吸髓的剥削。② 1821 年希腊革命爆发后，部分希族人积极参加了希腊民族主义组织“友谊社”的活动，土耳其人发现后，苏丹下令绞死了从大主教、主教、修道院院长到普通希族人头领共 486 人。奥斯曼帝国的此次大屠杀，在希族人的心里深深埋下了仇恨的种子，成为希族人后来决心实现“意诺西斯”③ 塞浦路斯与希腊合并的强大推动力。

1878 年 6 月，英国乘沙皇俄国击败奥斯曼帝国之机，迫使奥斯曼帝国签订《塞浦路斯条约》，将塞浦路斯转由英国占领和管理。英国接管塞浦路斯后，希族人即要求英国政府帮助塞浦路斯实现“同它素有天然联系的希腊祖国的合并”。这是希族人首次公开提出他们的民族愿望“意诺西斯”。这一时期，希族人把实现“意诺西斯”的愿望完全寄托于英国人的“慷慨”和“富有同情心”。1881 年 10 月，希族人在呈递英国政府的一份备忘录中称：“塞浦路斯人尊重历史，从未忘记他们的希腊血统，基于英国的慷慨，我们希望对我们的愿望给予积极的考虑。我们的唯一愿望就是像爱奥尼亚群岛一样，与我们的祖国希腊合并。”

---

① 埃思纳克（Ethnarch），奥斯曼帝国在正教会地区所设的一种政教合一官职，相当于省长、总督或民族首领。

② 何志龙：《塞浦路斯问题研究》（博士论文），西北大学中东研究所，2003 年。

③ 希腊语，意为塞浦路斯与希腊合并。

1912 年 10 月，克里特与希腊合并，再次坚定了希族人争取“意诺西斯”的信心。

希族人的民族愿望与大英帝国的全球战略背道而驰，自然不为英国所接受，但英国把拒绝希族人要求的理由转嫁到了奥斯曼帝国头上，认为英国对塞浦路斯只是占领和管理，其宗主权仍归奥斯曼帝国。1881 年，英国首相格莱斯顿对希族人要求的回复是：“根据与奥斯曼帝国签订的条约，塞浦路斯仍然是奥斯曼帝国的一部分，英国只是占领和管理，违背这些条约的类似建议不予考虑。”①

1914 年 11 月，英国以奥斯曼帝国公开站在德国一边与英、法作战为由，宣布废除《塞浦路斯条约》，吞并塞浦路斯。1923 年，土耳其在《洛桑条约》（第 20 条）中正式“承认 1914 年 11 月 5 日英国政府宣布兼并塞浦路斯”。② 1925 年 3 月 10 日，英国宣布塞浦路斯为英国的直辖殖民地。其后英国仍然拒绝希族人要求实现“意诺西斯”，并最终导致 1931 年希族人焚烧总督府的严重事件。实际上，在两次世界大战中，英国为了鼓励希腊参战和争取希族人的支持，曾许诺将塞浦路斯割让给希腊，但因种种原因未能兑现。

第二次世界大战后，亚非拉民族解放运动风起云涌，在盟国倡导被压迫民族拥有自决权的鼓舞下，1950 年 1 月，希族人对“意诺西斯”进行公投，96% 的投票者表示赞成（由于英国当局的限制，包括中小学教师在内的所有公务人员未参加投票）。同年 10 月，米海尔当选塞浦路斯教会大主教，尊称马卡里奥斯三

① Alastos, Doros. *Cyprus in History: A Survey of 5,000 Years*, ZENO, 1955, p. 308.

② 《国际条约集（1917—1923）》，世界知识出版社，1961 年，第 853 页。

世，从此，马卡里奥斯领导希族人进行广泛的摆脱英国殖民统治、实现“意诺西斯”的斗争。马卡里奥斯积极争取希腊政府支持希族人的事业。由于希腊在二战中遭到德军的占领和破坏，战后在经济和军事上完全依赖英美的援助，因此当时的希腊政府不希望因塞浦路斯问题而影响与英国的密切关系，对希族人的事业并不热衷。但希族人的广泛宣传，激发了希腊民众对与他们同宗同源的希族人事业的同情，在马卡里奥斯和希腊民众的压力下，希腊政府于1954年和1955年两度将塞问题提交联合国，要求实行民族自决。由于希腊政府态度暧昧和英国、美国和土耳其坚决反对，以及苏联及其阵营也不希望具有重要战略价值的塞浦路斯与北约成员国希腊合并，因而均遭联大否决。英国政府的顽固立场和联大的两度否决，使希族人彻底失望，为了摆脱英国的殖民统治，他们最终选择了战斗。

1955年，曾参加过希土战争和第二次世界大战的希腊籍塞浦路斯人乔治·西奥多勒斯·格里瓦斯将军回到塞浦路斯，建立了武装组织“埃欧卡”（“全塞浦路斯战斗者组织”，希腊文首字母的缩写EOKA）。从1955年4月1日开始，“埃欧卡”在全岛发动了一系列针对英国官员、警察机构和政府设施的炸弹爆炸事件，这标志“埃欧卡”争取自决的4年（1955—1959年）武装斗争的开始。面对十分严峻的塞岛局势，英国又想起了已经在巴勒斯坦和南亚次大陆等地多次使用过的，堪称手法精悍的灵丹妙药——“分而治之”政策，制造双方力量的均衡，相互遏制，然后自己居中成为理所应当的权威协调人和仲裁者，以达到长期统治的目的。1955年6月30日，英国首相艾登邀请希腊和土耳其政府，共同讨论“东部地中海地区的政治和防御，其中也包括塞浦路斯”。[1] 这是自《洛桑条约》土耳其放弃对塞浦路斯的一切权利之后，英国政府首次邀请土耳其政府参与讨论塞浦路斯问题。土耳其的介入，使塞岛问题的解决更加复杂，也是导致该问题长期不能解决的主要因素之一。马卡里奥斯反对英、希、土三国伦敦会议，拒绝接受英国在塞岛的宪政改革。1956 年 3 月，英国政府将马卡里奥斯放逐塞舌尔群岛，并大规模地清剿“埃欧卡”。但英国当局不仅没有能够制止“埃欧卡”的袭击行动，反而使塞岛局势进一步恶化。1957 年 10 月，塞希、土两族在首府尼科西亚发生暴力冲突，这是自 1878 年英国占领塞浦路斯以来，希、土两族之间的首次冲突，从而拉开了两族暴力冲突的序幕。

希、土两族暴力冲突愈演愈烈，波及面不断扩大。1958 年，希腊政府再次呼吁联合国在塞岛实行民族自决原则，联大通过了一项并无实质性内容的决议，号召有关各方寻求一项民主的解决方案。英国首相麦克米伦随即提出了麦克米伦方案，建议在塞岛成立由英、希、土三国“共管”的塞浦路斯自治政府；即希、土两族在自治政府内分别设立议会；两族内部事务分别由两族自行管理；外交、国防和岛内安全由英国负责；希腊和土耳其可以参与希、土两族自治政府的事务及其制宪工作。土耳其政府和塞土族赞成麦克米伦方案，而希腊政府和希族认为该方案将导致塞岛分治，因而拒绝接受。英国政府在美国和土耳其支持下，宣布将于 1958 年 10 月 1 日起在塞岛实施麦克米伦方案。

1957 年 4 月，从塞舌尔群岛回到雅典（英国政府不允许回到塞岛）的马卡里奥斯，深感英国强行实施麦克米伦方案的严

---

① 休特利等著：《希腊简史》，商务印书馆，1974 年，第 271 页。

重后果，而且认识到由于土耳其的介入，实现“意诺西斯”已不可能；要求在联合国主持下在塞实行民族自决原则，实际上同样意味着“意诺西斯”，因而也已步入死胡同，只有选择独立才是塞浦路斯的唯一出路。

马卡里奥斯要求塞浦路斯实现独立的立场，为塞问题的解决带来了希望。1958 年 12 月，联大通过了伊朗提出的由英、希、土三国会谈，邀请塞希、土两族参加的议案。该议案实际上根本无法实施。但在伊朗议案通过的当天晚上，土耳其外长佐卢主动与希腊外长阿维罗斯交换了两国对塞岛问题的基本立场，从而开启了希、土两国真诚谈判解决塞问题的道路，并最终达成了协议。1959 年 2 月 19 日，在英国首相麦克米伦的主持下，希腊首相卡拉曼利斯、土耳其外长佐卢、塞浦路斯希族代表马卡里奥斯、塞浦路斯土族代表库楚克，共同签署了解决塞浦路斯问题的《苏黎世—伦敦协定》。该协定共 27 条，列入塞浦路斯宪法，并载入相互关联的《保证条约》、《联盟条约》和《设立军事基地条约》。根据宪法，塞浦路斯共和国为总统制；总统由希族人担任，副总统由土族人担任，副总统对外交、国防及某些财政事务拥有否决权；政府设 10 名部长，希族 7 名，土族 3 名，分别由正、副总统任命；政府公务人员希、土两族分别按 7∶3 的比例分配；设立一院制的众议院，由 35 名希族人和 15 名土族人组成，众议院下设两个民族院，分别处理宗教、教育、文化和其他民族问题；在 5 个主要城镇两族分别设立自治区。

《保证条约》规定由英国、希腊、土耳其三国保证塞浦路斯的独立、主权和领土完整，排除了塞浦路斯共和国与其他国家合并或将其分治的任何可能性。《联盟条约》规定希腊、土耳其和塞浦路斯实行共同防御，其中规定希腊和土耳其分别在塞岛驻扎军队950人和650人，帮助训练塞浦路斯军队，同时作为维持两族间良好关系的促进因素。《设立军事基地条约》后来由塞浦路斯共和国政府与英国谈判确定，英国拥有两个主权军事基地，占塞岛总面积的2.5%（99平方英里）。英国至今仍占有这两个军事基地。1960年8月16日，塞浦路斯共和国宣告成立，成为联合国第99个成员国。

塞浦路斯共和国成立了，但现代塞浦路斯民族尚未形成，长期形成的民族对立情绪一时难以化解，两族仍然相互猜疑，缺乏互信。1959年10月，发生了土族人偷运武器事件。希族领导人中也存在着把独立仅仅看作实现“意诺西斯”的一个跳板的思想。在共和国建立过程中，希族不仅对土族人占据公务人员30%深表不满，而且强烈反对在五大主要城镇设立土族自治区。马卡里奥斯认为，这不仅会出现管理功能上的重叠，造成人力、物力、财力上的浪费，损害两族利益，而且可能使中央政府的政令难以畅通实施。土族则坚持必须严格执行宪法。两族分歧不断扩大，相互指责不断升级。在英国驻塞高级专员阿瑟·克拉克的怂恿下，[①] 1963年11月30日，马卡里奥斯提出了修改共和国宪法的“十三点修正案”，主要内容包括废除共和国正副总统的否决权、废除宪法中关于在五个主要城镇设立民族自治区的条款、将两族在公务人员中的比例由原来的7∶3改为按实际人口比例计算等。土耳其政府和塞土族领导人库楚克（共和国副总统）明确表示拒绝修宪，要求必须严格实施宪法。12月21日，希、土两族冲突再起，次日下午，土族警察撤离岗位，与土族人一道在

① Sonyel, Salahi R. *Cyprus the Destruction of a Republic: British Documents* 1960—1965, The Eothen Press, 1997, pp. 38–46.

土族人居住的各街区入口处设置路障进行驻守，共和国各级政府中的土族公务人员也全部撤出（希族人称之为“退出”，而土族人认为是被希族人“驱逐”）。与此同时，散居于希族区中的土族人纷纷逃往土族人聚集区。这一切都预示着希、土两族新一轮冲突的全面展开。1963 年圣诞之夜，英、希、土三个保证国紧急磋商，建立了由英国杨格将军指挥的三国维和部队。三国维和部队在首都尼科西亚设立了隔离两族冲突的临时分界线——“绿线”。这条“绿线”后来也就成了两族之间的永久分界线。由于三国维和部队中的希、土两国部队不同程度地卷入了两族冲突，而且希、土两族无视英国维和部队的存在，两族冲突进一步升级，波及面不断扩大。1964 年 3 月 4 日，联合国安理会通过了关于塞浦路斯问题的 168 号决议，决定直接斡旋塞问题，并向塞浦路斯派遣联合国维持和平部队。这支部队至今还在塞继续维和，是维和时间最长的联合国维和部队。

联合国驻塞维和部队也未能有效制止两族冲突。1964 年 6 月，格里瓦斯返回塞岛，这位原“埃欧卡”军事总指挥，起初支持马卡里奥斯签署的《苏黎世—伦敦协定》，并解散了“埃欧卡”，但当他回到雅典后不久，就开始公开反对《苏黎世—伦敦协定》，指责马卡里奥斯背叛了希族人的事业。格里瓦斯还得到了包括塞浦路斯基里尼亚主教在内的顽固坚持“意诺西斯”者的支持。格里瓦斯返回塞岛后，整合了希族人中坚持“意诺西斯”的武装组织，不仅对奉行独立和不结盟的马卡里奥斯构成威胁，而且加剧了两族冲突。8 月 6 日，希族武装人员为了切断土族人从海上获得土耳其的军事装备和战略物资，防止土耳其军队登陆塞岛，企图攻占土族控制的主要出港口科基纳，双方发生了自冲突以来最为激烈的战斗。土耳其政府在要求希族人停止攻击无效的情况下，出动战斗机轰炸了希族人阵地，最后在安理会193号决议的要求下才实现停火。1967年11月，格里瓦斯又亲自导演了造成22名土族人死亡的“圣锡奥多罗斯—科菲努村事件”。该事件促使土耳其政府向希腊军政府发出最后通牒，希腊政府被迫召回了格里瓦斯及自1964年陆续派往塞岛的希腊军事人员。土耳其总统向世界各国领导人发出警告，土耳其准备“一次性而且彻底地解决塞浦路斯问题”，其言外之意不言而喻。

塞浦路斯局势的发展引起国际社会的广泛关注，在联合国的斡旋下，希、土两族代表从1968—1974年进行了四轮谈判，在此次谈判中，土族自1963年底两族冲突以来，首次承认宪法存在问题，愿通过谈判解决。土族要求在中央政府下成立土族自治政府，而且在宪法中明确规定自治政府的权力和功能，土族愿意放弃原宪法中规定的副总统的否决权；将土族人占公务人员的比例由原来的30%减少为按土族人口的实际比例计算（大约20%）；取消众议院议长、副议长分别由希、土两族民族院的绝对多数选举产生的要求，接受希族提出的以众议院简单多数为基础的建议。实际上，土族基本接受了马卡里奥斯“十三点修正案”的主要条款，但希族反对土族实行自治，认为自治是迈向分治的第一步，只同意土族在宗教、教育、文化等方面享有自治权。持续6年的两族谈判未能达成协议，丧失了实现塞岛和平的机遇。

二、希腊和土耳其的干涉导致塞浦路斯分裂

塞浦路斯在其漫长的历史上，基本处在外部势力的主导下。1959年英、希、土三国达成的《苏黎世—伦敦协定》，同样赋予

了大国干涉塞岛事务的权力。1967 年 4 月上台的希腊军政府，遭到希腊民众的反对和国际社会的普遍谴责，但却得到了美国的支持。希腊军政府要求马卡里奥斯接受美国提出的“艾奇逊方案”。该方案建议塞浦路斯与希腊合并；作为回报，土耳其在塞岛拥有一个为期 50 年的军事基地，其大小相当于塞岛领土的五分之一；同时希腊将其位于爱琴海的卡斯特洛里佐岛让予土耳其；塞浦路斯划分为两个行政区，两族分别设立平行的政府机构；希、土两国在塞岛建立联合军队司令部；对所有希望迁出塞岛的土族人给予补偿。① 土耳其表示原则上接受，但马卡里奥斯断然拒绝，从此马卡里奥斯与希腊军政府的关系开始紧张。1969 年塞希族中出现了一系列以反对马卡里奥斯，实现“意诺西斯”为目标的极端组织。1971 年 9 月，顽固坚持“意诺西斯”的“埃欧卡”军事领导人格里瓦斯再次潜入塞岛，整合“倒马”势力，并于次年成立了秘密武装组织——“埃欧卡－B”。极端组织发动了一系列针对马卡里奥斯的暗杀活动。1974 年 1 月 27 日，格里瓦斯死后，希腊军政府任命了更加激进的希腊军官指挥希族的国民警卫队，加速“倒马”进程，推进“意诺西斯”。4 月 25 日，已经无处退让的马卡里奥斯决定取缔极端组织，宣布“埃欧卡－B”为非法，马卡里奥斯与希腊军政府的斗争达到白热化。7 月 2 日，马卡里奥斯发表了致希腊共和国总统吉齐基斯将军的公开信，公开指责希腊军政府支持塞非法组织“埃欧卡－B”，要求将希腊军官全部撤出塞岛。② 马卡里奥斯的公开信发表

① Sonyel, Salahi R. *Cyprus The Destruction of a Republic: British Documents* 1960—1965, The Eothen Press, 1997, pp. 38－46.

② Yuva, Mehmet, *The History of the Partition of Cyprus and President Makarios in Context of International and Relation*, 1878—1974, PH. D., 1997, p. 204.

后，希腊军政府表面上没有做出任何反应，但政变的“潘多拉盒子”已经打开。7 月 15 日凌晨，希腊军官指挥希族国民警卫队，用重炮、坦克攻击总统府，8 时发表公告称马卡里奥斯已死，桑普森就任塞浦路斯共和国总统。

实际上，马卡里奥斯并没有死，在总统卫队的掩护下逃到了塞南部城市佩福斯，并通过电台号召希族人继续抵抗政变者，捍卫塞浦路斯的独立。随后乘直升机逃到阿克罗蒂里英国主权空军基地，乘英国飞机经马耳他来到伦敦。

塞政变引起了国际社会对塞局势的高度关注。土耳其政府强烈谴责政变，宣称塞现状不容改变。而希腊军政府坚决否认卷入这次政变。希、土两国军队都处于高度戒备状态，并向塞水域增派舰队。在 16 日召开的安理会紧急会议上，苏、美展开了激烈交锋。苏联要求安理会立即采取措施恢复塞浦路斯合法政府，确保塞浦路斯的独立和统一，而美、英则坚持塞局势尚不明朗，“采取行动还为时过早”。安理会最终没有做出任何决定而休会。

英、美的态度令土耳其大失所望。16 日，土耳其建议英国根据条约共同进行干涉，但英国认为政变属塞内政，拒绝军事介入。土耳其要求希腊立即解除政变总统桑普森的职务，从塞岛撤出希腊军事人员，希腊也没有做出回应。7 月 20 日凌晨，土耳其开始实施“和平行动”计划，到 22 日接受安理会 353 号决议实施停火时，土耳其军队已经占领塞领土的 20%。次日，希腊军政府在民众的抗议声中辞职，同日，桑普森下台，塞众议院议长、希族领导人克莱里季斯接任代总统。8 月 8 日，在联合国和英美斡旋下，希、土两国外长和塞希、土两族代表举行谈判，但在土族自治问题上未能达成共识而谈判破裂。8 月 14 日，土耳其开始实施第二步军事行动——“阿提拉”计划，无视联合国安理会接连通过的要求立即停火的第354号、355号、357号决议，直到16日土军攻占了塞岛西北部重镇莱夫卡和莫尔富后才宣布停火，至此土耳其军队已控制了“阿提拉线”以北，从西北部的莱夫卡村经过尼科西亚延伸到东部港口城市法马古斯塔的大片地区，约占塞领土的36.26%。

土耳其的入侵给塞浦路斯造成了极为严重的影响，它彻底破坏了塞岛希、土两族人民相邻而居达4个世纪的传统，使居住在“阿提拉线”以北的近20万希族人逃往南部希族人控制地区，沦为难民。同样也有近8万居住在南部的土族人逃往北部。在土耳其军队的保护下，控制着36.26%领土的12万土族人与占有58.24%领土的60万希族人隔“绿线”对峙，仇恨越来越深，为两族的和解设置了天然屏障，塞浦路斯的统一已荡然无存。

在1974年塞浦路斯危机中，美、苏两个超级大国扮演了重要角色。美国在该地区的整体战略就是确保由希腊和土耳其构筑的北约东南翼的稳定，遏制塞浦路斯的共产主义势力，防止苏联向塞岛渗透，竭力避免因塞问题引起盟国希腊与土耳其关系的紧张甚至战争。自20世纪50年代，美国在塞问题上的一贯立场就是要求英、希、土三国协商解决，或在北约范围内解决，反对将该问题提交联合国，以避免给苏联造成可乘之机。美国对马卡里奥斯与苏联保持友好关系、反对北约解决塞问题、拒绝接受美国提出的“艾奇逊方案”极为不满，希腊军政府策划推翻马卡里奥斯的政变，正中美国下怀，因此美国以“塞岛局势尚不明朗”为由，阻止联合国安理会及时采取任何积极措施。而苏联大加指责希腊干涉塞事务，在要求安理会及时采取措施无望的情况下，担心如果希腊推进“意诺西斯”，将加强北约在地中海地区的力量，因此苏联支持土耳其入侵塞浦路斯，在北约内部制造分裂，削弱北约实力。

土耳其入侵塞浦路斯后，美国一方面要求土耳其停止军事行动，一方面要求希腊保持克制，避免希、土两国发生战争。在联合国，美国要求通过交战双方立即停火的决议，而苏联却有意拖延，为土耳其的军事行动争取时间。苏联的目的是既要保持塞浦路斯的独立，恢复马卡里奥斯合法政府，同时引起希、土两国战争，破坏北约稳定甚至使其崩溃。因此当土耳其的第二步入侵开始后，而希腊宣布不会采取军事行动时，苏联担心土耳其的进一步入侵可能导致土耳其控制塞岛，或希、土两国分割塞岛，苏联的态度开始转变，要求停止一切军事行动，所有外国军队（包括驻扎在英国主权军事基地的英军）立即撤出塞浦路斯，恢复塞浦路斯的独立、主权和领土完整。希腊指责美国应当（有能力）而没有阻止土耳其入侵塞浦路斯，并宣布退出北约军事组织，美、希关系转向冷淡，而希腊与苏联接触频繁。与此同时，美国与土耳其的关系得到极大改善。英国则是坐山观虎斗，维护英国在塞岛的既得利益。在塞浦路斯危机过程中，美、苏、希、土之间的关系不断转换，追求自身的利益，而受害者则是塞浦路斯，导致了塞浦路斯的分裂。

战争结束后，塞浦路斯百废待兴。1974 年 12 月 7 日，马卡里奥斯回岛复职，向欢迎他的 20 万希族人宣布，大赦政变参与者，并呼吁希族人团结，希、土两族团结，共同致力于解决目前的问题。但是，1975 年 2 月，土族领导人登克塔什宣布成立“塞浦路斯联邦共和国土族邦”，成立了由 50 人组成的土族邦议会，并于 6 月 8 日通过公民投票方式批准实施土族邦宪法，根据新宪法选举登克塔什为土族邦总统。在土耳其的帮助下，塞土族进一步向塞岛分治的方向迈进。

1975 年4 月，在联合国秘书长瓦尔德海姆的亲自主持下，希、土两族代表在维也纳举行会谈，但因双方分歧太大，五轮谈判没有取得任何结果，第六轮谈判无限期推迟。1977 年 2 月，应土族领导人登克塔什的要求，在瓦尔德海姆的主持下，马卡里奥斯与登克塔什举行高级别会谈，达成马卡里奥斯—登克塔什四点协议：①在塞岛建立一个独立的、不结盟的、两族联邦共和国；②两族各自管辖的领土将根据土地的经济特点、生产特点和财产注册情况来决定；③中央政府应确保两族联邦国家的统一；④在讨论行动自由、定居自由和财产权自由方面，应考虑两族联邦制的基本原则和土族的某些实际困难。①

在马—登会谈取得进展的鼓舞下，1977 年 3 月，双方恢复了中断一年多的维也纳第六轮会谈，但是双方没有沿着马—登协议继续寻求解决方案，反而对马—登四点框架性协议做出了不同解读。土族主张拟议中的两族联邦首先应该是松散的联系在一起的两个国家，然后再向某种形式的联邦过渡，这当然不为希族所接受。维也纳谈判无果而终。

1977 年8 月3 日，马卡里奥斯病逝，外长基普里亚努接任总统。1979 年5 月，在联合国秘书长瓦尔德海姆再次斡旋并主持下，塞总统基普里亚努与土族领导人登克塔什在首都尼科西亚举行高级别会谈，发表了继续通过会谈解决塞问题的十点公报，即普里亚努—登克塔什十点协议。它与马卡里奥斯—登克塔什四点协议共同成为后来两族和平谈判的基础。但两族的谈判并未打破僵局，希族不断寻求国际社会的支持，努力使塞问题的国际

---

① Mirbagheri, Farid. *Cyprus and International Peacemaking*, *Hurst & Company*, 1998, pp. 90 – 91.

化，向土耳其和塞土族施加压力，迫使其做出让步。希族的行动，使土耳其不断受到国际社会的指责。1983 年 11 月 15 日，土族领导人登克塔什宣读了当天由土族邦议会通过的独立宣言，宣布成立“北塞浦路斯土耳其共和国”，同时土族议会任命登克塔什为“北塞”总统，并成立了由 70 名议员组成的新议会，通过了“北塞”独立宪法。

土族宣布独立后，土耳其政府立即给予承认，并把土族的建国决定归咎于希族方面使持续了长达 9 年的两族和谈未能达成一个解决办法。土耳其外长认为，“对这个新建立的共和国采取否定的态度，只能对达成协议的可能性起到妨碍作用”，希望希腊政府“明智地接受这一决定”。

土族单方面宣布建立独立国家的决定，再次使希族人和国际社会震惊。塞总统基普里亚努立即表示“决不承认这一既成事实”，“土族领导人一直打算为土耳其在塞浦路斯占领的领土采取脱离行动创造条件”。[①] 呼吁国际社会“现在是不能容忍弱肉强食原则和允许一个国家（无论是哪个国家）把它的条件强加给其他国家的时候了”。

希腊政府指责土族方面的行动是非法的，强烈要求西方各国政府为抵制这一非法行动而努力。希腊政府在外交方面表现得非常强硬，在未证实孟加拉国承认土族人国家的情况下就宣布与孟断交，以示其强硬立场。美国对土族的行动表示愤怒，参众两院分别通过决议反对土族宣布独立，要求土族领导人撤销独立决定。欧共体、不结盟国家和苏联及其阵营国家均表示拒绝承认“北塞浦路斯土耳其共和国”。

---

① Dodd, C. H. *The Cyprus Imbroglio*, *The Eothen Press*, 1998, p. 127.

1983年11月18日，联合国安理会紧急会议通过了第541号决议，决议要求土族当局撤销独立决定，号召所有联合国成员国拒绝承认“北塞浦路斯土耳其共和国”。时至今日，这个土族人国家仍然只有土耳其一国承认，并与其建立了外交关系。

冷战结束后，国际局势趋向缓和，但地区民族矛盾凸现。世界形势的发展对土族较为有利，土族积极寻求国际社会对“北塞”的承认。但由于安理会决议，特别是美国在此问题上的坚定立场，使得某些愿意承认“北塞”的伊斯兰国家却步。1990年7月，塞政府正式申请加入欧共体，导致塞岛矛盾激化。双方在绵延180公里的“绿线”附近调兵遣将，炫耀武力，形成了军事对峙的局面。联合国秘书长紧急斡旋，后来促成了在联合国秘书长提出的“整套设想”和“建立互信措施”基础上的两族谈判，但谈判不仅没有取得进展，而且在1996年又相继发生了希族示威者“冲击绿线事件”和塞政府欲在岛上布置俄制S—300导弹的“导弹风波”。塞浦路斯的局势正好反映出冷战结束后，国际局势趋向缓和而地区冲突有所加剧的新特点。

三、塞浦路斯统一的主要症结及其前景

塞希、土两族自1974年以来，在联合国的斡旋下进行了一系列的和解谈判，但因双方分歧太大，无法弥合，谈判不仅没有取得任何进展，而且因时间的推移，双方之间演变出了诸多新问题。归纳起来，导致两族不能实现和解的主要症结有：

1. 领土问题。塞浦路斯总面积9251平方公里，其中英国的两个主权军事基地占总面积的2.5%。1974年土耳其入侵后，在土耳其军队的帮助下，只占塞总人口12.3%的土族，却控制着

塞36.26%的领土，在两族间的一系列和平谈判中，希族强烈要求土族必须减少所控制的领土，最多不应超过20%；而土族拒绝在领土方面做出更多让步，认为只有调整双方实际控制边界的可能。

2. 未来国体问题。两族均同意把1977年马卡里奥斯—登克塔什四点协议和1979年基普里亚努—登克塔什十点协议，作为谈判解决塞问题的基础，建立两族、双区联邦制国家，但两族对"两族、双区联邦制国家"的具体含意却有不同解释，希族主张两族、双区联邦制国家必须建立强有力的中央政府，以保证联邦国家的统一和完整；而土族则主张两族划界而治，先建立两个地位平等的国家，然后向联邦过渡，联邦政府的权力有限。实际上土族所拟建的联邦，类似于两个独立国家的邦联。

3. 三大基本自由问题。即居民的来往自由、定居自由和财产自由支配权。希族坚持必须保障未来联邦国家内部，任何民族和宗教信仰的居民拥有三大基本自由，认为这是任何一个民主国家居民的基本权利。但土族只同意自由来往，而不能自由定居，愿对在1974年土耳其军事干涉过程中，从北部逃往南部的希族人给予财产赔偿。事实上，三大基本自由问题间接涉及领土等问题，如果联邦国家内任何居民均享有三大基本自由，那么，人口密度相对较大的南部希族人，必然会向人口相对稀少的土族控制的北部迁徙，很可能在土族控制区再次出现希族人成为多数，而土族成为少数民族的局面。土族认为，这种局面将会再次威胁土族人的安全。

4. 国际保证问题。《苏黎世—伦敦协定》中的《保证条约》规定，由英国、希腊、土耳其三国保证塞浦路斯的独立、主权和领土完整，排除了塞浦路斯共和国与其他国家合并或将其分治的任何可能性。希族认为，这三个保证国在塞均有利益，事实证明三国并不能有效保证塞浦路斯的独立、主权和领土完整，因此希族主张应由联合国安理会常任理事国、希腊和土耳其以及不结盟运动的一些重要国家提供保证，任何国家无权单独干涉塞浦路斯内政。希族意在彻底排除土耳其单独干涉塞浦路斯事务的权力，但土族坚持必须保留土耳其单方面干涉的权力，这样才能保证塞土族人的安全。

5. 土耳其驻军和移民撤离问题。1974 年土耳其入侵塞岛后，一直在“北塞”驻扎着 3.5 万军队，以保障土族人的安全，在后来的历次两族和谈中，希族坚持土耳其必须全部撤军的要求，遭土耳其政府和土族断然拒绝。此外，希族在要求土耳其撤军的同时，也要求土耳其撤出自 1974 年以来移居“北塞”的土耳其移民。1988 年联合国秘书长德奎利亚尔主持的两族谈判中，希族首次提出撤走土耳其移民问题。这又是一个更为复杂的问题，双方在移民的数目上各执一词，希族认为土耳其移民有 6.5 万人，而土族认为没有那么多，许多土耳其人是季节性工人，不在土族区常住。据较为客观地估计，土耳其移民约有 3.5—4.5 万人，而且已有不少移民与土族人结婚，随着时间的推移，这一问题会愈加复杂。

6. 难民返回问题。1974 年土耳其入侵过程中，约有 20 万希族人被迫或因为安全原因，从土族控制的北部地区逃往希族控制的南部，沦为难民。与此同时，也有约 8 万土族人从南部逃往北部。由于北部人口密度相对较小，土族难民人数也相对较少，土族难民占有了逃往南部的希族人房屋等财产，所以战争给土族人并未造成严重的经济问题。而希族人则不然，20 万希族难民，约占当时希族总人口的 1/3 多，塞政府连续实施了三个“紧急经济行动计划”，才逐渐恢复了经济，安置了难民。在战争之后两族的一系列和平谈判中，希族一直坚持要求希族难民拥有返回家园的权利。但土族担心，如果让这20万希族难民返回他们原来居住的北部家园，将在土族控制区重新形成希族占多数，而土族人再次成为少数民族的局面，对土族的安全构成威胁，因此土族拒绝希族难民返回北部家园，愿意对他们给予经济补偿。

7. 加入欧盟问题。1961年，塞希、土联合政府向欧共体表达了希望成为欧共体联系成员国的愿望。1972年12月，完全由希族控制的塞浦路斯政府，与欧共体签订了关税同盟联系协定，次年正式成为欧共体的联系成员国。1974年土耳其入侵给塞造成巨大破坏，联系协定的实施被迫推迟，直到1987年10月，塞政府才与共同体正式签订关税同盟协定。1990年7月，塞政府正式申请加入欧盟。1993年6月，欧盟对塞政府的申请做出评估，认为塞浦路斯“具有欧洲特征”，可以作为欧盟候选国。欧盟认为，塞浦路斯加入欧盟将对塞问题的解决起“催化”作用。因此在1994年6月，欧盟决定下轮扩大将包括塞浦路斯，但要求塞实现和解后，欧盟才能开始塞入盟谈判。但在塞政府的积极努力和希腊政府对欧盟的压力下，1999年6月的欧盟赫尔辛基会议决定，不再以塞问题的解决作为塞加入欧盟的前提条件，同时确定土耳其为欧盟正式候选国。2004年5月1日，塞政府控制的南部地区成为欧盟成员国，是欧盟自建立以来首次接纳一个分裂的国家为其成员。塞土族和土耳其政府对塞政府申请加入欧盟做出了强烈反应。土族认为，自1963年底土族被逐出（希族认为土族“退出”）联合政府后，在塞浦路斯事实上存在着两个平等的政治实体，完全由希族控制的塞政府不能代表整个塞浦路斯，更不能代表整个塞浦路斯申请加入欧共体；同时只有在塞问题解决之后，由希、土两族共同决定加入欧盟问题。土耳其政府则依据《保证条约》和《联盟条约》认为，塞浦路斯不能加入希腊和土耳其尚未均是其成员国的国际或地区组织，尽管希腊已是欧盟成员国，但土耳其还未加入，因此只有当土耳其加入欧盟后，塞浦路斯才能申请加入。土族和土耳其政府担心，一旦塞加入欧盟，塞浦路斯将被纳入欧盟的安全防务体系，土耳其在“北塞”驻军将不符合欧盟法律，土耳其对塞事务的干涉也将构成对欧盟成员国的干涉，对土耳其在塞岛的利益将构成严重影响。同时塞政府（与希腊政府共同）将在土耳其加入欧盟问题上向土施加压力，迫使土在塞问题上做出让步。实际上，塞政府的如意算盘正是如此。塞政府对塞问题的解决深感无奈，束手无策，长期以来主要依赖美国对土耳其施加压力，使其让步，但美国对土耳其的压力毕竟有限，而且事实证明土耳其也不屈服于美国的压力。因此从 90 年代开始，塞政府在希腊政府的支持下加快了入盟步伐，希望加入欧盟后通过欧盟向长期以“脱亚入欧”为国策的土耳其施加压力。但土族和土耳其政府坚持认为，只有在塞问题解决后才能加入欧盟，而且威胁如果塞政府单方面加入欧盟，将加速北塞与土耳其的一体化进程，甚至可能与土耳其合并。为了在塞加入欧盟之前实现塞浦路斯的统一，在欧盟的督促下，联合国秘书长安南提出新的解决方案，并于 2004 年 4 月 24 日由两族分别进行投票表决，其结果是土族支持安南统一方案，而希族反对，安南方案被否决。2004 年 5 月 1 日，塞政府控制的南部正式成为欧盟成员国。

科索沃问题的由来、影响及启示

李　俊*

科索沃单方面宣布独立从根本上讲是大国干涉的结果。科索沃单方面独立将给地区和国际局势以及国际规范带来深刻影响，具有较大的警示意义。

一、大国介入加剧塞尔维亚、阿尔巴尼亚两族“统独”之争

科索沃历史上经历多次政权易手和人口变迁，塞尔维亚、阿尔巴尼亚两族积怨极深。南斯拉夫社会主义联邦共和国（简称南联邦）民族政策上的一些失误，加上从上世纪90年代初起西方大国特别是美国的积极介入，更进一步刺激了阿族分离主义的发展，加剧了其分离倾向。

（一）塞、阿两族均认为拥有科索沃的历史主权。科索沃同巴尔干的历史一样颇为复杂，其中既有上下近两千年改朝换代曲折演变的背景，又有众列强蓄意割裂，分而治之的图谋。① 罗马帝国、第一保加利亚帝国、拜占庭、奥斯曼帝国以及德、意法西

---

* 作者系中国现代国际关系研究院助理研究员。

① 孙建蓉：“科索沃危机剖析”，《现代国际关系》，1998年第7期。

斯都曾占领过这一地区，使得科索沃的历史归属问题具有较大争议性。塞族人视科索沃为塞尔维亚的民族发源地、文化摇篮与宗教圣地，认为塞尔维亚早在12世纪就在科索沃建立了自己的国家，只是在奥斯曼帝国统治的500多年中和尔后的时期，随着塞族的大规模迁出，信奉伊斯兰教的阿族人才取代塞族人成为该地区的主要居民。阿族人则坚持认为，公元前4—5世纪在科居住的原始部落伊利里亚人是阿族人的祖先，阿尔巴尼亚的文字创立于科索沃，科索沃自古以来就是阿族的领土，只是在奥斯曼帝国统治和巴尔干战争结束后，科索沃才并入塞尔维亚的版图。

（二）南联邦民族政策留下后患。二战结束后，科索沃随塞尔维亚进入了南联邦。作为一个多民族和多共和国的联合体，南联邦当局为削弱“大塞尔维亚主义”，有意识采取了扶植、支持科索沃阿族的政策。1963年，南联邦修改宪法，把科索沃由自治区升格为自治省，在科索沃1968年呼吁建立共和国而发生动乱后，1974再次修宪使科索沃变成了塞尔维亚共和国境内的“国中国”，可与南联邦的6个共和国平起平坐，科索沃自治省可以向联邦中央机构派出等额代表并享有否决权，它甚至还享有一些特殊权利，如塞尔维亚若修改宪法必须征得科索沃同意而科省修改宪法却无需塞尔维亚首肯。① 南联邦的这一政策使塞族长期耿耿于怀，民族间对立情绪不断加剧，同时也成了阿族不断要求提高自治程度乃至争取独立的重要依据。1953年时，阿族人还只占科索沃人口总数的53%，为建立一个纯粹的阿族科索沃，阿族人对科境内的塞族等少数民族不断进行袭击和胁迫，迫使塞族人持续迁出科索沃，加上阿族人的高出生率，到1999年科索

① 孙建蓉：“科索沃危机剖析”，《现代国际关系》，1998年第7期。

沃战争前，阿族人就已经占到科索沃人口总数的90%。[①]

1980年，铁托去世后，塞尔维亚长期被压制的民族主义出现反弹。为了遏制科索沃独立倾向与扭转塞族在科索沃不利局面，1987年，时任塞尔维亚南共联盟中央委员会主席的米洛舍维奇在科索沃塞族集会上发表讲话，呼吁塞族提出领土与权利要求，其中一句名言是“没有人敢欺侮你们了”。[②] 1989年，米洛舍维奇任塞尔维亚总统，通过修宪收回科索沃大部分自治权。1990年7月，在科索沃阿尔巴尼亚族宣布成立“科索沃共和国”之后，塞尔维亚解散了主张分裂的科索沃议会，遭到阿族人反对。1991年，阿族人举行了“独立全民公决”，随后又建立起自己的议会和政府，拒绝承认塞尔维亚共和国政府任命的权力机构。

（三）阿族分离主义势力在西方支持下逐步壮大。1992年，阿族激进分子建立了“科索沃解放军”，通过暴力活动争取独立。“科索沃解放军”最初只有200人，且一度被美国视为“恐怖组织”，后因美国考虑介入科索沃问题转而对其支持（包括提供资金、武器和人员培训），到科索沃战争前夕已发展为一支拥有2万人的游击队伍。“科索沃解放军”与塞尔维亚的军事冲突也不断升级，最终导致北约对南联盟长达78天的轰炸。科索沃战争结束后，科索沃成为“国际托管地”，在联合国特派团的监督管理之下成立了临时自治机构，安全上受到北约维和部队的保障，逐步走上了“独立”道路。

---

① “战后南斯拉夫普查中的各民族人口变动情况”，《民族译丛》1992年第三期，第78页。

② Bob Allen：*Why Kosovo? Anatomy of a Needless War*. http：//www. policyalternatives. org/documents/BC_ Office_ Pubs/kosovo. pdf

二、科索沃地位谈判宣告破裂

1999年，联合国通过有关南斯拉夫问题的1244号决议，该决议一方面称尊重南联盟（2003年更名为塞尔维亚与黑山，2006年5月黑山公决独立）的主权与领土完整，同时又表明，驻科索沃国际机构有决定科索沃未来地位政治进程的责任。[①] 塞尔维亚和科索沃阿族都从有利于自己的立场来解读这一决议，科索沃未来地位问题逐渐成为多方争论的焦点。2002年，联合国特派团提出"先标准，后地位"的政策，即科索沃须先满足民主与经济等方面的八项标准，然后再决定其最终地位。2004年3月，科索沃发生了自科索沃战争后最大的民族冲突。冲突造成31人死亡，850多人受伤，塞族30座中世纪教堂和420栋民房被毁，4000多名塞族人逃离家园。[②] 美欧感到，如果不解决科索沃地位问题，科索沃难以实现稳定。于是，2005年11月，科索沃未来地位谈判提上日程，但由于科索沃阿族领导人鲁戈瓦去世，谈判一度受到拖延。

2006年2月，在"前南问题国际联络小组"（包括英、美、德、意、法、俄）的协调下，塞尔维亚与科索沃阿尔巴尼亚族开始谈判，历经一年多的时间，涉及保护少数民族、分权、经济、未来地位等多个议题。由于双方存在根本性分歧：阿族只求独立，塞则坚决反对独立，只愿意给科索沃广泛的自治地位，谈判在2007年3月"无果而终"。

---

① 联合国安理会1244号决议中文版，联合国安理会中文网站。

② 杨成明："科索沃为何再起波澜"，新华网贝尔格莱德2004年3月25日电。

2007年2月，联合国科索沃事务特使阿赫蒂萨里提出科索沃未来地位问题解决草案，虽没有使用“独立”字样，但他在给联合国秘书长潘基文的信中明确提出独立建议。草案指出，科索沃在国际民事机构监督与国际维和部队的保护下“自我管理”，可有自己的宪法、军队、旗帜和国歌，并可加入国际组织，包括在联合国的席位等。① 结果，欧盟主要国家、美国与科索沃阿族普遍对此表示欢迎，俄罗斯、塞尔维亚反对。

3月底，阿赫蒂萨里将修改但保留了“主要内容”的“新方案”递交联合国安理会。从4月3日至7月20日，联合国安理会多次对科索沃未来地位解决方案进行讨论。期间，英美等西方国家起草并修改了5份安理会决议草案，最终因担心俄否决未付诸表决。安理会最后将问题移交给“国际联络小组”，由其协调展开新的谈判。美、欧盟主要国家与科索沃阿族将新谈判限期定为120天，俄、塞反对，主张不设期限。7月25日，“国际联络小组”达成一致，成立更有效“协调机制”——“国际三驾马车”（由美国、欧盟与俄三方代表组成）负责谈判的协调工作。

2007年8月30日至11月28日，“三驾马车”协调下的塞、阿谈判历经数轮，最终破裂。其实，在新谈判重启之前，不少专家就指出，新谈判是在“浪费时间”，之前一年多的谈判都没有达成妥协，无人指望这4个月会有什么结果。12月7日，“三驾马车”向联合国递交了谈判报告。12月10日，欧美限定的谈判截止日期到期。12月19日，安理会对报告进行了讨论，但未获

---

① *Ahtisaari Plan Welcomed in Pristina*, *rejected in Belgrade*, http://www.setimes.com. 04/02/2007

得任何进展。

三、大国博弈促使科索沃单方面独立

科索沃问题早已国际化，它不仅是塞、阿双方的较量，更是欧美与俄之间的博弈。

美及欧盟主要国家支持科索沃“在国际监督下独立”。美国政府多次指出，科索沃独立是地区实现稳定的唯一解决方案，拖延解决问题是危险的。首先，众所周知，美国之所以在 1999 年发动科索沃战争，其直接目的就是为了打垮当时南联盟的米洛舍维奇政权，除掉这个被西方国家视为“欧洲的最后一个共产主义堡垒”；[①] 同时，美更多介入巴尔干地区，既可确保美国在欧洲的影响力和领导地位，也可进一步挤压俄战略空间。战争结束后，美利用南联盟人民普遍渴望和平稳定的心态，投入大量人力物力资源，帮助南联盟反对派 2000 年上台，完成对南联盟政权的颠覆。[②] 因此，对科索沃地位这一“遗留问题”，美自然要保持政策连贯性并兑现之前承诺，让阿族“自由、独立”。其次，在美国生活着许多阿族后裔移民，他们组成游说集团，在科索沃问题上对美国国会施加影响。第三，科索沃战争后，美战略重心转移，特别是“9·11”之后，美先后发动了阿富汗战争与伊拉克战争，迫切希望尽快从科索沃抽身，集中精力去处理棘手的中东事务。同时，通过大力支持科索沃独立，美也可取悦伊斯兰世

---

① “从科索沃危机看美国世界战略”，http：//www. studa. net/zhengzhi/060105/10125770. html

② 韩显阳：“美国是如何搞垮米洛舍维奇的”，http：//www. people. com. cn/GB/channel2/17/20001222/359356. html

界，为其“反恐战争”赢得更多伊斯兰国家的理解和支持。第四，伊拉克战争出现的欧美分歧使美意识到在欧洲加强“亲美势力”的重要性，于是在罗马尼亚、保加利亚建立军事基地，在波兰与捷克部署导弹防御体系，支持科索沃成为“亲美国家”也就顺理成章。2007 年 9 月 24 日，美国务卿赖斯指出“科索沃独立是巴尔干地区取得稳定的唯一方案，而不是破坏这种稳定……如果欧洲人想要一个稳定的巴尔干，他们就要做一个困难的决定，做正确的事”。①

欧盟在科索沃问题上的态度始终是想促使巴尔干地区实现稳定，以维持整个欧洲地区的和平。欧盟虽然很早就有“欧洲事务欧洲管”的愿望，但是由于自身能力的局限性，而不得不在必要时让美国介入。科索沃战争后，在科索沃地位问题上，欧盟最初的想法是推迟科索沃地位问题的解决，以避免地区冲突发生，同时促进科索沃和塞尔维亚积极努力融入欧洲，使科索沃问题最终能在欧洲一体化的框架里得到解决。2004 年 3 月，科索沃民族冲突打碎了欧盟的“和平梦”。多数国家包括英、法、德、意等大国认为科索沃独立是地区实现稳定的唯一选择，表示将承认科索沃独立，但塞浦路斯、希腊、罗马尼亚、西班牙等国因本国民族问题对科索沃单方面独立存有疑虑。2007 年 12 月 14 日，在欧盟里斯本峰会上，27 国一致同意向科派驻 1800 名由警察、法官与检察官等组成的工作团。但因塞浦路斯强烈反对，未对承认科索沃独立达成一致。

俄反对针对任何一方的强加决议。俄主张达成塞、阿双方都认可的解决方案，反对任何一方不接受的强加性决议。俄总统普

---

① Patrick Moore：“The EU Divide on Kosovo”，http：//www. rferl. com. 26/09/2007

京多次强调，俄反对“任何塞尔维亚不接受的协议”。有专家指出，俄的强硬态度较为复杂，与其同西方整体关系恶化有一定关系。之前，俄与欧美国家有过某些合作，但很难被视为平等的伙伴。因此，俄罗斯即使在科索沃问题上妥协，也会被西方国家视为是在“压力下屈服，而不是伙伴间合作的结果”。[①] 近年来，俄在北约东扩及美试图在东欧部署导弹防御体系等问题上对欧美日益不满，同时又因石油、天然气等能源出口而获得大量财富，使其较之以前更有资本与西方“对着干”。为塞撑腰打气，既可巩固与塞传统伙伴关系，利用塞扩展其在东南欧的战略利益；也可凸显其对全球事务的影响力及维护国际法与联合国宪章的责任心，重塑大国形象，重振大国地位。随着普京展示国力和对抗西方的意愿越来越强，俄支持塞尔维亚的立场也日益强硬。与此同时，克里姆林宫亦担心科索沃的独立会刺激其他地方的分离主义势力，尤其是在北高加索地区。

塞在俄支持下，反对科索沃独立；阿族有欧美特别是美国作为后盾，则只求独立。塞尔维亚包括总统和总理在内的几乎所有领导人均反对科索沃独立。塞政府提出科索沃地位“高于自治、低于独立”，其实质是“只要科索沃不独立，什么都可以谈”。2006 年 10 月，塞尔维亚通过新宪法，在新宪开篇序言中明确表示：“科索沃与梅托希亚自治省是塞尔维亚领土的组成部分，在塞尔维亚主权国家范围内具有实质性自治省的地位”。[②] 2007 年 2 月 14 日，塞议会否决了阿赫蒂萨里的草案。塞政府提出了“广泛自治”与借鉴中国对香港“一国两制”等解决方案，并表

---

① *Russia Revs up Its Opposition to U. S. Policies*, http：// www. cfr. org. 28/10/2007

② 何毅：“塞尔维亚通过新宪法草案明确科索沃高度自治”，http：//www. cson-line. com. cn/news/guoji/200610/t20061001_ 522849. htm

示已做好了应对“科索沃独立”的准备。①

阿族只求独立，理由是科索沃经过了“多年斗争”，绝不可能再回到以前的状态，阿族有能力将科建设成为“民主、法制和多民族的国家”。2007 年 3 月 14 日，科索沃议会表决支持阿赫蒂萨里的解决方案。在谈判破裂后，12 月 10 日，科索沃政府发言人希塞尼已明确表示科将于 2008 年 5 月前宣布独立。

科索沃单方面宣布独立。大国之间博弈最终导致科索沃不可避免地在 2008 年 2 月 17 日单方面宣布独立，因为条件已经成熟。首先，科阿族已经履行了谈判的义务与责任，显示了足够的耐心与“合作性”，除单方面独立无其他路可走。其次，塞、俄方面，虽可联合阻止科索沃在国际体制内独立，但对于科索沃绕开联合国，单方面行动“无能为力”。2007 年 11 月 17 日，科索沃举行议会选举，强硬派、原“科索沃解放军”领导人萨奇领导的民主党获胜，使科索沃单方面宣布独立的可能性增大。第三，更重要的是，科索沃单方面独立得到美国与欧洲多数国家的支持。

四、影响与启示

科索沃单方面宣布独立开创二战以来不经原主权国同意、不通过联合国、而独立后又在不长的时间内获得许多国家承认的一种新的“分离模式”（1999 年东帝汶独立，是印尼同意公投在前，联合国支持独立在后），其影响及其所反映出来的问题都是

① “Kosovo Talks Cause for Serious Concern, Hungary”, http://www.serbianna.com. 14/11/2007

非常深刻的，有较大的警示意义。

首先，现有的“尊重国家主权与领土完整”等国际规范将受到较大冲击。主权国家内部某个地区的独立问题一直是个敏感议题，如该地区独立得到联合国或原主权国同意，则具备一定合法性，争议较少。因此，依现有国际规范来看，科索沃单方面宣布独立没有合法性，这一点西方国家也承认。截止 2008 年底，科索沃独立已获得 52 个国家，包括美国、欧盟 22 个国家和多数邻国的承认。① 科索沃单方面独立并争取更多的国家承认对联合国权威及现有国际规则构成大的挑战。

其次，引发新的民族冲突和分离主义。尽管欧美试图将“科独”限定为“特例”，防止造成“多米诺骨牌效应”，但其影响不可避免。首当其冲的是原苏联存在分离问题的地区，如格鲁吉亚的阿布哈兹和南奥塞梯，两地区领导人均多次表示将效仿科索沃“独立”，2008 年 8 月，格鲁吉亚与俄罗斯在南奥塞梯发生冲突后，俄罗斯承认这两个地区“独立”。其他地区如摩尔多瓦的德涅斯特河沿岸、乌克兰的克里米亚、亚美尼亚人聚居的纳卡也成为潜在的冲突热点。而在民族和宗教形势非常复杂的巴尔干地区，波黑塞族共和国总理多迪克曾多次威胁如果科索沃能独立，那么塞族共和国就会举行独立的全民公决，马其顿的阿族分离势力也可能受到刺激和鼓舞。另外，中南欧也有存在分离问题的国家，包括西班牙、塞浦路斯等，这些国家对科索沃单方面独立都有极大疑虑。世界上其他地区也有很多国家存在分离问题，如加拿大虽是西方大国，但因境内有魁北克问题，处境尴尬，加外交界和军界普遍认为，科索沃独立不应绕开联合国，制造单方

① http：//www. kosovothanksyou. com. 9/10/2008

面独立的恶例；印尼是穆斯林国家，学者也认为国际社会要遵守国际法和保证国家领土完整；以色列也有人担心科索沃独立会影响到以色列的巴人聚居区。

第三，确保国家主权和领土完整需要硬实力也需要有坚强的决心。塞尔维亚以及之前的南联盟，自身力量弱小，面对国际干预以及北约的军事介入，势单力薄，无法抵御。应该说，科索沃战争结束后，塞尔维亚已经失去了对科索沃的控制。2000 年，南联盟政权更迭，走上融入西方的道路。塞政治人物虽都反对科索沃独立，部分政党领导人也扬言“要用战争捍卫塞领土完整”，但总体来说，由于塞尔维亚已将融入欧洲作为其既定战略，既无意愿与以美国为首的西方彻底闹翻，也无力为捍卫国家主权而举国一战。民众也患得患失，部分民众甚至对“科独”反应冷漠，认为科索沃经济落后，独立也无所谓。这些都降低了欧美特别是欧盟对塞反应的担心和顾虑，并强化了对科索沃阿族强硬独立诉求的支持。

当今世界分离主义运动及各国政府应对之策

刘　明　张林庆　王　娜　张　楠　潘叶君　王媛媛*

分离主义意指谋求主权独立并将一片土地或一群大多不具有国家认同的人相互分离的政治运动和意识形态。分离主义通常具有严格的组织并采用从和平到武装斗争的各类方法以实现自己的目的。

冷战结束后，两极格局瓦解，世界各地的分离主义运动再次高涨。尽管分离主义运动在不同国家呈现出不同的发展轨迹和态势，但却无一例外地成为相关国家着力应对而又常常难以应对的重大问题。

本研究报告解析全球若干具有代表性的分离主义运动及所在国的应对之策，以期为我国维护国家统一和领土完整提供“他山之石，可以攻玉”式的借鉴。

一、印尼：“自由亚齐运动”

2005 年 8 月 15 日，印尼政府与“自由亚齐运动”（GAM）

---

* 本文由中国传媒大学当代国际问题研究中心课题组完成。课题组负责人刘明现为全国人大常委会办公厅外事局副巡视员。

组织在芬兰首都赫尔辛基正式签署和平协议。“自由亚齐运动”承诺将放下武器，拥护国家统一；印尼中央政府则同意今后给予亚齐特区更多自治权益。至此，亚齐地区持续约 30 年的武装冲突终告结束，和平的曙光似乎展现在饱经苦难的亚齐人民面前。①

（一）亚齐独立运动的缘起与发展

亚齐是印度尼西亚的一个省，全名叫南格鲁亚齐达鲁萨兰省（Prov. Nang groe Aceh Darussalam），位于苏门答腊岛北部马六甲海峡出口处，战略和贸易地位都很重要。这个地区的面积约 5.73 万平方公里，人口约 400 万，首府班达亚齐。主体民族为亚齐人，90% 的人信奉伊斯兰教。亚齐素有“麦加走廊”之称，是伊斯兰教自西向东传入印尼的基地。亚齐自然条件较好，土地肥沃，森林覆盖率近 75%，盛产石油、天然气、橡胶、金矿、白银和木材，是印尼天然资源蕴藏最丰富的省份之一。②

亚齐在历史上曾是个独立国家。在 16 世纪初，亚齐就建立了自己的王国——亚齐王国，并在 17 世纪初发展成为印尼群岛西部地区最强大、最富饶和文化最发达的苏丹王国。亚齐人民性格勇敢强悍，从不屈服于外来侵略势力，曾同入侵的葡萄牙、英国和荷兰殖民主义者展开顽强斗争。

20 世纪初，印尼民族解放运动蓬勃发展。1928 年，印尼各地青年进步组织召开大会发表了旨在统一印尼各岛的“青年誓言”。1945 年印尼宣告独立。根据印尼与荷兰双方签订的协议，荷兰在东印度群岛控制的地区都移交给印度尼西亚，统一在印尼

---

① 管克江：《干戈化玉帛，亚齐熄战火》，《人民日报》，2005 年 8 月 17 日。

② 晓雅：《亚齐问题的由来、发展和前景》，《当代亚太》，2000 年第 3 期。

共和国之中。亚齐也不例外，它原来是印尼的一个州，后来是印尼的一个省。1946 年后，伊斯兰教力量在亚齐的牢固统治和单一的思想意识，使亚齐在共和国革命时期成为印尼最稳定的地区，但也使亚齐同印尼其他地区保持一定的距离。1950 年印尼宣布成立统一的共和国，亚齐的自治省地位被取消，并入北苏门答腊省，这使亚齐地方感到不满。当时西方国家对印尼进行颠覆活动，印尼国内地方叛乱频繁。1953 年，亚齐首领达乌德·贝鲁与爪哇伊斯兰教国领导人卡托苏维约勾结，领导全亚齐伊斯兰教学者联盟发动武装叛乱，宣布亚齐成为伊斯兰教国的一部分。直到 1959 年 5 月，印尼中央政府给予亚齐以“特别区”的地位，在宗教事务、习惯法和教育方面，给予亚齐以实际自治权，此后叛乱才平息下来。①

苏哈托执政后，在印尼实行中央集权统治，对地方的政治、经济等事务进行严格控制。70 年代中后期，亚齐与中央政府在开发当地自然资源领域的利益冲突日趋尖锐。1976 年 12 月 4 日，“自由亚齐运动”组织成立，它是由激进的亚齐伊斯兰教势力发起的。这个组织的目标是脱离印尼，另建独立的亚齐伊斯兰教国，并实行政教合一的伊斯兰教制度。它以政治斗争和武装斗争为手段，展开反政府活动，谋求亚齐独立，成为印尼政府的心头之患，同时也引起了国际社会的广泛关注。

“自由亚齐运动”自成立以来，不断遭到印尼政府的镇压。1976 年该组织宣布亚齐独立后，立即遭到印尼政府军的打击，至 1983 年时已基本瓦解，领导人哈桑·迪罗被迫逃亡国外，许

---

① ［澳］梅·加·克莱弗斯：《印度尼西亚历史》，商务印书馆，1993 年，第 363 页。

多“自由亚齐运动”分子逃到马来西亚。但他们并未放弃斗争，而是开始进入重新积聚力量的阶段。1989 年，“自由亚齐运动”认为自己已拥有足够的力量，便再次开展武装斗争，袭击政府军和地方官员，但立即遭到政府军的镇压。1992 年，当地局势基本被政府所控制。

1997 年，印尼前总统苏哈托下台，在其任内镇压“自由亚齐运动”过程中，军队发生的违反人权的行为受到国内外强烈谴责，迫使当时的哈比比政府和印尼军方不得不宣布从亚齐撤出大部分军队，将治安任务交给警察担任，期望以此来缓和当地居民的怨恨情绪。但印尼政府的这一措施不仅没有为亚齐带来和平，相反“自由亚齐运动”利用政府军撤出的机会，大力扩充实力，并不断发动大规模袭击，致使武装冲突再起。

1998 年东帝汶通过全民公决而获得独立，使“自由亚齐运动”领导人深受鼓舞。他们期望在亚齐也实行全民公决，以实现亚齐的独立。由于当时的瓦希德政府忙于改革军队和应付政敌的挑战，而无暇顾及亚齐事务，“自由亚齐运动”趁机掀起要求实行全民公决的活动，其中心内容是要求政府军队必须撤离亚齐，同意在亚齐举行公民投票，让亚齐人民自己决定自己的前途。“自由亚齐运动”的要求遭到印尼政府的拒绝。在此情况下，“自由亚齐运动”一面在国际社会的压力下开始与政府进行政治谈判，一面继续展开武装斗争，拒不接受政府提出的建议，致使问题一直未能解决，直到 2004 年 12 月末的印度洋大海啸成为亚齐问题的转折点。

（二）亚齐独立运动的背景

亚齐独立运动的出现，与亚齐的历史和现实背景有着密切的关系。

第一，在历史方面，亚齐处于印尼的最西端，由于交通不便利，与其他地区的联系较少，在历史上还曾是个较强大的独立国家，因此在一部分亚齐人心中仍存在争取独立的情结。作为印尼最后一个被殖民者占领的地区，亚齐有着相对较长的独立的历史。雅加达在17世纪初就已经是荷兰的殖民地了，而亚齐直到20世纪初才被荷兰殖民者完全占领。在30多年抗荷的“亚齐战争”中，亚齐以英勇抗击殖民统治而闻名，也形成了本地区较强的独立自治意识。“自由亚齐运动”领导人在1976年发起独立运动时正是利用了这部分人心理。他们声称，亚齐应该是一个独立国家，将它并入印尼是不合理的。

第二，在宗教方面，有着“麦加走廊”之称的亚齐是伊斯兰教输入印尼时最早到达的地区，也是印尼最笃信伊斯兰教的地区。亚齐的宗教信仰程度不同于印尼其他一些地区。印尼大部分地区的穆斯林居民都属于伊斯兰教的温和派，主张建立世俗国家。亚齐90%的居民信仰伊斯兰教，他们的宗教信仰比较虔诚，容易接受激进伊斯兰教派主张，即建立伊斯兰教国家。因此，亚齐的分离运动带有强烈的宗教色彩，它的目标是希望能够建立一个伊斯兰教国家。① 本来，亚齐与整个印尼国家具有抗击殖民统治、争取民族独立的共同经历，亚齐的革命斗争是与整个印尼民族的命运相联系的，它与整个国家有着共同的历史经验和历史认同。但实质上，亚齐的分离运动却以宗教为旗帜，反对中央的集权统治、争取对本地区更多的自治权力，以建立一个伊斯兰教

---

① 张洁：《从亚齐分离运动看印尼的民族分离主义问题》，《当代亚太》，2000年第7期。

国家。[1]

第三，在政治方面，印尼60%的居民居住在爪哇岛，因此爪哇成为印尼的中心。自独立以来印尼历届政府在处理中心与边缘民族地区的关系上往往更多关注中心而忽略边缘。[2] 在处理与亚齐的关系上这种倾向尤为明显。印尼建国初期，苏加诺政府秉承“有领导的民主”的方式，从尊重印尼宗教与族群多样性的现实出发，提出“在多样性下的团结”这个基本原则来处理中央与地方的关系，并于1959年答应给予亚齐自治区的地位，享有比其他地方更多的特权。但这一承诺却长期未能得到落实，甚至有一段时间还将它并入北苏门答腊省，这使得亚齐人民颇为不满。到苏哈托执政后的“新秩序”时期，其治国方略的实质就是要建立完全的军人统治，依靠武装部队来控制国家，实行总统—执政的专业集团—军人三位一体式的统治体制。苏哈托用所谓“一致性方式”解释“在多样性下的团结”，以对付宗教与族群冲突以及日益增长的独立诉求。他固执地认为印尼已经是一个民族，使用一种语言；在分配国家政治资源时，爪哇人总是得到优先考虑，而外岛人则处于一种劣势地位，地方的利益被严重忽视。在地方政权机构中，他任命大批军官担任从省长、县长直到乡长的各级行政首长，剥夺地方的自主权。[3] 中央政府还对各地出现的不满和反抗实行军事镇压和军事管制。1978年至1989年，印尼政府不仅对亚齐武装起义进行了镇压，并于1989年开

---

① 林德荣：《浅析印尼穆斯林与苏哈托政权的关系》，《当代亚太》，1999年第4期。

② 袁晶艳：《论冷战后印度尼西亚的民族分离主义及其启示》，《邢台学院学报》，2005年第3期。

③ 贺圣达等著：《战后东南亚历史发展》，云南大学出版社，1995年，第160－161页。

始，将亚齐设为军事占领区。印尼中央政府这些政策上的偏差和失误都强化了亚齐的分离倾向。

第四，在经济方面，苏哈托统治时期，政府对亚齐实行掠夺政策。1974 年，虽然中央政府发布法令宣布给予亚齐自治区地位，但亚齐实际上并没有享受到特权。在对当地收入的分配上，中央政府实施严格控制，影响了亚齐的经济利益。亚齐省是印尼最富庶的省份之一，盛产天然气、木材等，天然气厂每年生产约 1200 万吨液化天然气，占印尼液化天然气出口的 1/3，1998 年亚齐的天然气出口收入达 13 亿美元。[①] 但其收入的大部分被中央政府拿走。1979 年至 1997 年，当地石油天然气的收入所得大部分上缴中央，亚齐所得还不到 1%，[②] 由于资源分配过程中对少数地区严重倾斜，亚齐的经济难以快速发展，道路交通等基础设施也非常落后，成为印尼最穷困的省份之一。据统计，亚齐 5560 个乡村中，至今仍有 2200 个贫困村。[③] 此外，苏哈托政府执政期间还向亚齐地区实施移民，将一批批爪哇人移居亚齐，挤占当地居民的经济利益，引起当地居民的不满，以致不时爆发种族冲突。这种状况引起亚齐人民的不满，也是“自由亚齐运动”兴起的重要原因。

（三）印尼政府的主要应对之策

对于如何处理亚齐问题，印尼国内各政治力量存在不同意见，但在维护国家的统一和领土完整、恢复亚齐地区的正常秩序的目标上有着共识。印尼政府近年来采取了包括政治、经济、外

---

① Margot Cohen, *Alarms in Aceh*, Far Eastern Economic Review, November 18, 1999.

② ［印尼］*Tanah Rencong & Jasanya Bagi Indonesia*, Kompas, 1999 年 8 月 15 日。

③ 新华社雅加达 1999 年 11 月 28 日电。

交和军事在内的一系列综合措施。

在政治上，印尼政府以给予亚齐更大自治权为条件，同“自由亚齐运动”进行谈判。瓦希德总统和梅加瓦蒂总统都反对亚齐脱离印尼，主张通过谈判给予亚齐更大的自治权，以此解决争端。他们曾先后视察亚齐，对军队所犯的违反人权的行为向亚齐人民道歉，并惩办了一些有罪的军人，同时呼吁“自由亚齐运动”领导人与政府进行谈判。苏西洛总统也始终主张以和平方式解决亚齐问题。2002 年和谈期间，时任政治安全事务统筹部长的苏西洛是政府首席谈判代表。在他的倡导下，印尼军方和警察部队对和谈都公开表态支持。印尼政府在谈判过程中所表现出的诚意赢得了国际社会的好评，起到了孤立“自由亚齐运动”的作用。从印尼政府方面来说，2005 年 8 月 15 日双方正式签署的和平协议，证明了铁腕政策难以根本解决亚齐问题，安抚才是上策。

在经济上，政府对亚齐实施怀柔政策。为了平息亚齐对中央政府过去在收入分配政策上的不满，印尼政府做出承诺，将在亚齐成为自治区后，在当地资源收入分配上实行三七开，即 30%交中央政府，地方政府可控制 70%，以便亚齐地方政府获得更多资金用于发展地方经济，提高人民的生活水平。鉴于亚齐历经战乱，粮食、燃油等日常必需品供应短缺，政府决定对亚齐实施人道主义援助，紧急从全国各地调集物资，通过陆路和海空运输不断送往亚齐，以满足当地人民的需要。政府的这些政策措施已部分缓解了当地人民的不满情绪。

在外交上，印尼政府吸取解决东帝汶问题的教训，尽量争取国际社会对印尼维护领土完整的支持，以排除外部势力插手干涉。印尼政府积极展开活动，首先宣传印尼政府的一贯立场：亚齐问题是印尼的内政，决不允许外部势力干涉，决不允许国际化。前总统瓦希德上任后不久，就先后出访了东盟、美国、日本和中东一些国家，争取到了国际社会支持印尼维护领土完整的承诺。比如美国就明确表示支持印尼的领土完整和国家统一。印尼就亚齐问题展开的外交活动取得了明显成果，使整个国际大环境对“自由亚齐运动”不利。

在军事上，政府调集兵力，对“自由亚齐运动”实施坚决镇压。在东京谈判破裂后，梅加瓦蒂政府立即于2003年5月19日做出决定，宣布在亚齐实行为期6个月的“军事紧急状态法”，向亚齐派出3万多名军人，对“自由亚齐运动”分子进行清剿。①

（四）亚齐问题的发展前景

“自由亚齐运动”与印尼政府间的矛盾焦点是“统独”之争。国际社会都在关注一个问题：亚齐问题的发展方向是什么？亚齐将继续留在统一的印尼共和国内还是像“自由亚齐运动”所希望的那样脱离印尼而成为独立国家？从亚齐和印尼国内外的客观情况来看，亚齐独立将很难实现。无论是“自由亚齐运动”接受政府的条件，和平解决还是双方继续对抗，最终结果可能都是相同的，即亚齐将继续留在印尼，成为统一的印尼共和国领土不可分割的一部分。主要原因有以下三点：

首先，亚齐的分离主义运动和东帝汶的独立运动是性质不同的两类事件。亚齐从印尼独立的那天起就是印尼共和国的一部分，它的分离主义运动从来没有受到国际社会的认可，东帝汶则是1975年后被印尼兼并的一块葡萄牙殖民地。东帝汶基本上是

---

① ［印尼］*TN I Menewaskan* 850 *GAM*，www. tempo. co. id，2003年9月25日。

天主教徒的天下，亚齐人绝大多数则是穆斯林，被人称之为是印尼的“麦加走廊”。无论在政治、经济、社会诸方面，东帝汶这个资源贫乏的弹丸之地一直是印尼的极大负担，仅财政补贴每年就需要中央政府拿出5000万至7000万美元；亚齐则不同，它资源丰富，是印尼的财富源泉，又位于马六甲海峡西部出口的咽喉处，战略地位十分重要。印尼是个多民族国家，除亚齐之外，印尼的另一些省区，如西伊里安、马鲁古等，也存在独立倾向。尤其是西伊里安地区，近年来当地的分裂活动一直没有中断过。听任亚齐分离对印尼而言不仅在经济上是巨大的损失，而且由于其特殊的历史地位，其独立必然会引发“多米诺骨牌效应”，导致印尼更大的分裂，从而直接危害到整个印尼国家的统一以及东南亚地区的和平与稳定。因此印尼必将会倾其全力对付“自由亚齐运动”，而绝不会让其独立成为现实。

其次，国际社会普遍担心印尼因亚齐问题而分崩离析。中、美、俄、日等大国以及欧盟和联合国等国际组织都表示尊重印尼的统一和领土完整。① 尤其是美、英和澳大利亚等国，在亚齐有巨额投资。“9·11”事件后，它们看到激进伊斯兰教与国际恐怖主义有牵连，担心亚齐成为激进的伊斯兰教国家以及在邻国引起闹独立的连锁反应，因而反对印尼分裂。美国驻印尼大使格尔巴德说，“美国同国际社会一样，绝对尊重印尼的领土主权，不过我们吁请印尼政府采取明确而广泛的步骤，尽快解决亚齐、马鲁古等地的分离主义暴力纠纷”。② 印尼的东盟邻国都明确表示反对亚齐独立，担心如果亚齐独立，将会影响东南亚地区的稳定

---

① ［印尼］*Negara Baru Aceh Beresiko Bagi Dunia Internasional*, Kompas, 2003年5月20日。

② http: // www. zaobao. com, 2000年2月22日。

和安全。东盟秘书长塞韦里诺说，亚齐发生的事情是印尼的内部事务。1999 年东盟首脑会议的一份主席声明说：就亚齐问题，东盟成员国国家首脑或政府首脑重申，他们完全尊重印度尼西亚共和国和其他东盟成员国的主权和领土完整。1999 年 12 月 3 日，中国和印度尼西亚发表联合公报，中国政府也表示支持印尼政府在维护国家统一和领土完整方面的努力，认为印尼的稳定和繁荣有利于本地区的和平与发展。① 现在，国际上只有部分国家和民间组织支持或同情亚齐独立运动，所以整个国际大环境对其不利，其分离的目标将很难实现。

第三，在亚齐地区，“自由亚齐运动”也得不到广泛支持。“自由亚齐运动”的独立主张虽然得到当地部分居民的响应，但大多数居民并不给予支持。“自由亚齐运动”成立 30 多年来，其力量始终得不到大的发展足以说明，它在当地得到的支持是很有限的。经过长期的战乱，广大亚齐人民都已对战争感到厌倦，一些原先支持亚齐独立的人也正在改变态度，不少“自由亚齐运动”分子已向政府投诚，并且得到政府合适的安排和有效的技术培训。② 在得不到当地大多数人民支持的大背景下，“自由亚齐运动”要实现亚齐独立是绝无可能的。

2004 年 12 月末的印度洋大海啸成为亚齐问题的转折点。在这场史无前例的自然灾害面前，印尼中央政府全力救援受灾最重的亚齐，国际社会也多方支援。印尼政府意识到，只有实现政治上的持久稳定，亚齐人民的生活才能得到保障，重建家园工程也才能够顺利进行。从“自由亚齐运动”方面来说，长年战乱不

---

① http：//www. zaobao. Com，1999 年 12 月 3 日。

② ［印尼］PDMP：*Gam Menyerah Dapat Prioritas Amnesti*，Gatra，www. gatra. Com，2003 年 11 月 11 日。

仅未给当地人民带来更安宁的生活，反而把亚齐经济拖到濒临崩溃的境地。印度洋海啸又给本就势单力薄的分离主义运动造成巨大损失。在此情况下，放下武器，以合法方式参与亚齐民主政治，不失为明智之举。此后不久，在有关组织和人士的斡旋下，印尼政府与“自由亚齐运动”在芬兰首都赫尔辛基开始和平谈判，双方代表前后会晤 5 次，历时半年。在 2005 年 7 月 17 日的最后一次谈判中，双方终于达成和平协议草案。①

2005 年 8 月 15 日，印尼政府与“自由亚齐运动”组织在芬兰首都赫尔辛基正式签署和平协议。印尼司法部长哈米德·阿瓦勒丁和“自由亚齐运动”领导人马利克·马哈茂德分别在和平协议上签字。协议规定印尼政府军队和警察除必要力量外，须在年底前撤出亚齐，亚齐地方警察接管安全事务；印尼政府将对“自由亚齐运动”的成员和政治犯给予特赦，允许亚齐反政府武装的成员回归社会，在亚齐建立人权法庭，并建立由欧盟和东盟国家组成的亚齐监督使团，以监督亚齐和平协议的实施。在和平协议正式签署一年内，印尼政府将为在亚齐组建当地政党提供便利，亚齐当地居民有权提名自己的候选人参加亚齐地方选举。协议还规定，亚齐省自然资源税收中的 70% 可供地方自由支配。印尼政府和“自由亚齐运动”在和平协议中重申，他们为以和平方式全面持久地解决亚齐冲突承担义务。

亚齐和谈取得成果是历史性的事件，也为 2005 年印尼独立 60 周年献上了大礼。2005 年 12 月，经国际监督机构人士和印度尼西亚政府官员证实，“自由亚齐运动”根据和平协议的规定，共向政府上缴 840 件武器，完成了解除自身武装的工作，并解散

① 管克江：《干戈化玉帛，亚齐熄战火》，《人民日报》，2005 年 8 月 17 日。

其军事组织“亚齐国民军”，其成员都已复员，成为平民社会中的一部分。同时，印尼政府方面则在12月29日以前将多余的政府军士兵和警察撤出了亚齐。

2006年7月，印度尼西亚国会通过了亚齐行政法令，决定举行亚齐省、市、县长选举，并允许原“自由亚齐运动”成员以独立候选人资格参选。12月11日，成千上万的印度尼西亚亚齐特区人民走向投票站，行使他们首次直接选举地方政府的权利。这次选举是自2005年和平协议以来，落实亚齐和平进程重要而关键的一步。在过去的一年多时间里，协议双方都较为认真地兑现了承诺。此次选举之后，维护社会治安和经济建设工作将由当地政府和中央政府协商处理，亚齐民选政府将面临诸如改善和提高人民生活水平，加紧地震海啸灾后重建等重要任务。这次选举对印尼来说具有重要的历史意义，它不仅关系到亚齐的持久和平，也将对印尼多宗教多种族社会的和谐发展产生深远影响。

二、斯里兰卡：泰米尔“猛虎组织”

斯里兰卡位于南亚次大陆南端的印度洋上，由于接近赤道，终年如夏，景色秀丽，因此有“印度洋上的明珠”、“人间的乐土”的美誉。然而这片“乐土”却毫不平静，长期被僧伽罗族和泰米尔族激烈的民族冲突所折磨。自“泰米尔伊拉姆解放之虎”（Liberation Tigers of Tamil Eelam，LTTE，简称“猛虎”）组织成立至今，这个美丽的岛国更是陷入了无休止的内战，也因此成为国际社会关注的焦点。

2006年6月20日，斯里兰卡反政府组织泰米尔猛虎组织宣布，该组织将回到2002年签订的停火协议框架中，并且向调解国挪威表示将保证停火监督员的安全。但就在同一天，泰米尔猛虎组织威胁称，如果斯里兰卡政府重新发起全面内战，该组织将发动自杀炸弹袭击。为实现一个独立的“伊拉姆”国家而奋斗的泰米尔族与僧伽罗族难解的矛盾和冲突似乎仍然看不到尽头。

（一）斯里兰卡民族冲突的源起及发展

斯里兰卡国内战事不断是由于泰米尔族和僧伽罗族之间的民族矛盾而引发的。[①] 斯里兰卡是个多民族国家，国内共有 8 个民族，其中僧伽罗人和泰米尔人是两大主要的民族。僧伽罗人约占全国总人口的 74%，信仰佛教；泰米尔人约占全国总人口的 18.2%，信奉印度教。[②] 虽然僧伽罗人是多数民族，但由于泰米尔人是斯里兰卡与印度两国之间的跨界民族，所以泰米尔人总的数量明显占有优势，僧伽罗人甚至觉得自己反倒成了“少数民族”。[③]

从历史的角度看，僧、泰冲突可以追溯到 2300 多年以前。早在公元前 6 世纪，僧伽罗人就已从印度北部移民至斯里兰卡。公元前 3 世纪，又有少量的泰米尔人陆续从印度南部迁往斯里兰卡。自那时起，僧伽罗人和泰米尔人之间的冲突就开始了。公元前 161 年，僧伽罗人在斯里兰卡取得了统治地位。在公元前 103 年—公元 433 年期间，从印度南部迁至斯里兰卡的泰米尔人开始不断增多，加强了斯里兰卡国内泰米尔人的势力。公元 433 年之后，印度南部的泰米尔人势力逐渐强盛起来，不断入侵斯里兰卡。公元 7 世纪后，他们开始向僧伽罗王权进行渗透，展开其对

---

① http：//news. sina. com. cn/o/2003 - 11 - 23/22121172784s. shtml，2003 年 11 月 23 日。

② 何秉松：《恐怖主义·邪教·黑社会》，群众出版社，2001 年，第 105 页。

③ 张位均：《斯里兰卡和平进程之我见》，《当代亚太》，2003 年第 1 期。

全岛统治的争夺，并最终控制了僧伽罗国家大权，一度使僧伽罗国王成为傀儡。公元 9 世纪后，印度南部的泰米尔人展开对全岛的大规模征服，在斯里兰卡获得了与僧伽罗人并行生存的地位。11 世纪时，泰米尔人占据上风，开始了在斯里兰卡长达 77 年的统治。13 世纪时泰米尔王国就已经存在了。至 14、15 世纪，斯里兰卡的僧、泰两族呈现南北对峙的局面。① 锡兰岛上因此三国并立，其中之一是泰米尔人在北部贾夫纳半岛建立的泰米尔王国，另外两个均为僧伽罗人建立的国家，只是定都不同。独立的泰米尔王国直至 1619 年葡萄牙人入侵才告终结。

殖民时期之后，僧、泰冲突经历了三个发展阶段。

第一阶段是从殖民时期到 1948 年独立。由于僧伽罗人和泰米尔人都处于被奴役地位，面对共同的反殖目标，两者的团结合作居多，摩擦和矛盾只是萌芽，且仅限于上层人物的权力争斗。

第二阶段是从 1948 年独立到 1983 年内战开始之前，民族冲突开始此起彼伏，但规模普遍较小。1948 年殖民者的退出为斯里兰卡实现民族融合创造了有利条件。独立初期，僧、泰两族关系相对平稳，使斯里兰卡出现了一种历史上少有的繁荣、和平与稳定的局面。然而，好景不长，由于种种原因，在 1972 年，年仅 18 岁的普拉巴卡兰率领一批不甘心做“二等公民”的泰米尔人建立了一个小规模的组织——“泰米尔联合解放阵线”。1975 年，普拉巴卡兰亲手开枪杀死了当时的贾夫纳市市长，从此一举成名，跟随者迅速增多。第二年，激进的泰米尔青年组成的“泰米尔伊拉姆猛虎解放组织”（简称猛虎组织）则从中分离出来，主张用武力方式实现建立民族国家的目标，成为泰米尔族的

---

① 曹兴：《僧泰冲突与南亚地缘政治》，民族出版社，2003 年 1 月。

一个反政府武装极端组织，梦想在斯里兰卡北部建立独立的“泰米尔国”。经过几年的内部争斗，猛虎组织逐渐取代了其他泰米尔人的组织，成了泰米尔人的代言人。

第三阶段是从 1983 年内战开始至今，民族冲突明显增强，规模大，影响广。泰米尔猛虎组织更是长时间以来被划为了恐怖组织一列。在活动手段上，武力对抗和暗杀政要成为该组织的两大突出特征。许多人死于武装冲突，其中不乏斯里兰卡和印度政府的高官，最著名的则是 1991 年遇刺的印度总理拉吉夫·甘地，此外还有 1992 年惨遭暗杀身亡的斯里兰卡总统拉纳辛哈和 1994 年被害的斯里兰卡反对党领袖加米尼等。长年的内战不仅夺去了几万人的生命，而且严重影响了整个斯里兰卡经济的发展，将这个国家推向了政治分裂、经济崩溃的边缘。在 1983—2002 年间的 19 年内战中，一百多万人沦为难民，1/4 的国民收入则被用于国防开支和安置难民。①

（二）斯里兰卡缘何民族冲突不断

斯里兰卡的民族冲突持续时间之长堪称亚洲之最。这既是民族自尊心和民族复仇心理的产物，也是泰米尔族独立愿望的追寻和爆发。另外，斯里兰卡政府在民族问题上的一系列政策措施，也一步步把斯里兰卡的泰米尔人推向了反叛的行列。

1. 历史原因

殖民时期，大英帝国埋下了祸根，导致斯里兰卡僧伽罗族的民族自尊心受到严重伤害。从 19 世纪 20 年代起，为了开发斯里兰卡的种植园经济，英国开始大规模地将南印度的泰米尔人迁至

---

① 孙士海主编：《南亚的政治国际关系及安全》，中国社会科学出版社，1998 年，第 107－108 页。

斯里兰卡。1837 年，移民数已达到约 1 万人，到 1949 年则达到了约 75 万人，膨胀了几十倍。① 印度泰米尔人的大量涌入，使当地僧伽罗人感到威胁，彼此竞争加剧，矛盾也开始日渐增多。

此外，早在 1505—1948 年，葡萄牙、荷兰和英国先后在斯里兰卡实行了“分而治之”的殖民统治。例如，英国殖民者为了巩固自己的殖民统治和出于发展殖民经济的需要，政策有所偏向，重用泰米尔人，在教育、就业等方面向他们倾斜，进一步增强了泰米尔人在斯里兰卡的实力。1948 年独立初期，仅占全国总人口 10% 的泰米尔人却占据了政府职位的 30% 和自由职业的 60%，② 引起了僧伽罗人的强烈不满。正是殖民主义“分而治之”政策，遗留给僧伽罗人这样一个不易忘记的问题：“一个不可否认的事实是，在殖民统治时代，泰米尔人尽管是少数民族，但在这个国家却拥有特权。泰米尔政治领袖取得这种位置作为他们的权力。”③ 斯里兰卡独立后，僧伽罗人获得了国家权力，在政治和管理精英阶层中占据了多数；为发泄心中对英国的怨恨，对泰米尔优势地位长期以来的不满以及改变泰米尔人的特殊地位，他们采取了一系列偏袒僧伽罗人的政策，不惜一切代价打压泰米尔人。

2. 文化因素

语言方面的问题。1956 年，斯政府不顾泰米尔人的强烈反对，通过了“僧伽罗语为唯一官方语言”的法案，大大提高了

---

① 王宏伟主编：《南亚——区域合作的现状与未来》，四川大学出版社，1993 年，第 243 页。

② 金涛、孙运来主编：《世界民族关系概论》，中央民族大学出版社，1996 年，第 243 页。

③ S. L. Gunasekara：*Tigers*，“*Moderates*” *and Pandora's Package.* Part One，Chapter Three.

僧伽罗语的地位。虽然该法案也对保障泰米尔语的使用做出了相应的规定，但却未确认泰米尔语的官方地位，因此，泰米尔人坚持认为该法案具有明显的僧伽罗大民族主义色彩。其后，泰米尔人强烈要求将泰米尔语也定为官方语言，却遭到了政府的拒绝。虽然斯政府在1978年的新宪法中对语言问题做了重大修改，规定僧伽罗语和泰米尔语同为国语，[①] 但由于宪法条款并没有得到真正执行，泰米尔人觉得政府只是在维护僧伽罗人的利益，宪法的修改只是逢场作戏，自己的权利被随意忽视，利益得不到维护。难怪有个别泰米尔人士说："政府的语言政策是消灭泰米尔语居民的一个步骤。"[②] 双方的矛盾由此逐步激化。直到1987年，斯政府才在与印度签订的《印斯和平协议》中，同意把泰米尔语同僧伽罗语、英语一道定为官方语言，但却为时已晚。

大学教育制度的问题。由于殖民时期英国在教育方面对泰米尔人的倾斜，独立前后，泰米尔大学生比例很高。然而，后来的班达拉奈克政府出于对教育水平相对落后的僧伽罗人的照顾，对大学生招生制度进行了一系列改革，最终导致泰米尔人大学入学率降低——从独立初期的31%下降到70年代后的20%以下，而僧伽罗大学生的入学率则超出了他们的人口比例。[③] 由于教育问题相应地导致就业问题，因此，减少泰米尔人接受高等教育的机会，也就意味着泰米尔人的就业机会受到影响。在1977—1981年招收的公务员中，僧伽罗人有9326人，占到了93.16%之高；

① 胡仕胜：《斯里兰卡民族冲突的渊源及现状》，《国际资料信息》，2000年第8期。

② ［苏］瓦·伊·科奇涅夫：《斯里兰卡的民族历史文化》，中国社会科学出版社，1990年，第366页。

③ H. P. Chattopadhyaya: *Ethnic Unresti in Modern Sri Lanka, an Account of Tamil-Sinhalese Race Relations*, New Delhi, p. 1201.

而泰米尔人却只有 492 人，仅占 4.19%。[1] 这些都引起了泰米尔人的强烈不满，认为是政府对泰米尔人的歧视，以致许多泰米尔族的失业者走上了反抗道路。

3. 现实考虑

国内方面主要有三个因素。

首先是政治因素。斯里兰卡政府长期实行偏袒僧伽罗人的政策。在选举制度上，由于僧伽罗人在全国人口中占有绝对优势，因而决定了代表僧伽罗人利益的政党能够在国家政治生活中赢得绝大多数的选票。除第一届政府有泰米尔人参与外，其余基本上是由僧伽罗人在掌管国家政权。随着民族歧视政策的加深，一部分泰米尔人开始了通过武装斗争建立独立泰米尔国家的运动，这一运动一直持续到今天。70 年代中期，泰米尔温和派还期望与僧伽罗政府达成一定程度的妥协，但是政府的蛮横行径使这种前景日益渺茫，结果泰米尔极端分子获得越来越多的支持，"猛虎"组织得以迅速壮大。1983 年 7 月 23 日，普拉巴卡兰策划了著名的"贾夫纳事件"：对在贾夫纳半岛执行例行巡逻任务的政府军巡逻队进行伏击，打死 13 名政府军士兵，此事件成为僧、泰两族间的矛盾由非暴力形式升级为武装暴力冲突的导火索。斯政府对"贾夫纳事件"采取了报复的政策，进行了"以其人之道还治其人之身"式的报复，使得僧、泰冲突迅速升级，以致"大多数泰米尔人都同意武装建国的设想，猛虎组织家喻户晓"。[2]

其次是宗教因素。由于僧伽罗人和泰米尔人分别信奉佛教和

---

① 胡仕胜：《斯里兰卡民族冲突的渊源及现状》，《国际资料信息》，2000 年第 8 期。
② 何秉松：《恐怖主义·邪教·黑社会》，群众出版社，2001 年，第 107 页。

印度教，而且，斯里兰卡是一个全民信教的国家，居民的宗教信仰在很大程度上与民族属性有关，宗教问题成为该国政治、经济和文化生活中绝对不可缺少的因素和十分敏感的问题，僧、泰两族之间的矛盾也直接反映在宗教问题上。1970 年是一个转折点，以班达拉奈克夫人为首的自由党和左翼联盟上台，并在 1972 年宣布制订“共和国宪法”，确认佛教为国教，对斯里兰卡的民族问题产生了极其消极的影响。

此外还有经济因素。斯里兰卡政府不注重泰米尔经济的发展，只是一味照顾僧伽罗人的利益。政府很少把资金投入到北方省和东方省，也不加强这些地区的基础设施建设，经济每况愈下。统一国民党上台后实行了自由贸易政策，许多物品都由国外进口，使泰米尔人的农副产品失去了市场，南北之间、两族之间贫富分化日益严重，矛盾也日益激化。

国际方面主要是印度因素。斯里兰卡西北隔保克海峡与印度半岛相望，印度是距离斯里兰卡最近的国家。出于自己利益和安全的考虑，印度一直关注斯里兰卡的状况。另外，印度出于“地区安全论”的考虑，多次以南亚的龙头老大自居，不允许当时亲美的贾亚瓦德纳政府把东部的港口亭可马里租给美国作军事基地。[①] 印度声明，当南亚地区其他国家有事时，能帮助他们的只有印度而不是别的国家。[②] 然而印度并没有起到帮助解决斯里兰卡民族冲突的作用。

---

① 《印度总理和斯里兰卡总统之间交换的信件》中称：“斯里兰卡的亭可马里或其他港口不得提供给任何国家用于军事目的而损害印度的利益。”载《印度－斯里兰卡协议》，斯里兰卡国家出版局，1987 年 8 月。

② 辉明：《冷战后印斯关系的变化》，《当代亚太》，2005 年第 1 期。

（三）斯里兰卡政府的对策

斯里兰卡政府对国内的民族冲突可谓费尽心思，然而，国内局势变化万千，斯政府时打时谈，也进行适当的权力下放和宪法修改，还邀请过国际社会的援助。但从历史和目前状况来看，似乎效果并不明显。至今，斯里兰卡的国内形势仍然动荡不安。

1. 军事策略

从1983年内战开始到1994年之间，斯政府主要采取的是以军事镇压为主的方针。在此期间，斯里兰卡发生了严重的种族流血冲突。随着猛虎组织实力的日渐增强，影响力的日渐扩大，其凶残性日渐暴露，娃娃兵就是一例；英国《经济学家》杂志曾评论道："猛虎组织正在发动一场'未成年人的战争'。"[①] 因此，该组织对政府的对抗能力也越来越强，军事武装冲突的强度迅速升高。1993年9月，猛虎组织在帕赖地区重挫了政府军"亚尔戴维"军事行动。

1995年，猛虎组织指责政府缺乏诚意，单方面退出和谈，并炸毁了停在亭可马里港口的两艘战舰。斯里兰卡政府再次决定通过军事上的强大攻势来为解决泰米尔问题清除障碍。1995年7月，斯政府发起了代号为"跃进行动"的军事攻势，对猛虎组织盘踞的北方地区猛烈轰炸；10月又发动了代号为"沿海行动"的军事攻势。最终，斯政府以暂时的胜利告终，收复了被猛虎组织控制长达5年的贾夫纳半岛。猛虎组织则被逼进北部丛林，开始了游击战。

2. 和平攻势

1994年之后，库马拉通加夫人政府开始采取"打谈结合，

---

① Economist, 5 August, 1995, p. 32.

以战迫和”的方针，试图通过发动多轮和平攻势，结束民族冲突现状。通过多轮和谈，双方在 1995 年达成了停火协议。当然，也有部分人认为，和谈只是猛虎组织打出的一个幌子而已，他们并不是真心诚意地想同政府和解。

2001 年 12 月，一直主张与猛虎组织谈判的斯里兰卡反对党领袖拉尼尔·维克勒马辛哈当选总理，积极推行和平政策。在维克勒马辛哈就任仅数日后，政府军和猛虎组织即实现停火，双方恢复了和平进程。

2002 年，在国际反恐的大背景下，特别是在挪威政府多年不懈的斡旋下，双方在当年 2 月签署了无限期停火协议。11 月 4 日，斯政府解除了对猛虎组织的禁令，使其成为合法组织，从而为和谈扫除了障碍。

自 2002 年 9 月至 2003 年 11 月，双方先后举行了 6 轮和谈并取得进展。2002 年 9 月 16 日至 18 日，双方在泰国东南部春武里府梭桃邑海军基地举行了首次会谈，这是自 1995 年猛虎组织被彻底赶出贾夫纳半岛后双方的首次面对面对话。这次会谈具有历史意义，标志着长达 19 年之久的血腥内战已逐渐成为过去，斯里兰卡开始走上和平之路，斯里兰卡国内和平进程取得突破性进展。① 双方就维护停火协议和继续推进和平进程达成了共识。2002 年 10 月底，双方第二轮会谈在泰国举行。2002 年 12 月初，第三轮和谈在挪威首都奥斯陆举行，取得了突破性进展。猛虎组织宣布放弃长期坚持的在泰米尔人聚居区独立建国的主张。双方同意建立一个联邦制国家并在泰米尔地区实行高度自治。2003 年 1 月 6 日至 9 日，第四轮和谈在泰国首都曼谷附近的佛统举

① 参见 http：//jinsidun. beelink. com/20021105/1236758. shtml

行。2003 年 2 月 8 日，第五轮和平谈判在德国首都柏林开始。双方在这次谈判中着重讨论了人权保护问题。2003 年 3 月 18 日，第六轮和谈在日本东京举行。

3. 适当的权力下放

1996 年，库马拉通加夫人提出包括扩大泰米尔族的自治权、建立联邦以及重新划定北方省和东方省的边界等内容的一揽子权力下放计划，然而却遇到了极大的挑战，计划进展不畅。1998 年 1 月底，统一国民党发表声明，反对政府的放权方案，认为拥有一个强大的中央是必需的，政府要把权力下放给包括泰米尔人聚居区在内的地区，议会会削减中央的权力。然而，放权计划不仅没有给斯里兰卡带来和平，它本身的种种缺陷还可能导致国家的分裂。

2003 年，库马拉通加夫人又提出了要修改宪法，以赋予泰米尔人更大的自治。斯里兰卡政府向议会提交了议案，但由于僧侣集团和反对党的反对，斯里兰卡议会无限期推迟对新宪法草案的表决。修宪还是以失败告终。

4. 请求国际社会参与“打虎活动”

1987 年，受斯里兰卡政府的邀请，抱着能尽快帮助斯里兰卡解决国内种族冲突的决心，印度派遣数十万人赴斯里兰卡执行维和任务。然而，印度的维和部队被卷入了与猛虎组织武装冲突的泥潭中，维和行动以失败告终。从 1987 年 7 月 27 日印度维和部队登岛至 1990 年 3 月 30 日最后一支分队撤离，共约 1230 名印度官兵命丧异乡。印军的行动引发了印度国内强烈的抗议，也更加强化了猛虎组织的斗争烈度。猛虎组织在斯里兰卡境内各地（甚至在印度）进行了血腥的恐怖活动。印前总理拉·甘地在 1991 年 5 月 21 日也成了猛虎“人肉”炸弹的牺牲品。

其次，斯里兰卡政府取得了美国的支持。美国把猛虎组织归入了恐怖组织之列，对猛虎组织加大了制裁措施，冻结其银行账户，阻断其从美国获得资金和技术支持的渠道。美加强了与斯里兰卡政府高层在政治和军事领域的合作，帮助斯里兰卡政府更新军事设施，推进军事现代化的步伐。

挪威在斯里兰卡和平进程中也扮演了重要的角色。这个北欧小国一直通过积极斡旋地区性冲突，参与维护世界和平，用世人普遍认同的方式稳步提升自己的国际地位。在世界热点地区进行和平斡旋方面，挪威人做出了许多值得称道的努力。1993 年，正是挪威的和平斡旋，成功促使巴勒斯坦和以色列秘密谈判并签署了《奥斯陆协议》。从上个世纪末开始，挪威就提出愿意为斯里兰卡和平进程做出努力，但由于斯里兰卡政府和猛虎组织双方态度都非常强硬，挪威的斡旋努力一直没有取得什么结果。直到 2001 年底，维克勒马辛哈领导的斯里兰卡统一国民党上台执政后，鉴于挪威在中东事务的斡旋中所取得的成就及其表现出的中立、客观的国际立场，斯里兰卡政府才正式邀请挪威政府在它与猛虎组织之间进行和平斡旋。

欧盟也参与了斯里兰卡和平进程。欧盟决定将猛虎组织列为恐怖组织，还发布了针对猛虎组织人员的旅行禁令。欧盟的行动旨在遏制猛虎组织针对无辜平民、停火协议监督人员和安全部队的暴力行动，促使该组织能够重新思考、恢复与政府的谈判。

（四）斯里兰卡国内政府军最终战胜“猛虎”

旷日持久的国内战争，给双方都带来了巨大的损失，不仅人员伤亡严重，难民数也急剧增多，国民经济发展受到严重影响，2001 年斯里兰卡经济出现了 1948 年独立以来首次负增长。人民生活水平得不到提高，厌战情绪日益增强，要求和谈的呼声也日益升高。

“9·11”之后，在国际反恐的大气候下，猛虎组织活动的空间日趋萎缩。为了摆脱自身恐怖主义的形象，避开国际反恐高峰期，摆脱国际孤立，猛虎组织主动改善自身形象。2001 年 11 月 2 日，猛虎领导人普拉巴卡兰在“猛虎英烈周”纪念大会发言时说，“结束目前旷日持久的流血冲突，并非只有建立独立的泰米尔国一条出路。”2002 年 4 月 10 日，普拉巴卡兰在斯里兰卡北部的基利诺奇市举行了一个罕见的记者招待会，此次记者招待会是泰米尔猛虎组织最高领导人 12 年来首次与记者会面。普拉巴卡兰在招待会上表示，猛虎组织的最终目标是让斯里兰卡政府认可泰米尔族的自治权利，而不是建立一个独立的“伊拉姆”国家；泰米尔猛虎解放组织希望讨论在斯里兰卡饱受战争创伤的北部省份建立一个临时政府，但临时政府不是最终解决问题的办法。这些都表明猛虎组织有了重要的变化。

政府方面，虽然提出了很多措施，但效果甚微。政党的权力争斗以及围绕争夺谈判最终主导权的斗争也不利于问题的解决。正如西丽玛沃·达拉奈克所说：“政府所作的承诺唤起了泰米尔人的希望，然而政府答应泰米尔人的要求（如语言问题）由于反对党的反对，政府往往做不到。”①

2002 年以后，在挪威政府调停下，斯政府与“猛虎”组织先后进行了 8 轮和谈，签署了《永久停火协议》，但在北部和东部地区最终地位等实质性问题上难以达成一致，武装冲突一直不断。2008 年 1 月，政府退出《停火协议》，向“猛虎”发动大规模进攻，相继收复“猛虎”控制多年的东部地区和北部的

① 《亚洲周刊》，1983 年 8 月 12 日。

"猛虎行政首都"基里诺奇等主要城镇。2009 年 5 月 18 日，斯军方宣布已解放所有被"猛虎"控制的区域，击毙包括普拉巴卡兰在内的"猛虎"头目。5 月 19 日，斯总统拉贾帕克萨正式宣布战胜"猛虎"。

三、英国：北爱尔兰问题

北爱尔兰领土面积 1.41 万平方公里，人口 160 万，其中多数是信奉英国国教的居民，天主教只占 65 万。[①] 北爱尔兰问题由来已久，是英国历史上长期存在的爱尔兰问题的延续，也是西欧的一个典型的民族问题。

（一）问题的缘起、发展与背景

北爱尔兰原与爱尔兰是一个整体，12 世纪以后，爱尔兰逐渐沦为英国的殖民地。16 世纪，英国国王兼任爱尔兰国王。

自 1534 年英国王亨利八世宣布英国国教（新教）与罗马天主教分离后，信奉天主教的爱尔兰人与信奉新教的英国人之间的矛盾冲突一直延续不断。17 世纪以后，大批英格兰人和苏格兰人在殖民政府的庇护下涌入爱尔兰定居下来，大肆掠夺爱尔兰人的土地。1653 年克伦威尔在镇压爱尔兰民族起义后颁布了《迁徙法令》，将大量爱尔兰人驱逐到荒凉贫瘠的康诺特郡和多沼泽的科勒尔，使新教移民逐渐在北部地方占据优势。爱尔兰土著居民多信天主教，而移民多为新教徒，这成为民族矛盾的根源。在北爱归属问题上，前者主张回归爱尔兰，后者则坚持留在英国。

1801 年，根据《英爱同盟条约》，爱尔兰正式并入英国版

---

① 王联编：《世界民族主义论》，北京大学出版社，2002 年，第 65 页。

图，成立了“大不列颠及爱尔兰联合王国”，英国完成了对爱尔兰的吞并。1886—1893 年，在贝尔法斯特不断发生骚乱，不同信仰、不同政见的两个民族之间的暴力对抗使百人丧失生命。

20 世纪初，爱尔兰民族独立运动兴起。1916 年爆发了都柏林复活节起义，激进的新芬党掌握了民族解放斗争的政治领导权，目的是争取爱尔兰独立。由于英军武装镇压，起义最终失败，几千名起义者牺牲。1918 年，英国举行大选，爱尔兰选出的议员大部分是争取民族独立的新芬党人。他们不去伦敦参加议会，而在都柏林成立了自己的爱尔兰议会，并于 1919 年 1 月宣布成立爱尔兰共和国，组成临时政府，并组成 2000 人的共和军，到处开展反英斗争，解放大片土地，同时派出代表与英政府谈判，要求承认爱尔兰独立。

1920 年，英国被迫允许爱尔兰南部 26 个郡成立“自治领”，北部 6 个郡仍归英国统治。1937 年，爱尔兰“自由邦”宣告独立。1948 年，爱尔兰脱离英联邦。1949 年 4 月，英国承认爱尔兰独立。与此同时，英国议会通过《爱尔兰法案》，重申对北爱的主权。从此开始了两国对北爱的主权之争。

1956 年，致力于爱尔兰统一的新芬党领导的北爱尔兰天主教派准军事组织爱尔兰共和军重新在北爱活动。爱尔兰共和军成立于 1919 年，主张通过暴力争取南、北爱尔兰的统一，使北爱在过去 30 年中一直陷入暴力冲突之中，连绵不绝的恐怖主义活动令英国政府极为头痛。尽管爱尔兰人要求脱离英国的主张在 1973 年北爱尔兰公民投票中被多数公民所否决，但分离主义运动继续发展，到 90 年代，爱尔兰共和军在英国的恐怖活动达到顶峰。

1993 年 12 月 15 日，英国与爱尔兰签订了“唐宁街协议”，双方同意以谈判方式结束爱尔兰南北分裂的局面。该协议设定了若干框架，成为北爱和平进程正式启动的标志。1994 年 8 月 31 日，爱尔兰共和军宣布，从午夜起彻底停止一切军事活动，实行“无条件的和无限期的”的停火。10 月，英国首相梅杰宣布取消对新芬党的禁令，并承诺在北爱举行全民公决。1997 年工党赢得大选，北爱和平重新提上了议程。同年 7 月，爱尔兰共和军宣布停火。

1998 年 4 月 10 日，英国、爱尔兰政府以及北爱两派主要八个政党参加了关于解决北爱冲突的谈判，有关冲突各方通过不懈努力，达成了一项旨在结束长达 30 年流血冲突的和平协议。根据协议，将于 5 月 22 日在北爱尔兰和爱尔兰共和国进行全民公决；北爱尔兰仍将是联合王国的一部分，除非边界以北和以南的绝大多数人决定实现统一。同时，英国和爱尔兰将修改宪法中有关北爱的条款，爱尔兰放弃对北爱的主权要求，而英国则废除《爱尔兰法案》，承认在北爱大多数人表示赞成的前提下，南北爱尔兰有实现统一的可能。5 月 22 日，在北爱尔兰和爱尔兰共和国举行的全民公决中，分别以 71% 和 94. 4% 的投票结果通过了 4 月 10 日达成的北爱和平协议。此后北爱和平取得了一系列进展。但两派围绕缴械问题仍然陷入了僵局，共和军拒绝交出自己的武装。于是双方重新开始暴力冲突。

1999 年 11 月 29 日，北爱尔兰各派领导人根据和平协议达成妥协，成立了北爱历史上第一个权利共享的联合政府。主要的新教政党北爱统一党和温和派天主教政党社会民主工党各任命了 3 名部长，强硬的民主统一党和新芬党各任命了两名部长。爱尔兰取消了其宪法中宣称对北爱尔兰拥有主权的条款，正式放弃对北爱的领土要求。12 月 5 日，爱尔兰共和军与国际中立机构开始就缴械问题进行正式谈判。

2000 年 1 月 31 日，负责监督解除北爱准军事组织武装的国际中立机构主席德沙兰分别向英国和爱尔兰政府提交了一份关于爱尔兰共和军缴械情况的评估报告，声称爱尔兰共和军并没有开始缴械。该报告引发了北爱尔兰冲突各方在解除准军事组织武装问题上的又一次激烈争执，使北爱和平进程再度陷入僵局。2000 年 2 月 11 日，英国政府宣布恢复对北爱的直接统治，成立仅 72 天的北爱地方政府暂停运作。爱尔兰共和军随后宣布退出缴械谈判，北爱和平进程再次出现危机。2000 年 5 月 30 日，英国政府重新允许北爱地方自治政府行使权力。2004 年 12 月 8 日，英国、爱尔兰政府以及北爱对立教派主要政党为打破北爱和谈僵局进行的最新一轮努力宣告失败。2005 年 2 月 2 日，爱尔兰共和军发表声明宣布，收回了全面缴械的承诺。但同年 7 月 28 日，爱尔兰共和军发表声明，宣布即日起放弃武装斗争，不再从事任何非和平活动。9 月 26 日，负责监督爱尔兰共和军解除武装工作的国际独立委员会宣布，爱尔兰共和军已完全解除武装。2007 年 5 月 8 日，经过北爱两大政党协商，新的北爱尔兰地方联合政府再次成立。但是北爱境内针对英军和警察的袭击事件并未停止，仍时有发生。

造成北爱和平进程一波三折的主要原因是宗教间的互不信任难以在短期内消除。在北爱，天主教徒多数主张与爱尔兰共和国统一，而新教徒则反对脱离英国，双方不时发生流血冲突。长期的血腥仇杀致使新教徒和天主教徒之间根深蒂固的互不信任难以在短期内消除。在北爱尔兰 160 万人口中，有 60% 是信奉新教的英国移民后裔；其余 40% 则是信奉天主教的爱尔兰岛的土著后裔。在新教徒占人口多数的情况下，大部分天主教派居民由于担心今后会遭到新教派极端武装组织的袭击，并不希望爱尔兰共和军马上缴械，从而失去“安全屏障”。

而另一方面，爱尔兰共和军能否解除武装、交出武器则普遍被视为北爱和平进程面临的最大问题。正是凭借爱尔兰共和军的武装实力，其政治组织新芬党才得以通过谈判方式进入北爱地方政府，与新教派分享权力。1998 年达成的北爱和平协议规定，卷入北爱冲突的各派武装必须在 2000 年 5 月之前上缴和销毁全部武器，以确保北爱和平协议得到顺利实施。与此同时，北爱将成立地方议会和政府，管理北爱事务。然而爱尔兰共和军认为，和平协议并未明确规定爱尔兰共和军交出武器是新芬党进入政府的先决条件，因此没有必要率先缴械。虽然爱尔兰共和军在 1997 年夏天宣布停火，但直到 2000 年，它才真正明确地宣布，永远放弃暴力。正是在爱尔兰共和军是否缴械这个问题上的波折，使和平进程多次陷入僵局。

（二）政府的主要应对之策

20 世纪 70 年代以前，英国政府在处理北爱问题方面长期表现拙劣，使双方矛盾一直没有得到有效解决。1921 年后的 50 多年时间里，北爱两大教派之间常常发生大规模暴力冲突，爱尔兰共和军则开展了一系列针对新教徒及英国政府的恐怖活动。暴力冲突愈演愈烈，使得北爱局势完全失控。从 1972 年 3 月起，英国政府宣布终止北爱地方政府的运作，北爱尔兰被置于英国的直接统治之下。英国政府的直接统治使大规模的暴力冲突减弱，但流血事件仍时常发生。为了缓解冲突，自对北爱实行直接统治后，历届英国政府都在寻求政治解决办法，但始终没有能够成功。

1979 年撒切尔夫人领导的保守党上台后，正式启动北爱和平进程。从 1980 年 1 月起，英国政府为了使北爱各方放弃暴力，走到谈判桌前而费尽心思。1984 年 10 月 12 日，共和军制造了针对英国首相撒切尔夫人及其内阁成员的炸弹爆炸事件。首相撒切尔夫人虽幸免于难，但仍有 5 人死亡，32 人受伤。英国政府由此认识到，无论是出于解决北爱民族冲突的需要，还是出于本土以及北爱安全的需要，在解决棘手的北爱民族冲突时，寻求爱尔兰共和国的合作，已经变得非常必要。1985 年 11 月，英爱两国签订了《英爱协定》，为政治解决北爱民族冲突提出了具体方案，对于北爱的政治未来，英、爱双方达成了初步共识。但北爱两大教派的反对态度使得《英爱协定》最终成为一纸空文，无法得以真正实施，由撒切尔夫人启动的和平进程由此进入停滞状态。

1993 年，梅杰政府启动了新的和平谈判机制，邀请北爱两派主要政党参加英、爱两国解决北爱问题的和平谈判。同年 12 月，英、爱两国发表《唐宁街宣言》。英国表示，在得到北爱多数人同意的前提下，将尊重并支持爱尔兰统一的要求。1994 年 8 月 31 日，爱尔兰共和军宣布，从午夜起停止一切军事活动，实行“无条件的和无限期的”的停火。10 月，英国首相梅杰宣布取消对新芬党的禁令，并承诺在北爱举行全民公决。

1995 年 2 月，英、爱两国政府共同制定了一份政治解决北爱问题的框架文件，为即将开始的北爱多党和谈提供基本框架。其内容包括建立一个北爱议会，拥有有限行政和立法权；两国承诺修改关于北爱地位的法律，爱尔兰首次承诺将修改宪法，取消对 6 郡拥有主权的条款；根据北爱多数人意愿决定北爱的地位；建立跨边界机构，由两国政府授予其咨询、协调和行政权力等。框架文件得到了英爱两国舆论界及北爱尔兰天主教政党的普遍好评，只有新教统一党表示异议。他们一向反对爱尔兰插手北爱尔兰事务，认为这将最终导致南北的合并。但是，框架文件的达成，本身就是一个不小的成就，它为政治解决北爱尔兰问题指明了方向。

当然，北爱尔兰问题由来已久、错综复杂，其和平进程不仅牵涉到北爱尔兰两派、英国、爱尔兰，甚至还涉及美国的利益。各方之间仍有很大的分歧，要想达成妥协实属不易。特别是梅杰政府向爱尔兰共和军提出了进一步的要求，即“终止暴力必须是永久性的，而非策略性的”① 这一要求遭到爱尔兰共和军与新芬党的强烈拒绝，而梅杰政府则举行了排除新芬党的多党和谈。作为回应，爱尔兰共和军随即宣布停火结束，并制造了多起炸弹袭击事件。这迫使多党和谈无果而终，梅杰政府再次启动的北爱和平进程又陷入停顿状态。由于保守党有求于北爱的新教势力并考虑它们的要求，总是站在新教势力一边，这就决定了无法取得北爱和平进程的重大突破。

1997 年，布莱尔领导的工党在大选中获胜。在北爱问题上，他采取了与梅杰不同的策略，不以爱尔兰共和军解除武装为先决条件，主张谈判与解除武装同时进行。布莱尔本人与美国总统克林顿私交甚密，使得英、美之间在处理北爱问题上可以保持密切联系与政策协调，并有可能借助美国的力量来推动北爱的和平进程。布莱尔还对作为和平进程最大障碍的两大教派极端势力采取了刚柔并用的策略。他一方面答应新芬党无条件参与多党和谈，但同时又表示：“共和军必须在真正的、毫不含糊的停火方面做

---

① Thomas Hennessey, *The Northern Ireland Peace Process: Ending the Troubles?* Dublin, 2000, p. 172.

到言行一致，以确保新芬党能被邀请参加6周以后举行的多党和谈。”①

1998年4月10日，北爱尔兰各派在英美和爱尔兰推动下，终于达成具有历史性意义的“复活节和平协议”，旨在结束30年的暴力冲突。1999年北爱议会推举成立了北爱历史上第一个权力共享的联合政府——北爱自治政府。英国政府向北爱移交地方事务管理权。“复活节和平协议”的签订及北爱地方议会选举的进行，表明自1972年以来的北爱民族冲突在各方的妥协与让步之下，通过和平谈判的方式得到了初步解决。

然而，在解除武装的问题上，统一党和新芬党陷入无休无止的纷争中，这使得谈判没有取得进展。1999年9月，英、爱两国政府决定向美国求助，美国的“和平特使”米切尔应邀到达北爱并在各方之间进行斡旋，终于达成协议。1999年12月2日，北爱地方政府正式组建，十天以后，英国正式移交了地方管理权力，这标志着自1972年以来英国对北爱实施直接统治的终结。

但好景不长，爱尔兰共和军在解除武装的问题上一直采取消极态度。到了最后期限前的2000年2月初，爱尔兰共和军发表一项声明，以“不会对和平进程构成威胁”② 为由，拒绝解除武装。北爱冲突各方在缴械问题上又一次发生激烈争执，北爱地方政府第一部长特林布尔和他领导的新教派最大政党统一党甚至以退出地方政府相威胁。为避免地方政府解体，英国政府于2000年2月11日宣布恢复对北爱的直接统治，成立仅72天的北爱地

---

① Michael Cunningham：*British Government Policy in Northern Ireland*, 1969—2000, Manchester, 200J1, p. 118.

② Jonathan Tonge, *Northern Ireland：Conflict and Change*, p. 194.

方政府暂停运作。

为打破僵局，英、爱、美三国向天主教派的新芬党与爱尔兰共和军施加了前所未有的压力，终于迫使爱尔兰共和军做出让步，表示愿意接受国际中立机构检查，准备“真正、彻底地停止使用武器”。2000 年 5 月 30 日，英国政府重新允许北爱地方自治政府行使权力。到 2001 年，由于在解除武装方面毫无进展，英国政府只好对统一党施加压力，迫使特林布尔同意再次组阁。这样，爱尔兰共和军在历史上第一次允许国际中立机构检查其武器库。但由于银行劫案发生，2005 年 2 月 2 日，爱尔兰共和军发表声明宣布，它收回了全面缴械的承诺。同年 7 月 28 日，爱尔兰共和军宣布不再从事暴力活动。9 月 26 日，国际独立监督委员会宣布爱尔兰共和军已完全解除武装。2007 年 3 月 26 日，北爱两大政党民主统一党和新芬党通过谈判达成权力共享协议，5 月 8 日，新的北爱地方联合政府再次成立，北爱和平进程取得新进展。但北爱境内针对英军和警察的袭击事件仍不时发生。

（三）前景

自 20 世纪 80 年代初保守党政府启动北爱和平进程以来，虽然取得了一些可喜的进展，特别是 1998 年和平协议的达成，让人们看到了一线曙光，但从总体上看，北爱和平进程还是一波三折，困难重重。

北爱各方已进入对话和协商的轨道，但冲突的根源一直没有解决，新教和天主教最深层次的矛盾并没有解决。两派内部的一些极端势力对和解继续持反对态度，这就决定了它们的合作基础非常薄弱。只要爱尔兰共和军还没有完全解除武装，威胁北爱和平进程的不确定因素就依然存在，北爱和平进程就依然是一个未知数。而且，只要北爱的最终地位这一导致民族冲突的根本问题得不到解决，北爱的前途就依然扑朔迷离。

我们同时还要看到，虽然离真正实现和平仍有很大距离，但和平和对话已成为主流，和平趋势已很难逆转。自1998年爱尔兰共和军中的极端派制造奥马爆炸案以来，尽管教派冲突偶有发生，但造成大量人员死伤的暴力事件已不多见。而且，随着欧洲一体化的加速推进，国界概念的逐步销蚀，欧洲各民族可能成为一个整体。“在这样一个联合的欧洲中，北爱尔兰到底属于英国还是属于爱尔兰，就变得不那么重要了。”① 这或许是解决问题的最好途径。

四、西班牙：巴斯克问题

巴斯克地区位于西班牙东北部，在通往大西洋比斯开湾的南部，其东北部隔比利牛斯山与法国相邻。巴斯克自治区包括阿拉瓦、吉布斯夸与比斯开三省。该自治区成立于1979年12月，占地7233平方公里，人口210万。西班牙现代民族国家的形成较晚，遗留下来的民族问题也较多，其中巴斯克民族问题最为突出。

（一）问题的缘起与发展

巴斯克民族分离主义起源于19世纪末的阿加那，是影响西班牙国内稳定的最主要因素。阿加那是巴斯克民族党的创始人，该党成立于1898年。阿加那将巴斯克民族看成是一个与其他西班牙的拉丁族群有着种族区别的民族，奠定了巴斯克民族主义带有种族主义色彩的意识形态基础。这是巴斯克民族分离主义兴起

---

① 钱乘旦等：《日落斜阳:20世纪英国》，华东师范大学出版社，2007年，第263页。

的标志。

1936年，西班牙内战前夕，巴斯克地区在共和国政府统治下享有很高的自治权，因此站在共和国政府一边与佛朗哥叛军战斗。佛朗哥开始独裁统治后，对巴斯克地区民族分离势力进行了残酷的镇压，甚至禁止巴斯克人说巴斯克语，结果招致巴斯克人更大的仇恨，于是分离主义赢得了广泛的群众基础，催生了埃塔。

1959年，一些激进的年轻人成立了“自由巴斯克”组织，简称“埃塔（ETA）”。成立初期，它的目标是推翻佛朗哥政权，解决社会问题，维护工人阶级利益，在西班牙和法国消灭资本主义制度。但从1968年起，“埃塔”要求西班牙北部巴斯克地区与法国南部的巴斯克地区成立一个独立的巴斯克国，并开始在西班牙组织、策动恐怖活动。

1975年，佛朗哥时代结束后，西班牙向西方民主政体过渡。为了能获得更多的支持，历届执政党都对巴斯克问题采取让步政策，放松了对巴斯克的控制，使得巴斯克的民族分离主义活动逐渐加剧。1976年，“埃塔”宣布为独立组织，从此，埃塔的主流走上了恐怖主义道路。近30多年来，西班牙已有850多人在“埃塔”制造的血腥恐怖事件中丧生。1980年是“埃塔”杀害人数最多的一年，91名死者中超过一半是平民。“埃塔”的倒行逆施激起了西班牙人民的愤慨，即使在巴斯克地区他们也失去了人心。

1998年9月，“埃塔”与西班牙政府达成停火协议，但1999年底，“埃塔”又单方面撕毁停火协议，声明重新拿起武器，更加疯狂地制造流血恐怖事件。“9·11”事件以后，西班牙政府与欧盟达成一致意见，将“埃塔”列入恐怖主义的名单之中。近些年来，“埃塔”组织的行动有所收敛。

2006年3月22日，“埃塔”发表公报，宣布从3月24日起实行永久性停火。公报称，停火的目的是“推动在巴斯克地区的民主进程，建立一个新的框架，使人民应有的权利得到承认，并保障未来一切政治选择的可能性”。公报还要求西班牙和法国政府对于该组织的决定给予积极的回应。但好景不长，当年12月30日，该组织在马德里机场制造一起炸弹爆炸事件。2007年6月，“埃塔”宣布结束停火。

（二）分离运动的背景与原因

据史学家考证，巴斯克属于欧洲最古老的民族之一。巴斯克人以本民族不同于欧洲其他民族的独特的语言、历史、文化习俗为骄傲，有着极强的民族意识。从历史上看，巴斯克民族分离主义的历史同其国家观念的存在密不可分。[①] 历史上巴斯克人曾多次击退外族入侵，民族认同感极强。

虽然巴斯克人一直保持自己的独立性，但却从没有出现过独立的巴斯克人的国家。13世纪初，巴斯克人的土地被分作两部分，一部分依附于法国，另一部分则与西班牙卡斯提王国合并；也正是在这一时期，巴斯克民族分离主义思潮开始萌发。巴斯克民族分离主义的意识形态一开始就打上了深深的种族主义与沙文主义的烙印，并且成为巴斯克民族分离主义运动的思想基础，也是民族分离主义分子的精神支柱。他们把巴斯克民族看成是一个与西班牙其他族群截然不同的种族，把建立一个独立的“巴斯克国”视为奋斗目标。

---

① 杨恕等：《巴斯克民族分离主义的历史由来及其发展》，《国际政治研究》，2004年第3期。

巴斯克族虽然古老，但是其民族分离主义的起源，仅能追溯至19世纪末叶的阿加那。巴斯克地区合并到西班牙之后，巴斯克人仍然在实际上保持了自己的独立性。在随后的年代，强制推行的西班牙化政策非但没有起到同化作用，反而刺激了巴斯克民族分离主义的产生与发展。

佛朗哥军事独裁统治则是推动巴斯克民族主义发展的直接的、现实的原因。佛朗哥政府否认巴斯克人的民族特点，并实行强制的同化政策，造成许多巴斯克人出逃。佛朗哥开始专制统治后，对巴斯克地区民族分离势力和民族文化进行了残酷的镇压，取消了巴斯克语言和文化，关闭了巴斯克人的学校、报纸、剧院，这使西班牙化的同化政策达到了登峰造极的地步。从1968年开始，“埃塔”要求西班牙北部巴斯克地区与法国南部的巴斯克地区成立一个独立的巴斯克国，并开始在西班牙组织、策动恐怖活动。

1975年佛朗哥死后，西班牙向民主社会过渡，巴斯克地区享有了高度的自治权，作为非法组织的“埃塔”也获得了与政府对话的机会。而少数成员已蜕变为恐怖主义分子，其活动反而越来越猖獗，制造的事件越来越血腥，并开始向无辜平民施暴。从1968年至今，“埃塔”制造的恐怖血案数以千计。

（三）政府的主要应对之策

为了解决历史上遗留的敏感的少数民族地区自治问题，西班牙建立了一套新的地方政府体系。1979年，西班牙首先在巴斯克等三个地区建立了地方自治区，截至1983年，全国共建立了17个自治区。

巴斯克地区有较高的自治权。巴斯克地区有自己的议会，有西方民主式的选举制度，巴斯克民族党一直是该自治区议会的最大党，也是执政党。巴斯克地区的自治权包括征税权、开办国立的以巴斯克语为教学语言的学校等等。这些都是西班牙政府团结巴斯克民族的大多数，将巴斯克人逐渐融入西班牙民族大家庭的有力措施。

1996 年 3 月，冈萨雷斯政府在大选中败北，在制止暴力事件上的无能是败选原因之一。西班牙右翼政党人民党在大选中以微弱多数战胜社会党。为了得到一些民族主义小党在议会中的支持，政府又在贸易和地方政府权力等方面做了更大的让步。人民党上台执政，把巴斯克民族主义分离分子的恐怖主义活动作为政府需要急迫解决的内政问题，但首先是考虑通过和平途径加以解决。1998 年秋，“埃塔”表示停火。对此，阿斯纳尔政府第一次采取了同恐怖分子直接进行谈判的步骤，同时，全国所有政党也就此问题达成协议：只有在“埃塔”放弃武装斗争之后，才能同其进行对话。但是，这次停战只维持了 14 个月，此后，“埃塔”更加疯狂地制造流血恐怖事件。这给政府的和解政策提出挑战，使执政的人民党在大选前面临复杂的形势。阿斯纳尔政府一方面声明将为把“埃塔”分子重新纳入社会做出努力，并建议通过天主教会的调停，呼吁继续同“埃塔”进行对话，要其放弃暴力；同时，政府声明独立运动问题的解决只有在现行体制的框架内才是可能的。

在实行怀柔政策的同时，西班牙政府对巴斯克民族分离主义组织和恐怖活动进行了坚决打击，决不手软。西班牙政府与“埃塔”组织进行了殊死斗争，近 20 年来，先后逮捕了 600 多名“埃塔”分子。西班牙警方不仅逮捕了若干名“埃塔”骨干成员，还成功粉碎了“埃塔”企图暗杀国王和首相的阴谋。法国警方在法国的巴斯克地区捕获了西班牙警方多年来通缉的艾塔头目之一阿雷齐。近两年来，西班牙议会也加强了反恐的立法工作，加大了惩罚力度，严格了对一些具体事态的立法规定，从法律角度进行了约束，做到了有法可依。“9·11”事件以后，西班牙政府与欧盟达成一致意见，将“埃塔”列入恐怖组织的名单之中。

同时，政府注意运用政治、经济、军事和外交等综合手段多管齐下，巴斯克地区的自治政策也在完善：巴斯克文化和语言在复兴，在学校里实行西、巴双语教学制度，巴斯克语享有与西班牙语平等的地位；巴斯克地区有自己的议会、警察、电台和两个电视频道（其中一个使用巴斯克语）；巴斯克地区可自行征税，上交马德里的只是一小部分；巴斯克地区的经济在发展，民众的生活水平在提高。

（四）前景

从国际上看，巴斯克民族分离主义组织虽然有一定的国际背景，但除了同爱尔兰共和军取得了联系之外，根本得不到国际社会的认同。而且爱尔兰共和军也根本无暇顾及巴斯克民族分离主义。国际社会普遍认为巴斯克的民族问题纯粹是西班牙的内政。

从国内看，西班牙现政府对巴斯克民族问题恩威并重，强硬和怀柔政策一起用，收到了良好成效。“埃塔”的血腥暴力和累及平民的恐怖活动，激怒了越来越多的西班牙人。西班牙人民为了表达对“埃塔”恐怖主义行径的愤怒，常常在各大城市自发地举行万人以上的游行，充分表达了西班牙社会的民意。

从分离主义运动内部看，由于西班牙政府采用了民族自治政策，许多巴斯克人认识到民族分离主义不仅没有出路，而且将导致更加血腥的恐怖和暴力。他们中的温和派放弃了“独立”的诉求，转而开始在西班牙民族大家庭中争取更多的自治权，寻求在西班牙的法律框架内更高程度的自治。

所以，对巴斯克民族分离主义者来说，要么放弃“独立”的诉求，在西班牙国家法律的框架内寻求更大的自治；要么抗拒这一趋势，付诸越来越多的暴力恐怖活动。无疑，绝大多数人都会选择前者。我们更应该注意到，“埃塔”也在做出积极变化。2006 年 3 月 22 日，“埃塔”宣布从 24 日起实行永久性停火就是一个很好的证据。

当然，我们应该看到，世界上任何国家反对民族分离主义、维护统一的斗争都是艰巨而漫长的，彻底解决巴斯克民族分离主义问题还有一段艰难的路要走。巴斯克地区仍有相当一部分民众支持巴斯克民族主义党争取自决权的斗争，他们甚至拒绝同“埃塔”断绝关系。可见，单单通过民主的途径是不可能彻底根除恐怖主义的，必须采取一定的强力措施，而且要时刻注意营造国际国内良好的舆论环境。此外，政府特别要重视对民族地区经济发展的积极扶持，力求从根本上解决问题。对于西班牙来说，加速欧洲一体化进程，特别是发展经济、解决社会问题等综合措施也是反恐的重要方面。

五、法国：科西嘉问题

地处地中海的科西嘉岛又称为“美丽岛”，位于法国东南部的地中海上，主要居民为科西嘉人，1769 年并入法国版图，曾经在欧洲叱咤风云的拿破仑皇帝就诞生在这座小岛上。

（一）问题的出现与发展

科西嘉分离主义运动实际上是从 1962 年才开始增强的，起因是一些阿尔及利亚移民的涌入排挤了当地人的就业机会，还带来了丑闻，最终引发 1975 年的暴动，后被法国本土派来的军队平息。

为便于管理，法国政府 1976 年将这座小岛划分为两个省，也就是从这以后，一些科西嘉民族主义者就开始在岛上制造恐怖事件，企图以暴力谋求地区独立和更多的自治权。近 30 年来，岛上一直有分离主义分子活动，他们常把警察局和其他政府机构作为袭击目标。科西嘉岛主要的分离主义组织为科西嘉民族解放阵线，要求脱离法国独立。该组织一直以来试图以低伤亡的暴力来实现科西嘉独立。他们不断发动诸如在午夜炸公共大楼，炸海滩沿线的新建筑物，将法语路牌漆成科西嘉语等等暴力活动，希望得到更多的自治权。爆炸事件在 1982 年达到顶峰，共有 766 起，此后随着独立问题进入政治领域，爆炸事件逐渐减少，即使如此，2001 年仍有 100 多起，只是通常发生在深夜，不会伤及到人。

1997 年若斯潘政府上台之后摆出了民族和解的姿态与科西嘉各派民族力量进行接触，希望以和平的方式解决科西嘉地位问题。经过谈判，法国政府和科西嘉各派力量之间终于达成了协议，决定给予科西嘉更多的自治权。科西嘉岛于 2003 年 7 月 6 日就行政机构改革举行历史性公民投票，以结束岛内分离主义者的暴力活动。结果，全民公决以 49.02% 票赞成，50.98% 票反对的投票结果，否决了法国政府制定的对科西嘉行政机构进行改革的方案。

（二）运动的背景与原因

有着“海中的山”之称的科西嘉岛于 1769 年并入法国版图。与法国内陆相比，该岛始终保持着自己的民族特点，是一个民族问题极为棘手的地区，主要表现在主张地区自治，即民族独立方面。具有政治色彩的谋杀和暴力行为层出不穷。

纵观历史，科西嘉人对法国的政治、文化和商业有着显著的贡献。过去不少科西嘉人担任法兰西殖民帝国的首要行政官员，也往往是工程师、农民和建筑工人的主力。然而在一般法国人心目中，科西嘉人仍是法国的乡下人，不受管束，尚未开化。本土法国人愈瞧不起科西嘉人，就愈强化他们的分离意识。而科西嘉人闹独立，还有部分原因是自认为他们有别于其他人的自我观感。科西嘉人打招呼时，不用法语，而是常用科西嘉语。科西嘉语直到 19 世纪晚期才有书写文字，但即使是今天，大部分科西嘉人都还是先学科西嘉语再学法语，许多科西嘉人甚至希望将科西嘉语定为学校的必修课。1962 年，法国结束了在阿尔及利亚的战争，于是数以千计的阿尔及利亚法国侨民从阿尔及利亚逃往科西嘉。岛上的土地，以及原本是发给困苦的科西嘉农民的农业补助金，都给这些被科西嘉人称为“黑脚”的阿尔及利亚法国侨民占去。阿尔及利亚移民的涌入排挤了当地人的就业机会，还带来了丑闻，这些都触怒了科西嘉人，加上有些移民非法掺假经商，紧张情势在 1975 年达到顶点。为便于管理，法国政府 1976 年将这座小岛划分为两个省，也就是从这以后，一些科西嘉民族主义者开始在岛上制造恐怖事件，企图以暴力谋求地区独立和更多的自治权。

（三）政府的主要应对之策

科西嘉岛问题是法国内政中一个剪不断、理还乱的难题。法国历届政府都试图通过机构改革来结束科西嘉层出不穷的暴力事件和恐怖活动，但都未能最终解决科西嘉问题。历届政府在这个问题上都谨小慎微，墨守成规。

1997 年若斯潘政府上台之后希望在科西嘉岛问题上有所突

破，以结束岛上的民族主义分子和地方分离主义分子的活动，结束层出不穷的政治暗杀事件和恐怖主义活动。他摆出了民族和解的姿态与科西嘉各派民族力量进行接触，希望以和平的方式解决科西嘉地位问题。经过一年的谈判，法国政府和科西嘉各派力量之间终于达成了协议，协议包含经济、文化、体制改革等三个方面 51 项条款，总的精神是给科西嘉较大程度的自治，让地方政府有更大的自主权：经济方面，除了在 15 年内给该岛 150 亿法郎的贷款外，还同意在 15 年内免除其居民的遗产税；文化方面，将科西嘉语作为义务教育的语言；体制上，在 2004 年之前分两个阶段扩大地方政府权力，2004 年给地方议会“有限的立法权”。所有这一切的前提是：必须保证在岛上实现持久和平。若斯潘政府在为科西嘉未来地位问题拟订的法律草案中不仅给予了科西嘉地方更多的自治权，同时也给予了当地国民议会制订规章和立法的权力，这实际上使国家丧失了对科西嘉的管理权。因此，这一草案当即招致了政府内部一些官员的反对，前内政部长舍韦内芒就因这一问题辞职。科西嘉法案是若斯潘改革方案中的核心所在，根据若斯潘政府处理科西嘉岛的计划，该岛将在 2004 年实现部分自治，主要包括自行为该岛制定更多法律以及在当地学校教授科西嘉本地语。

在准备 2002 年的法国总统选举中，法国总统希拉克和总理若斯潘就科西嘉岛问题展开激烈争论。希拉克认为科西嘉法案草案中的一些条款极有可能不符合宪法，而且可能会使法国走向分裂。他虽然原则上支持对科西嘉问题的谈判，但前提是不能损害共和国的整体性。他表示，让科西嘉岛自治的行为等于是在分裂祖国。希拉克上台后，仍把解决科西嘉问题，结束岛内暴力活动作为政府的重要工作之一。希拉克政府决定在 2003 年就科西嘉的政治未来问题举行全民公决，他敦促岛内19万选民支持改革，帮助结束该岛的暴力活动。自20世纪70年代中期以来，法国一直饱受分离主义分子的暴力活动之苦。因此巴黎的保守派政府便将此次公民投票视为重振当地繁荣及和平的一次历史性机会。19.1万名科西嘉人在投票中被询问是否赞成取消两个行政部门，以及是否支持给予从当地选出的议会更多权力，以便在有关税务、旅游及环境等议题上拥有较大的决定权。2003年7月6日，在法国科西嘉岛举行的全民公决以49.02%票赞成，50.98%票反对的投票结果，否决了法国政府制定的对科西嘉行政机构进行改革的方案。总统希拉克表示，对于公民投票的结果感到遗憾。他还发表声明称，法国政府将继续协助该岛打击暴力活动。

（四）前景展望

科西嘉岛是法国的矛盾之岛。法国历届政府都试图通过机构改革来结束科西嘉层出不穷的暴力事件和恐怖活动，但都未能最终解决科西嘉问题。历史和现实的原因交织在一起，使得解决这一问题的难度加大，也决定了解决这一问题不能一蹴而就。近几年来，随着独立问题进入政治领域，爆炸事件逐渐减少，但该问题的解决不仅需要政府通过改革来给予该岛更多的自治权，还需要从根本上解决问题。政府应该运用政治、经济、文化等多种手段，多管齐下。政府特别要重视对民族地区经济发展的积极扶持，力求从根本上解决问题。比如有人认为，发展出一套以精致观光业为基础的新经济，对结束科西嘉暴力问题或许大有裨益。

六、比利时：弗拉芒问题

1831年比利时从荷兰独立出来，英法等欧洲大国为它指定了国王，并联手压迫荷兰接受比利时的独立地位。这个国家的诞生是欧洲大国政治的产物，南部是说法语的瓦隆人，北部是说荷兰语的弗拉芒人，双方从一开始就产生了严重的民族隔阂和歧视，并延续至今。

（一）弗拉芒问题的出现与发展

瓦隆人和弗拉芒人这两个民族之间的矛盾在语言问题上表现得最明显。双方为了保护本族语言的优势，长期以来互不相让，并由此引发了双方的民族主义情绪和行动。比利时人的国家认同由于两个民族之间的矛盾而被解构，他们不说自己是“比利时人”，而是明确告诉你：“我是弗拉芒人”或是“瓦隆人”。1994年改革之后，比利时成为一个联邦制国家，弗拉芒政府、瓦隆政府、布鲁塞尔市政府在比利时的行政体制中三足鼎立，一起组成联邦。但是在国际上弗拉芒、瓦隆各有独立于联邦之外的发言权，在包括欧盟在内的各种国际组织中也有各自的独立代表。任何国际条约需要联邦政府与各地方政府分别同意，然后才能生效。

（二）弗拉芒问题的背景与原因

比利时的诞生是欧洲大国政治的产物，其人口和地理组成可谓典型的“拉郎配”：南部是说法语的瓦隆人，北部是说荷兰语的弗拉芒人，双方从一开始就产生了严重的民族隔阂和歧视，并延续至今。在差不多一个多世纪里，法语是唯一的官方语言，瓦隆人享有政治经济文化上的全面优势；弗拉芒人是农民的代名词，口音遭到嘲笑，教育水平、经济发展和社会地位都低人一等。这两个民族之间的民族矛盾在语言问题上表现得最明显。双方为了保护本族语言的优势，长期以来互不相让，并由此引发了双方的民族主义情绪和行动。但是瓦隆人的民族主义实际上有更深的原因,[①] 这个原因事实上就是瓦隆地区与北部的弗拉芒地区经济上的差距不断加大。

在19世纪，瓦隆地区是比利时工业化最主要的发生地。该地区有着丰富的自然资源，促进了比利时煤炭、有色金属、化学工业、冶金工业的迅速发展。而当时的弗拉芒地区还没有完成工业化。长期以来，弗拉芒人为了摆脱受歧视和排挤的地位进行了反复的斗争，却鲜有成效。战后，该地区依靠安特卫普港大力发展新兴工业，具有较大的竞争性。由于北部地区临海而且劳动力便宜，二战后外来的援助和投资主要在北部生根，带动了经济腾飞，并在不长的时间内超越了南部。时至今日，主要依靠化学和生物产业的北部经济成长速度仍继续高于以重工业为主的南部。

由于经济繁荣，弗拉芒地区拥有了越来越大的政治发言权，一个重要标志是弗拉芒语获得了与法语平等的法律地位。而南部因其旧式的重工业部门的衰落，而丧失了以往在经济上的领先地位。该地区开始向政府要求更多的补助。经济利益上的争执和摩擦极大地刺激了地方民族主义的发展，两个地区的压力集团把比利时挤向了分裂的边缘。经济上的矛盾加剧了语言上的纠纷，已经使得比利时从中央集权的单一制国家演变为联邦制国家。

按照一般的理解，有了民主选举和高度社会福利，人们应该比较平和，比较愿意妥协。但在比利时，问题恰恰在于高度发达的社会福利加剧了分离主义倾向。由于北部经济繁荣，弗拉芒人对财政的贡献明显多于瓦隆人；而由于失业率低，他们从联邦财政的失业救济中获得的返还又明显少于瓦隆人。按照某些弗拉芒人的说法，每年有数十亿欧元通过国家公共财政渠道流向南部的

---

① 邝杨:《当代欧洲民族问题概观（续）》,《西欧研究》, 1992年第2期。

瓦隆地区。在他们眼里，懒散的瓦隆人寄生在勤劳的弗拉芒人身上，却居然还自视甚高，在文化和社会生活中继续傲慢地歧视弗拉芒人。历史上的积怨以及现实中利益分配的单向流动，导致了弗拉芒人心生离念。弗拉芒极端分离主义政党主张与瓦隆分家。在捷克和斯洛伐克和平分手后，弗拉芒人要求与瓦隆人分离的愿望更加强烈。

（三）政府的主要应对之策

为了缓解两个民族之间的矛盾，政府决定在 1994 年实施改革，比利时变为一个联邦制国家，弗拉芒政府、瓦隆政府、布鲁塞尔大区政府在比利时的行政体制中三足鼎立，一起组成联邦。但是在国际上弗拉芒、瓦隆各有独立于联邦之外的发言权，在包括欧盟在内的各种国际组织中也有各自的独立代表。任何国际条约需要联邦政府与各地方政府分别同意，然后才能生效。这种政治结构导致了整体资源配置的明显低效。当前，政府正想方设法采取各种措施以缓解矛盾，但要有效地与地方分离主义作斗争，仍是一项长期而艰巨的任务。

（四）弗拉芒问题的解决之道

对于未来的可能趋势，弗拉芒人似乎比较乐观，他们认为将来无非是给一笔钱，把自己从“与瓦隆人的不幸婚姻中赎买出去”，但从现实的情况来看并不是那么简单。首先比利时王室的立场是不言而喻地坚决反对。更加重要的是，由于比利时作为欧洲政治中心，经不起发生政治动荡。由于比利时的分裂有可能导致法语地区并入法国，进而在欧洲复杂的民族与国家关系中注入一支催化剂，引起连锁反应，所以欧洲各大国对此也不会轻易放行。

事实证明，历史上的原因再加上经济领域内所表现出来的利益分配的不公正、地区间发展的不平衡，都能导致民族间的对立和民族矛盾的扩大。地区之间的经济发展不平衡必然会造成经济利益的差别和人们收入的悬殊。富裕地区不愿把自己的辛勤成果拱手相让，而落后地区又抱怨受到不公平待遇。所以，要从根本上解决问题还是必须重视经济的发展，努力平衡地区间经济的差距。

七、加拿大：魁北克省的分离运动

魁北克是加拿大最大的省份，面积达 170 万平方公里，相当于 3 个法国或 5 个日本，占加拿大陆地总面积的 1/6；居民 750 万人，80% 的魁北克人沿圣劳伦斯河谷生活在城市里，省会魁北克城的人口约为 70 万人，而蒙特利尔大都市区就有居民 330 万，几乎占魁北克人口的一半。魁北克人有 80% 是法裔居民。法裔加拿大人保留了他们的语言、天主教信仰以及法裔和祖先的许多传统。法语也因此成为魁北克的官方语言。魁北克的大部分覆盖着北方森林，江河纵横交错，湖泊星罗棋布，北美大陆主要的内河干线圣劳伦斯河由西向东流经魁北克，是世界最大的航运水道之一。魁北克气候宜人，四季分明。春季风和日暖，夏季艳阳高照，秋季色彩斑斓，冬季白雪皑皑。

（一）魁北克分离运动的历史起源

"魁北克"一词来源于阿尔衮琴语，意为"狭长的河流"，作为一个地理名称始用于 1608 年，当时法国殖民者尚普兰在位于圣劳伦斯河畔的一座依山傍水、风景秀丽的山城建立起第一块殖民地，并将这座城市命名为"魁北克"，尚普兰自任总督。至此，"魁北克"就诞生在加拿大的土地上了。

经过几十年的开发，到17世纪60年代，法国已经拥有了以魁北克为基地，总面积比法国本土大17倍的北美土地，并且仿照法国本土的封建专制统治模式建立起一整套完整的政治机制。1756—1763年，英、法“七年战争”期间，法国殖民地新法兰西的首都魁北克城被英国人占领。战败的法国被迫于1763年和英国签署了“巴黎和约”，把其在北美除两个岛屿以外的所有殖民地都割让给了英国，英国设立了“魁北克省”。1867年，包括魁北克在内的加拿大从英国统治下获得独立。

加拿大独立后，占魁北克人口80%以上的法裔居民仍有深厚的历史情结。而加拿大其他9省拒绝给魁北克省以“特殊地位”，而法裔居民认为其特有的法语文化及特殊利益未得到重视和照顾，一些法裔加拿大人开始了“争取最大权益”的运动，由此带动起更多的民族主义情绪，并逐步演化为“争取独立”的分离主义倾向。

但是，有组织、有纲领的独立运动是从20世纪中叶才开始的。自由党和魁北克人党是魁北克省举足轻重的两大政党，上世纪60年代末，法裔魁北克人组建了魁北克人党，并且得到了比较广泛的支持。魁北克独立问题就是由魁北克人党提出的，其政治纲领中明确规定了要“获得魁北克的政治主权”。1976年11月，魁北克人党成为魁北克省的执政党，谋求独立的活动进一步高涨。

（二）现代魁北克分离运动的背景和过程

总的说来，19世纪末至整个20世纪的一百多年中，魁北克问题经历了一个由泛加拿大法裔民族主义到魁北克地区法裔民族主义，由一种思潮转变为一种分离活动的嬗变过程。

1. 魁北克人的“平静的革命”

1960年，让·勒萨热领导的自由党在省选举中获胜，勒萨热为首的省政府在魁北克进行了较为全面的改革，被称为“平静革命”。其具体内容包括：

（1）经济改革。其主要目标是运用省政府的干预作用，发展魁北克法裔的民族经济，提高法裔的经济地位。

（2）教育与社会改革。省政府于1961年设立“教育调查皇家委员会”，同年10月颁布了被称为“教育大宪章”的改革法案，促进当地社会的世俗化。

（3）省权的扩大。联邦总理皮尔逊实行了被称为“合作联邦主义”的解决方案，以调节联邦权与省权的矛盾。皮尔逊同意各省可根据自愿的原则，承担分摊项目中的全部财政责任；同时，通过增收直接税，以取得与原来联邦支付的费用相等的款额作为补偿。魁北克因此取得了同量的税收，并退出大部分分摊项目。此外，自20世纪60年代以来，在联邦与省的关系上魁北克省政府采取了较为主动的方式，扩大了省权，更增加了魁北克在联邦内的独立性。

（4）政府机构的增强。1960—1966年，该省的政府机构由原来的39个增加到64个，雇员人数由原来的2万人增加到4万人，魁北克省政府的干预力量逐渐增强。

这一系列改革措施得到了法国的大力支持。1967年戴高乐应邀访问魁北克，在蒙特利尔群众集会上高呼“自由的魁北克万岁”，公开支持魁北克法裔民族主义运动。“平静革命”取得了较大成绩，特别是福利国家制度建立过程中所体现的省权的扩大，使得魁北克人的民族意识大大增强。

2. 魁北克分离运动的第一次高潮——1980年魁北克省全民公投

1968 年 10 月，以勒维斯克（法裔）为首的一部分激进派自由党人与民族同盟（代表法裔的利益）合并，组成魁北克人党。该党的奋斗目标是：通过渐进民主的方式使魁北克成为政治上享有主权的国家，同时在经济上与加拿大保持共同市场的联系，即“主权—联系”。

1976 年 11 月，魁北克人党赢得省大选，这标志着魁北克法裔民族主义从此进入“主权主义”阶段。魁北克人党在魁北克省执政后决定分两步实现“主权—联系”方案。第一步，通过公民投票征得选民的支持，以便在“主权—联系”的旗帜下与联邦政府谈判；第二步，就谈判后魁北克地位的任何变化举行公民表决。

魁北克独立问题最早由魁北克人党 1979 年 10 月提出。该党正式要求在加拿大联邦和魁北克省之间建立“一种新的平等的伙伴关系”，即政治上独立，经济上与其他地区保持联系的“主权—联系”方案。1980 年 3 月，魁北克省议会经过激烈辩论，通过了一项在全省举行一次关于魁北克省政府是否要同联邦中央政府谈判独立问题的公民投票的决议。同年 5 月 20 日，就第一步骤举行投票的最终结果是，有 59.6 % 的参投者否决了这一主张，从而渡过了一次可能导致加拿大分裂的风波。

3. 魁北克分离运动的第二次高潮——1995 年魁北克省全民公投

1980 年再次执政的联邦总理特鲁多坚信，魁北克问题在很大程度上是个法律问题。同年 10 月，特鲁多政府向联邦众议院提交了宪法修正决议案，英国议会于 1982 年 3 月予以批准，允许加拿大拥有独立制定、修改其宪法的权利。这标志着加拿大完全消除了殖民地的痕迹而获得了全面和完整的主权。但魁北克省政府一贯坚持的“二元原则”也由此被否决。这样，魁北克省政府最终以该部宪法没有照顾到它的特殊利益为由而拒绝接受，这就为日后的修宪问题埋下了伏笔。

1994 年 9 月，魁北克人党的领袖雅克·帕里佐出任省长，导致魁北克分离运动再度走向高潮。1995 年 10 月 30 日，令全世界瞩目的关于魁北克分离问题的全民公决拉开了大幕，反对分离的联邦主义者以 50.6% 对 49.4 % 稍占多数，使加拿大避免了分裂。

（三）英国早期及加拿大联邦政府的应对之策

1. 英国殖民时期的应对之策

在 1763 年英法签订的“巴黎协定”中，法王路易十五把在北美的殖民地拱手让给了英国；自此以后，不甘于对英国人俯首从命，同时也为了维护自己的权益，魁北克法裔进行了各种斗争。英国也做出了某种程度的让步：根据 1774 年英、法合签的“魁北克法案”，法国移民获得了一些特权，比如，可以使用自己的语言，保留自己的风俗习惯，法国民法在魁北克继续有效，也可以拥有自己的宗教信仰。1867 年英国又颁布了“不列颠北美法令”，根据这一法令，建立了包括魁北克省在内的联邦政府，并设了省政府；但即便如此，魁北克人要求政治权力的斗争一直没有停止，包括两次世界大战期间因征兵问题以及 20 世纪 60 年代英裔高层人士不恰当讲话都刺激了法裔人士并导致了骚乱。

当然，英国所采取的宽容态度有其特定的历史原因。英国打败法国的同时，北美南边的 13 个殖民地也在闹独立，英国十分惧怕这里的法国人和南方的起义军携起手来结成联盟，这势必导致不堪设想的后果。正是在这一背景下，“魁北克法案”诞生了，并且由该法案所确定的法裔人的这种地位一直持续了半个世纪。另一方面，虽然法裔和英裔之间存在一定隔阂，但从历史上看，他们之间也存在着共同的利害关系，比如对于宗主国英国，他们必须联合起来维护共有的加拿大的主权等。

2. 加拿大联邦政府的应对之策

加拿大联邦已经存在了130多年，尽管联邦与各省之间的摩擦与碰撞接连不断，但妥协与合作是主流，联邦政府对魁北克的独立运动主要诉诸法律武器，通过法律程序遏制魁北克省的分离活动。无论从人口、资源或经济等哪方面来看，联邦政府都不会轻易放弃魁北克。如果魁北克分离出去，加拿大领土面积将从全球第二降至第五，经济实力将只相当于韩国，其政治经济地位将直线滑落。这不仅会使其国土支离破碎，联邦的凝聚力大大减低，而且会严重削弱加拿大的综合国力，进而影响其国际地位。

“平静革命”后期，随着魁北克人民族意识的增强，为了安抚魁北克，皮尔逊联邦中央政府支持语言和文化改革，推动了二元文化的发展。1969年，特鲁多政府为提高法语地位，通过了《官方语言法》，以立法形式确认法语与英语同为加拿大的官方语言。一方面，魁北克人对法语文化主导地位被确认感到满意；另一方面，这一法规激发了加拿大联邦其他省族裔的反对。结果，法裔加拿大人民族主义情绪高涨。

1982年，特鲁多政府着眼于解决魁北克问题并扩大中央政府权威，意欲以新宪法取代1867年以来一直沿用的《不列颠北美法》。然而魁北克省却以该部宪法没有照顾其特殊利益为由拒绝接受。1984年布赖恩·马尔罗尼出任联邦总理，强调“民族和解”，为争取魁北克加入联邦宪法而展开一系列努力，以承认魁北克为“特殊社会”换取魁北克对统一宪法的支持，但终因魁北克所提出的加入统一宪法的5项最低条件得不到全部其他各省的一致同意而夭折。1992年，马尔罗尼总理再一次的努力又为魁北克省坚决否定。两次修宪无果而终。

1996年2月底，加拿大通过了自由党政府任内第二阶段的施政方案，突出了三个施政重点：发展经济、创造就业机会和维护国家统一。其中对维护国家统一有了新的解释：一方面承认魁北克社会的独特性；另一方面，在事关加拿大国家前途的大问题上所有加拿大公民都有权参与和发表意见，表明了加拿大政府在反对魁北克分离问题上的坚定立场。

1996年，加拿大克雷蒂安政府一方面实行改革，承认魁北克省的特殊社会地位，一方面向加最高法院提起非正式诉讼，要求最高法院就如下几个问题做出司法解释：根据加拿大宪法，魁北克省政府是否有权单方面宣布脱离加拿大；根据国际法，魁北克是否拥有自决权；如果国际法与国内法在此问题上发生冲突，该以谁为准等。

当年8月，加拿大最高法院做出了历史性判决：一个省无权单方面决定从加拿大联邦分裂出去，无论是加拿大联邦宪法，还是国际法中所说的人民自决权，都不允许一个省单方面决定独立。“由一个省的200万支持独立的人毁掉这个3000万人的国家，而其他9个省的人没有一点发言权，这不是一种真正的民主程序。”①

2000年3月，加拿大联邦议会通过了为魁北克脱离联邦设置重重限制条件的《C－20法案》，即《明晰法案》，其主要内

---

① 唐永兴：《加拿大承认魁北克的特殊社会地位》，《瞭望新闻周刊》，1995年第51期。

容包括：

（1）在一个省提出有关脱离联邦的公民表决的问题后，联邦众议院必须在30日内对该问题是否清晰做出判断；

（2）在一个省进行分离问题的全民表决后，联邦众议院将对其多数票是否清楚地表达出了该省多数居民的意愿做出裁决；

（3）众议院在审查某省公决问题和支持分离的多数是否清晰的时候，还将考虑该省议会中所有政党、加拿大其他省和地区、参议院、土著民族特别是要求分离的省份中土著民族的正式意见；

（4）基于加拿大宪法中任何省都没有单方面宣布脱离联邦的权利，要求分离的省份必须和其他省以及联邦政府谈判修改宪法。

该法案的内容表明，即使魁北克通过了“清晰的问题”和“清晰的多数”这两个关口，还需要与联邦政府及其他省进行艰难的谈判。这也意味着，魁北克人党在1980年和1995年全民投票中的议题都是不能接受的，投票结果是无效的。

除了联邦政府，加拿大其他族裔也对魁北克的分离运动持强烈的反对观点。特别是占人口比例最大的英裔，虽然他们同法裔的关系长期处于不和睦的状态，但毕竟双方已共同生活了几个世纪，都为加拿大的发展做出过自己的贡献。1995年全民公决的前几天，15万人在蒙特利尔的集会充分证实了他们不愿魁北克省脱离加拿大的决心。占魁北克人口1.5%的土著人也坚决反对魁北克从联邦分离出去。其他少数民族如因纽特人、日耳曼人、犹太人、意大利人和当地华人也从未参加过魁北克民族主义组织的分离活动，对魁北克分离势力来说这也是一个巨大的阻力。

（四）魁北克分离运动的前景

由于《明晰法案》的出笼，来自其他族裔的重重阻力以及两次公投的败北，魁北克独立运动陷入低谷，面临诸多的限制因素。

1. 民意因素

无论是加拿大联邦政府还是其他各省一直坚决反对魁北克省的独立，竭力维护联邦的统一。全国民众大多数希望魁北克省留在联邦内并且也表现出对魁北克人的同情和理解，这一切都促成了人心思定而非思变的氛围。另一方面，在魁北克省内，主张魁省独立的实际上也很难获得半数以上支持。虽然魁北克省也存在着不少选民支持的主张独立的魁北克人党，但其真正目的并非获得完全的独立，而是据此向联邦政府争取更大的自主权和各种利益。不但如此，在魁北克也存在众多的反分离势力，例如长期享受联邦政府特殊照顾的印第安土著人大多反对独立。①

2. 经济因素

经过几个世纪发展，魁北克省的经济与联邦政府及其他省已经形成了千丝万缕的联系，难以割断。一些联邦政府机构设在魁北克，人们早已习惯使用统一的货币。长期以来以妥协为主要方针的联邦政府给了魁省名目繁多的各种财政补贴，如果魁北克独立，与其他省相比，魁北克将受到更大的损失。近年来经济不景气的状况会雪上加霜，不但造成大量投资和人员外流，还要失去无数的就业机会。出于对切身利益的关注，多数魁北克人也不愿独立出去。

① 梅红：《加拿大魁北克独立问题的由来、现状与发展前景》，《国际资料信息》，2000 年第 10 期。

3. 现实因素

一方面，即便是魁北克独立势力也不能不承认，长期以来，联邦政府给予了魁北克各项优惠政策，比如提高魁北克经济发展和教育水平的各项特殊政策等。另一方面，加拿大各民族都曾对多元化的国家做出了自己的贡献，他们都有其各自的平等权益，要想和平共处，唯一的出路只能是各作妥协，实现权益的相对均分。

4. 国际因素

尽管魁北克独立领导人曾先后访问联合国、美国和法国，以谋求国际支持，但收效甚微。以美国为首的西方大国对支持加拿大统一的态度一直是明朗的，即使法国对魁北克独立领导人也仅仅是口头上的支持，并未采取更多的实际行动。所以“魁独”获得国际支持的市场是极其狭小的。

总之，在全球化背景下，尤其是“9·11”后面对全球性的恐怖活动，众多的魁北克人不愿因脱离加拿大而失去联邦政府所能提供的保护，留在加拿大至少有种安全感。目前不少法裔人也不希望再搞分裂活动，转而希望魁省政府发挥管理经济的能力，重振魁北克经济。尽管魁北克人党将来可能利用各种事件刺激民众的情绪，从而再挑起魁北克分离的问题，但从整体形势来看，现任自由党省政府不得不将注意力转移到经济方面来，努力保持经济的快速增长。

当然，由来已久、错综复杂的“魁独”问题也不会轻易退出历史舞台。2006 年 11 月 27 日，加拿大众议院以 266 票比 16 票通过了一项动议，承认魁北克成为加拿大联邦之内的一个国家。政府表示希望以此缓解独立派分子破坏加拿大联邦图谋的压力。但是，也有批评人士指出，这项提议实际上是对独立分子的支持；而独立分子也表示将利用这一变化进一步要求额外的权利，包括魁北克直接参加国际会议的权利。

八、美国：夏威夷独立运动

夏威夷群岛位于中太平洋北部。由夏威夷、毛伊、瓦胡、考爱、莫洛凯等 8 个较大岛屿和 100 多个小岛组成，是美国唯一的岛屿州，首府是火奴鲁鲁（又称檀香山）。夏威夷的土著居民为波利尼西亚人，他们乘坐大独木舟从太平洋其他岛屿来到这里。后来，欧洲人、亚洲人和美洲人接踵而来。目前有 110 万人居住在夏威夷群岛上，白人占 1/3，日本人占 1/4，土著人占 1/5，中国人、韩国人、菲律宾人、西班牙人、葡萄牙人、波利尼西亚人均占相当比例。其中，第二及第三代移民已完全美国化。同时，各种族通婚的结果，也出现大批的混血新生代。

（一）夏威夷土著居民独立要求的背景

夏威夷群岛以前是个独立王国。夏威夷的土著居民是 1000—1500 年前航海到夏威夷群岛的。大约在 18 世纪末，来自夏威夷大岛的国王在英国人的指导下，征服了物产丰富的瓦胡岛。随后，国王又征服了其他的 6 个岛屿，建立了夏威夷王国。

尽管国王独立自主的愿望是强烈的，但还是没有逃过被征服的命运。地理位置特殊的战略意义，使美国在南北战争后就瞄上了瓦胡岛的珍珠港。从 1820 年起，美国势力进入夏威夷群岛，开始是以传教为名，后来则积极从事政治、经济活动。1860 年，美国租借了夏威夷珍珠港作为海军基地，进而于 1898 年武力推翻了夏威夷的最后一个女王。

1958 年，美国允许就夏威夷是否成为美国的一个州进行全民公决。1959 年，夏威夷正式成为美国的第 50 个州。但参加 1958 年表决的人不仅有夏威夷的土著，也有夏威夷白人和后来的日本移民、中国移民后代，更有美国太平洋海军基地的几万美国官兵。经过 100 年的移民，原来的土著居民已经成了少数。这一表决方式受到夏威夷土著居民的质疑，并由此要求独立。他们认为这样的公决不能完全代表土著居民的意愿，拒绝承认公决的法律效力。

（二）独立运动的进一步发展及联邦政府的对策

夏威夷独立运动始于上世纪 70 年代，其主力是当地土著居民和王族后裔。独立运动倾向于选择和平手段，以在美国首都华盛顿、波士顿以及洛杉矶等大城市举行示威游行为主要形式，表达自己的意愿。但总的来说，面对实力强大的美国本土，夏威夷土著力争独立主权的运动并没有形成较大的气候。

1. 关于土著人权利与传统的保护

在夏威夷，自称夏威夷末代王族后裔的康纳赫勒正带领当地土著建立一个独立于美国之外的国中之国——瓦胡村，而且他希望将这个自治王国的版图扩大到跟 1898 年被美国吞并的夏威夷王国一样大。

康纳赫勒所在的小镇上，夏威夷语是第一官方语言，人们普遍认为是美国人从祖先手上偷走了夏威夷这块美丽的土地。康纳赫勒代表着追求夏威夷完全独立的激进力量，他们认为只有获得独立，才能纠正 1893 年美国军队推翻夏威夷王国，进而于 1898 年吞并整个夏威夷的历史错误，也只有独立才能重新恢复传统的生活方式，从而恢复昔日夏威夷王国的荣耀。在很多人看来这是不切实际的想法，但无数次民意测验表明，超过一半的夏威夷居民支持康纳赫勒的独立主张。

1978年，夏威夷州修改宪法，提出进一步保护土著人的利益与传统，同年通过了《夏威夷家园管理法》，并批准成立了夏威夷事务办公室。2003年夏威夷事务办公室进行了一次民调，结果是大多数夏威夷居民都支持土著获得主权，持反对观点的政治保守派，则认为独立要求是分裂国家的行径，是不道德的。现在，夏威夷土著主权思想已经成为夏威夷的主流意识之一，就连夏威夷州州长、共和党人林达·林格女士和夏威夷州民主党参议员丹尼尔·李硕也支持土著获得某种形式上的主权。

针对这一问题，美国政府采取了逐步给予夏威夷州自治权的政策。比如，2000年夏威夷裔美联邦参议员李硕向美国参议院提交了一份给予夏威夷主权的《阿卡卡法草案》，由于遭到一些参议员反对而一直没被通过。后来美国众议院通过了该法案，如果参议院也通过此法案，夏威夷土著将可以像印第安人那样建立自己的政府，获得国中之国的地位。近几年美国在夏威夷自治权问题上的政策逐步放开。2006年5月美国国会表示，将在国会讨论一项正式承认夏威夷的土著为美国第50州的原住民的提议。如果提议通过，夏威夷土著人的地位将等同于美国印第安人，并享有自治的特权。这在某种程度上也缓解了夏威夷独立运动目前还不算很紧张的局面。

另一方面，为了弱化独立运动，美国政府把保护少数民族的文化放在了突出的位置。这一点突出表现在少数民族的“双语教学”上。在夏威夷的毛伊岛，美国政府支持土著人推行文化复兴计划，即在土著人学校实行“沉浸式”教学，从早到晚各科教学全用夏威夷语，到5年级学生才开始学英语。现在，夏威夷州已将夏威夷语和英语都定为官方语言，这也是全美国唯一将土著语言定为官方语言的州。民权运动以后，联邦法律也规定了复苏土著语言的计划，这更体现了民族特色。再比如，美国还通过博物馆等场所展示各民族文化，对公民进行民族观教育。夏威夷利用自身优势，将土著文物展览与发达的旅游业结合，让游客方便地了解当地文化。美国政府则强调少数民族文化的贡献和作用，特别注意了对土著人进行民族团结的教育，同时也让他们感到了被国家重视和尊重，有力弱化了分离的倾向，促进了民族的和睦和对美国主权的认同。

2. 关于夏威夷土著居民作为原住民身份的认定

依据法律，美国原土著居民享受很多优惠的政策。同时，种族歧视和白人至上的思想也是根深蒂固。与夏威夷土著居民相比，美国印第安人享受着高度的自治权，分布在 26 个州的 338 块印第安人保留地实际上就是国中之“国”。印第安人部落是与州政府并行的独立系统，不论部落大小，人数多少，都拥有州政府所拥有的一切权利，比如经济自主权，教育管理权，有限的司法审判权等。①

全美范围内共有 40 多万土著夏威夷人，其中 26 万人生活在夏威夷。但夏威夷土著居民并没有被美国政府在法律上承认为夏威夷的原住民，所以夏威夷土著就被一直排除在类似于印第安土著所能享有的特权之外。夏威夷土著居民一直对女王被推翻这段历史耿耿于怀，多次要求美国政府承认推翻夏威夷王国的非法性，同时要求重建夏威夷土著人政府和对失去的主权与土地进行赔偿。他们想比照印第安人的做法，享受类似保留地或者自治政府那样的特殊政策。1993 年，也就是女王被推翻 100 周年的时候，夏威夷人草拟了《对夏威夷土著人认可和重建法案（草

---

① 奚金光：《访问美国土著民族随感》，《民族论坛》，1999 年第 3 期。

案)》和《解决夏威夷土著人要求法（草案)》，系统地提出了他们的主张并向法院起诉。

在民族政策方面，美国政府有过即便现在也隐形存在着的某些不光彩的一面。不论是对黑人的种族隔离或奴隶制，对印度安人的驱赶屠杀，还是对亚裔和其他民族的极端排斥，都说明了美国人所持有的根深蒂固的民族歧视观。但有压迫就有反抗，60年代黑人民权运动、印度安人“红色权力”要求以及美籍墨西哥裔争取权利的斗争等，直接导致了美国政府“反歧视积极行动”，并采取了很多积极措施。1968 年的《印第安民权法》保证了印第安人的自治权利。而美国政府对夏威夷土著原住民的身份却迟迟没有承认。

经过 7 年的争论和努力，终于在 2006 年 5 月，美国国会表示，将在国会讨论一项提案——正式承认夏威夷的土著为美国第 50 州的原住民，他们的地位等同于美国印第安人，并享有自治的特权。一旦提议通过，夏威夷将组建一个自治政府。① 但即便如此，一些本地居民仍想实现独立的梦想。夏威夷支持独立的组织成员们认为，一旦在身份上成为美国本土居民，他们将永远屈于内政部的权威之下，要彻底解决目前状况，唯一且最优方法就是实现完全的独立。尽管如此，这项提案的确是联邦政府在土著人民族政策平等上所走的积极的一步。

3. 关于经济发展不平衡问题

与夏威夷的繁华及其作为美国重要战略基地的地位不相称的是，占夏威夷全部人口 20% 的夏威夷土著绝大多数生活在社会的最低层，他们的健康指数最低，而失业率、文盲率以及犯罪率

---

① 美联社，2006 年 5 月 29 日。

却最高。与主体民族差距不断拉大，导致土著居民对主体民族的不满，从而产生分离情绪，这也是夏威夷土著居民寻求自治，力争独立的基本原因之一。

相应的，联邦政府在发展少数民族经济上做出了显著的努力。早在20世纪80年代，为了鼓励企业在少数民族聚居区投资，政府就采取了免税、给予低息贷款等措施。有的城市还制定了对少数民族的商业特别贷款计划，通过投资或政府直接拨款大力支持土著人的地方建设。政府在2/3的高等学校设立了少数民族奖学金。上述措施在较大程度上得到了包括土著人在内的各少数民族的支持。

（三）夏威夷独立运动的前景

目前来看，夏威夷土著人的各种要求还没有完全落实。保护自己利益的要求集中表现为对失去主权与土地的赔偿，比如夏威夷事务办公室的经费是来源于被割让土地的补偿（全州共有405万英亩土地，王国被割让的土地有170万英亩），并且这些地方房地产税收的20%也归夏威夷事务办公室。他们仍在努力争取更多的钱，以鼓励夏威夷土著人参加政治活动，帮助他们发展经济和教育，改善住房，提高生活水平。期待全球实力最强大的美国拱手相让，放弃对夏威夷主权的要求则希望渺茫。目标和现实总有差距，美国联邦政府无论给予什么样的优惠政策总不能满足夏威夷的独立要求。美国政府还需要进一步采取调和的民族政策或其他手段来销蚀独立的势头。

九、关于如何应对分离主义的启示

当前，我国面临着台湾、西藏、新疆等地分离主义势力的威胁，这些分离主义势力都受到国外反华势力的支持。因此，中国应充分借鉴世界各国应对分离主义势力的成功经验，吸取他们的教训，以更好地维护国家的统一和领土完整。

（一）必须坚定国家统一的立场不动摇，做到妥协要有明确底线

无论采取怎样的政策措施，都必须坚守一个国家的前提。俄罗斯对车臣地区顽固的民族极端势力的坚决态度表明，必须采取强力手段进行打击，决不手软，否则就是对其纵容，同时也是对国际上其他恐怖势力嚣张气焰的助长。反之，魁北克形势一度不断恶化，与联邦政府没有正确处理好法治和妥协的关系，一味安抚和妥协有脱不掉的干系。早期的“平静的革命”在很大程度上激发了魁北克民族主义的发展，经济地位的变迁加剧了其分离的倾向，最明显的就是省权近乎无节制的扩大。正如加拿大历史学家唐纳德·克莱顿所言：“一开始，改革的热情就同民族精神结合在一起，并相互强化。”因此“平静的革命”必然会伴随着魁北克民族主义势力的进一步增长甚至过度膨胀而最后走向极端。面对魁北克而后的两次公投，联邦政府高层宁愿固守所谓的加拿大经验，即能妥协要比动不动就提出修改宪法要有效。只有到了 1998 年联邦政府才采取了强硬的措施，并于 2000 年出台了“明晰法案”。

上述正反两方面的事实表明，应对分离主义势力，从国家内部的角度来讲，要求国家高层意见统一，各部门团结一致，配合密切，不让分裂分子有机可乘。对任何分离主义的势头都要及时坚决地打击掉，不留任何余地。态度要坚决，行动要果断，不能在维护国家统一方面有任何让步。最终的解决方案只能“在国家统一的框架内，实行最大程度的权力下放”。安抚与武力两种手段都要有所准备。[1] 软的可以软到底，硬的也一定要硬到底。因为总有那么一小撮最顽固的分离主义分子，在极端思想的蛊惑下，无论给予他们什么条件都无法打消他们制造分裂的念头，对于这些人就必须做好充分的武力准备。让这些人明白，分裂祖国的后果是非常严重的。没有这样的底线以及确保这种底线的决心、勇气甚至牺牲精神，任何国家的反分裂政策都不可能获得成功，甚至可能助长分离主义势力的发展和铤而走险。

（二）以最大的诚意、尽最大的努力通过和平手段维护国家的统一

坚持军事与和谈两手都要抓的原则，而且是以和谈为主，军事为辅的方针。在魁北克独立运动的发展过程中，武力镇压和军事占领都没能从根本上解决哪怕是暂时的摩擦和冲突。武力在融合和异化他族上的功效是苍白的。妥协和合作是加拿大联邦政府主要的政策取向，魁北克本地区的风俗和宗教等特殊地位得到了应有的尊重，加拿大政府努力做到了“一个主权，多样文明”。这就保证了魁北克的独立运动没有造成较大的武装冲突。又如，1998 年签订的北爱和平协议不仅在北爱的和平进程中是一个里程碑，而且它在世界上也产生了巨大的影响，为解决世界各地类似的冲突和争端树立了一个典范。受其影响，西班牙巴斯克民族分离主义者随即表示要放弃通过暴力谋求分立的主张，比利时国内语言斗争也趋于缓和。1998 年 4 月 14 日，《人民日报》发表评论说：“长期以来，北爱问题的解决成为人类勇气、智慧和耐力的一场测试，世界其他存在冲突的国家和地区，都将从这一令

---

① 袁晶艳：《论冷战后印度尼西亚的民族分离主义及其启示》，《邢台学院学报》，2005 年 9 月第 3 期。

人鼓舞的进展之中得到启迪。”它充分表明，暴力与流血从来就不是解决问题的有效手段，无论是国际争端，还是地区冲突，只有采取和平手段，在相互尊重的基础上，坐到谈判桌前，进行平等协商，问题才能得到根本解决。

和平解决民族问题已经成为21世纪世界发展的主流。要正确处理历史积怨。现代国家民族分离运动都有其历史的原因，这种历史上的恩怨在各民族关系中必然会留下印记，不可能一下子消除。特别是有一些国家，进入现代后仍未能在平等的基础上建立新的民族关系，使历史上冲突纷争留下的宿怨积淀下来，遇到合适的时机，就会爆发出来。即使在美国这样被称作“大熔炉”的国家，夏威夷土著人的王国情结和对归属美国主权的不认同也依然存在。这与美国政府处理历史问题的不力或拖延是脱不了干系的。只要双方都有解决问题的决心，都怀有相同的诚意，共同努力，彼此信任，做出适当妥协，彼此各“退一步海阔天空”，分离主义势力必定是无法得逞的。正如2005年11月25日斯里兰卡新总统拉贾帕克萨在议会中所说：“解决民族冲突问题不能使用战争手段，谈判是打破和平进程僵局的唯一手段。”①

即使在最终非和平手段无法避免的情况下，长期的和平努力也会为后续的强硬政策打好舆论基础，争取民心。

（三）要注意解决好相关的法律问题，注重法律程序的博弈

在魁北克问题上，博弈双方都十分注重法律程序的运用。无论是魁北克省自己的公投，还是联邦政府法令的颁布，都在某种程度上在全国范围内建构了一种法律程序框架内的和平协商的有效氛围。当然，这一方面避免了因冲突而两败俱伤，对国家造成

① www.xinhuanet.com, 25/11/2005

不必要的损失，或引起国家更大范围的动乱；但另一方面也使魁北克两大政党不断钻加拿大宪法的空子，不断通过种种索求和地方立法来和加拿大联邦政府拉锯。直到后来，联邦政府推出的“明晰法案”大大缩小了提供魁省独立借口的宪法空子，才使得魁北克独立的可能变得越来越渺茫。

在这个问题上，尤其要注意对国际法中“民族自决权”进行澄清。近年来，在不少国家处理分离主义运动问题时都涉及施行全民公决的问题。分离主义团体也通常将分离主义一词摒弃不用，喜欢使用如自决等较中性的名词。在上世纪 60 年代全球掀起反殖反帝高潮、殖民主义统治趋于瓦解的形势下，1960 年 12 月联合国大会通过了《给予殖民地国家和人民独立宣言》。《宣言》的名称就说明，在国际法上，民族自决权适用的对象主要是在外国殖民统治下的被压迫民族。《宣言》指出：“必须消灭一切表现的殖民主义”，让“所有人民都有自决权”。同时《宣言》第 7 条又明确规定，“任何旨在部分地或全面地分裂一个国家的团结和破坏其领土完整的企图都是与联合国宪章的宗旨和原则相违背的”。所以，《宣言》对一个国家的一个地区（或省份）的分离意愿没有提供任何国际法理由和国际法根据，而是把这样一个问题留给了这个国家所有人民去解决。或者说从近代的主权观念来看，一个国家的主权应当属于它的全体人民。

加拿大克雷蒂安政府正是根据这一国际法精神督促联邦最高法院澄清“根据国际法，魁北克是否拥有自决权”的问题。加拿大最高法院做出了历史性判决：一个省无权单方面决定从加拿大联邦分裂出去，无论是加拿大联邦宪法，还是国际法中所说的人民自决权，都不允许一个省单方面决定独立。2000 年 3 月，加拿大联邦议会通过了为魁北克脱离联邦设置重重限制条件的

《C－20 法案》即《明晰法案》。

加拿大的实践对我国的和平统一大业是有借鉴意义的："台独"势力所从事的无论是"公投台独"，还是"公投立法"之后再"公投台独"，都是没有国际法依据的，而且也无法改变台湾作为中国领土一部分这样的法律地位。大陆和台湾之间不是殖民和被殖民、压迫与被压迫的关系，台湾也就没有民族自决的权利。如果"台独"势力真想找到法律依据的话，那么它应该征得全中国人民的同意和认可。而代表全中国人民意志的《反分裂国家法》彻底断绝了"台独"势力实行"法理台独"的任何企图，其重大意义之一也在这里。

（四）要注意运用综合手段多管齐下，力求从根本上解决问题

采取平等的民族政策是防止民族分裂主义的关键性因素。只有在平等的民族政策下，给予各民族真正平等的政治地位，给予各地区以一定的自治权，才能使民族分裂分子丧失群众基础，防止国外势力有机可乘。

不同的民族各有长处，不存在优劣之别。但现代国家经常存在着种族歧视的现象。以印尼亚齐为例，虽然亚齐闹分裂有多种原因，但印尼政府政策上的失误无疑是很重要的因素，为分离主义势力的兴起和国外势力的干涉提供了温床。泰米尔问题也是民族冲突的产物，开始时是由于民族自尊心受到伤害，并勾起了民族复仇心理，后来才萌生了强烈的独立愿望。究其根源，还是因为泰米尔人的权利没有得到保护和重视，缺乏足够的自治权利，经济上又得不到发展。在国家治理和政策制定中，泰米尔人长期无法参与其中，而且还处处被冷落。政府政策的过分倾斜必然造成心理上的不平衡和行动上的反抗，而这恰恰又容易被某些主张民族分裂的国内外势力所利用、夸大。再比如，原南斯拉夫民族政策的失之偏颇导致了离心力的加剧。南联盟在重组后，注重维护国家统一，纠正了原来的一些做法，但又走向另一极端，取消了阿族人的自治权，为分离分子提供了口实。这个问题在美国也是比较突出的，在印第安人充分享受了优惠的民族政策几十年后，夏威夷土著居民却未能与之结缘。同一个主权国家，同样是原土著居民，同样是少数民族，不同的民族政策势必造成不同民族对当局的不同政策取向。

所以，多民族国家要想阻止民族分裂的产生和发展，正确的民族政策是必不可少的先决条件。如果没有一整套正确的民族政策，并给予少数民族政治上真正的平等，在经济上共同发展，就难以得到少数民族的支持，从而，就很难使少数民族对国家有坚定的认同感。台湾与大陆虽然不存在民族冲突的问题，但同样需要平等对待，给予足够多的自治权，充分考虑到各方利益，寻找最佳的政治解决方案。

同时，要特别重视对民族地区经济发展的积极扶持。经济生活水平的低下常常是酝酿民族分离主义的温床，是诱发独立主义出现的敏感因素。在保持国民经济迅速发展的同时，还需要注意保持不同民族地区经济较均衡地发展，尤其是对经济发展明显落后于其他民族的群体要给予特别的关注，采取积极务实的措施发展经济，提高欠发达地区和民族人民的生活水平，及时消除动乱隐患的根源，维护国家的团结统一。从印尼的情况来看，经济问题也是民族分离主义发生的一个主要原因。对于我们这样有着56个民族，经济发展状况各异的中国来说，这个问题同样十分突出。只有均衡了沿海与内地的经济发展，缩小东西部的差距，改善少数民族的经济地位，避免国外势力以经济手段煽动分离，才能从根本上消除产生民族分离主义的经济动因。

再次，还要注意国家权力分配结构的制度化和不断完善，使得国内各民族、各群体都能够通过相应的程序更好地参与到国家政策的制订和执行中来，以增强其国家意识。加拿大的经验说明，通过一个和平的共同架构进行讨论，放弃以大吃小或一边吃掉另一边的想法和做法，是和平统一的重要方式。当然，加拿大的联邦制也有一定的弊端。在加拿大的联邦制中，主权的归属与使用的分割在宪法里作了明文的规定，即主权属于人民，主权的使用可以分割，并具体规定了主权如何分割给中央政府和各省份，同时因地区差异权力的分配也允许差别对待。所以加拿大联邦制的正常运行，主要是依靠各省的协商合作，一旦出现不和谐音符，整个大合唱的效果就不会特别动听。所以，核心的问题不是分权或者分权的大小，而在于平等参与、制度化及其所带来的国家认同的增强。

（五）要正确处理在反对分离主义问题上的国际合作

一方面，从外部讲，必须消除外来势力对分离运动的干预。我们必须清醒地认识到恐怖主义与民族极端分离势力的结合会给人类带来灾难性的后果，这不仅仅是某个国家的问题，而且是一个全球性的问题。国际社会应该联合起来，采取积极措施共同应对。因此，要注意加强与其他有关国家合作，采取共同立场，对分离主义进行坚决抵制和斗争。

但是，对待国际社会的卷入，要有取有舍，外部势力的过分干预只会导致本国主权的丧失。尤其要坚决反对外国势力对于本国主权范围内事务的干预，吸取印尼政府在东帝汶问题上的教训，抵制任何要将一国内政事务“国际化”的阴谋。邓小平同志在谈到有关台湾问题的谈判时早就说过：“万万不可让外国插手，那样只能意味着中国还未独立，后患无穷。”[①] 现在最危险的是来自外部的支持和干涉，特别是国际强权势力为一己私利对民族分裂主义的怂恿、包庇和支持，尤其是打着“人权高于主权”的旗号，对主权国家的民族问题横加指责和干涉的作法，这种“新干涉主义”是霸权主义的一种新的表现形式和变种。有关国家应加强联合，采取共同立场，坚决抵制和斗争，防止这种危险倾向的进一步发展。

其中，要特别关注民族“母国”插手邻国分离主义运动。当今世界要求分离的民族中，有不少是跨界民族。其中大部分在邻国有本民族的“母国”。近年来，随着民族分离主义的蔓延，许多跨界民族的民族“母国”越来越公开支持邻国内部的同族分离运动，给予各种支持和声援，导致与邻国关系紧张。科索沃问题就是一个突出的例证。南联盟科索沃阿族人的分离运动，得到邻国阿尔巴尼亚的支持由来已久，但是像现在这样公开则是以前所没有的。科索沃解放军在北约袭击南联盟前就以阿尔巴尼亚领土为后方基地，获取武器、训练和补给，然后越界进行游击战。在波黑战争中，塞族的后盾是塞尔维亚，克族的背后支持者是克罗地亚，穆斯林得到伊斯兰国家的同情和支持。斯里兰卡泰米尔人得到了印度泰米尔人乃至印度政府的暗中同情和支持。土耳其库尔德工人党以伊拉克北部的库尔德人地区为基地，从事分离活动。刚果（金）的班亚穆伦格人即图西人得到由同族人掌权或拥有重要地位及影响的邻国卢旺达、乌干达、布隆迪的支持。苏丹黑人的分离斗争得到了周边非阿拉伯穆斯林的黑人邻国的公开支持。现在世界上不少跨界民族“母国”甚至希望将所

---

① 《邓小平文选》，第三卷，人民出版社，1993 年，第 31 页。

有邻国内有本血统民族的地区统一起来，以建立“大××”国。例如，“大阿尔巴尼亚”，就是要把南联盟的科索沃、马其顿阿族区与阿尔巴尼亚合并，“大突厥斯坦”则鼓吹要将从小亚细亚半岛到中国新疆的讲突厥语的各民族全部统一在土耳其的领导之下，另外还有“大匈牙利”、“大塞尔维亚”、“大图西国”、“三蒙统一”的“大蒙古国”等等。这些现象值得我们警惕。

（六）着眼长远，依靠人民，做长期的、耐心的民心争取工作

解决国内的分离运动问题十分棘手，需要多方的耐心和合作，既不可无所作为，又不可急于求成。其中，一个重要的前提是要有安定、团结、经济发展的良好国内环境。只有当人们的生活水平得到了切实的提高，政治上的基本权利也得到保障时，分离势力才难以有机可乘。国家政治稳定和国力强盛是维护民族团结的重要保证。

在新世纪转换时期发生的一系列多民族国家解体现象，并不单单是民族问题，同时也是国内政治转型的伴生物。20 世纪末的几次多民族国家分裂，都是伴随着社会制度的剧变出现的。苏联、南斯拉夫、捷克斯洛伐克等在某种程度上都是如此。民族分裂是这些国家剧变的原因之一，但不是绝对原因和唯一原因，而原有政治制度的崩溃则是国家解体的催生剂。只有坚持不懈地维护国家的政治稳定，才能不使民族分裂分子有钻空子的机会；只有国力不断增强，才能从根本上解决历史遗留下来的主体民族与少数民族事实上的不平等状态，使各族人民对共同的祖国拥有发自内心的自豪感、认同感。

要从内心深处认识到，“统一”并不等同于简单的“合并”。“统一”最根本的问题是最终建立对民族和国家的认同。这就决定了我们在任何情况下都要坚守依靠人民的方针。政府要重视利用舆论来营造对自己有利的舆论环境。要将极端分离主义势力和大多数拥护祖国统一甚至暂时存在一些模糊认识的人民群众区分对待。即使那些今天持分离主义立场的人，我们也要做仁至义尽的争取工作。美国总统亚伯拉罕·林肯在美国内战时有一句名言："客观地讲，我们不能离开彼此，也不能在双方建立一条无法逾越的鸿沟。"在加拿大，两次公投的失败不但说明了一个省取得政治主权的难度，也是民意取向的一次真实大展示。在一个联邦政府的统治下共同走过了130多年的历程，由历史所积淀的相互依存关系其实一直微妙地存在着。纵观魁北克独立运动的始末，带给我们颇多的启示。